十三經注疏校勘記

劉玉才　主編

北京大學出版社
PEKING UNIVERSITY PRESS

春秋左傳注疏校勘記

〔清〕阮元總纂
嚴杰分校
袁媛整理

目録

上册

整理説明……一
春秋左傳注疏校勘記序……一
春秋左傳注疏校勘記卷一……一
春秋左傳注疏校勘記卷二……一六
春秋左傳注疏校勘記卷三……三〇
春秋左傳注疏校勘記卷四……四九
春秋左傳注疏校勘記卷五……六二
春秋左傳注疏校勘記卷六……七二
春秋左傳注疏校勘記卷七……八三
春秋左傳注疏校勘記卷八……九六
春秋左傳注疏校勘記卷九……一一二
春秋左傳注疏校勘記卷十……一三二
春秋左傳注疏校勘記卷十一……一三八
春秋左傳注疏校勘記卷十二……一六四
春秋左傳注疏校勘記卷十三……一八二
春秋左傳注疏校勘記卷十四……二〇三
春秋左傳注疏校勘記卷十五……二二六
春秋左傳注疏校勘記卷十六……二五〇
春秋左傳注疏校勘記卷十七……二七四
春秋左傳注疏校勘記卷十八……三〇一
春秋左傳注疏校勘記卷十九……三二八
春秋左傳注疏校勘記卷二十……三五七
春秋左傳注疏校勘記卷二十一……三七九

下册

春秋左傳注疏校勘記卷二十二……四〇一
春秋左傳注疏校勘記卷二十三……四三五
春秋左傳注疏校勘記卷二十四……四五三
春秋左傳注疏校勘記卷二十五……四七八
春秋左傳注疏校勘記卷二十六……五〇四
春秋左傳注疏校勘記卷二十七……五二九

春秋左傳注疏校勘記卷二十八……五六〇
春秋左傳注疏校勘記卷二十九……五八九
春秋左傳注疏校勘記卷三十……六一六
春秋左傳注疏校勘記卷三十一……六四二
春秋左傳注疏校勘記卷三十二……六六五
春秋左傳注疏校勘記卷三十三……六九〇
春秋左傳注疏校勘記卷三十四……七〇七
春秋左傳注疏校勘記卷三十五……七二五
春秋左傳注疏校勘記卷三十六……七四七
春秋左傳釋文校勘記卷一……七八三
春秋左傳釋文校勘記卷二……七九四
春秋左傳釋文校勘記卷三……八〇三
春秋左傳釋文校勘記卷四……八一二
春秋左傳釋文校勘記卷五……八二一
春秋左傳釋文校勘記卷六……八三一

整理説明

左傳注疏校勘記三十六卷、左傳釋文校勘記六卷，撰者嚴杰。嚴杰（一七六四—一八四三），字鷗盟，號厚民，浙江餘杭人，監生。嚴杰與阮元關係密切，嘉慶二年（一七九七）入其浙江學政幕，六年入其浙江巡撫幕，十六年阮氏任翰林院編修、工部侍郎，嚴氏隨從在京，後又入阮氏兩廣總督幕。因此得以參與阮元主持的幾次重要的學術活動，編纂審定經籍籑詁，在十三經局内分擔左傳、孝經二書的校勘，協助輯刻皇清經解，是阮元學術幕府的重要成員。

左傳注疏校勘記的成書過程，卷首阮元序中有所交代：

錢塘監生嚴杰熟於經疏，因授以舊日手校本，又慶元間所刻之本，并陳樹華考證，及唐石經以下各本及釋文各本，精詳捃摭，共爲校勘記四十二卷。

段玉裁撰有春秋左傳校勘記目録序一文，[1]與阮序多有雷同，應爲阮序之藍本。文中指出嚴杰「精詳捃摭」之後，「是非難定者」則由自己「折其衷焉」。可見最後形成的校勘記中還包含了段氏的考辨審定。段序落款爲「嘉慶八年冬至日」，這大概就是左傳注疏校勘記纂成的時間。

文選樓本左傳注疏校勘記分爲三十

六卷，後來出現的南昌本則作六十卷，分卷的差異是因爲底本的轉換：前者依據南宋慶元年間刊本，後者則跟隨十行本。這就牽涉到左傳注疏的版本問題。

經注與正義本爲各自單行。當代學者張麗娟梳理經書刊刻始末，指出宋代有幾次重要的經注刊刻活動，對後世影響深遠，包括北宋國子監刻九經及南宋國子監重刻、南宋撫州公使庫刻九經、南宋興國軍學刻六經、蜀中刻大字本經書。❷而經注附釋文本則以建安余仁仲萬卷堂刻九經、廖瑩中世綵堂刻九經及蜀中刻中字本三次最具代表性。❸現存爲數不少的宋代經注本、經注附釋文本則揭示出當時經典刊刻的興盛與複雜。❹

至於單疏本春秋正義，傳世者極少，除敦煌、黑城出土的殘片外，以日本宫内廳書陵部所藏抄本爲最早。該本「桓」字缺筆避諱，應是源自宋刻。晚清以來中日學人對之或傳抄、或付刻、或影印，使其面貌爲世人所知。

經注與正義的合刻大約始於南宋，越州八行本周易注疏、尚書正義、禮記正義、春秋左傳正義等七種是現存最早的實物。其中春秋左傳正義爲慶元六年（一二〇〇）紹興府所刻。知府沈作賓撰有刻書跋，云「給事中汪公之爲帥也，嘗取國子監春秋經傳集解、正義，參以閩、蜀諸本，俾其屬及里居之彦相與校讎，毋敢不恪，又自取而觀之，小有訛謬，無不訂正」，❺交待了它的來源。是本承當時監本而來，源出善本，又經校勘，質量較高。段玉裁稱讚它「凡宋本佳處，此本盡有。凡今日所存宋本，未有能善於此者也」，❻阮元謂「蓋田敏等所鏤，淳化元年所頒皆最爲善本，而畢集於是，後此附以釋文之本未有能及此者」，[7]嚴杰亦稱之爲「宋刻正義中之第一善本」，[8]分卷及正義格式皆保存舊貌，因此「今校勘記依此分卷」。

而後在福建建陽地區興起附釋音合刻本。因其將經、注、疏、釋文合綴一書，於閱讀理解更爲便利，所以一經出現便廣爲流行。元代曾有翻刻，又遞經修補，一直到明代正德年間。此系列諸本行款爲半葉十行，世稱爲「十行本」。這是後代通行的注疏本的源頭。左傳注疏校勘記即以之作爲正義部分校勘的重要參考。然而經學者考證，其所據其實並非宋刻，而是元刻明修本。[9]嘉慶二十一年（一八一六）南昌府學重刊宋本十三經注疏，左傳以十行本爲底本，校勘記附入各卷之後，因之而有六十卷之數。

左傳注疏校勘記以慶元本爲底本，又以衆多版本參校。唐石經本爲白文本。不全宋刻三册本、不全北宋刻小字本二卷爲經注本。淳熙小字本、相臺岳氏本、宋纂圖本爲經注附釋音本。又吸收了見於七經孟子考文的日本足利學校藏經注本的面貌。注疏合刻本包括元刻明修十行本、明嘉靖閩刻本、萬曆十九年北監本、重修監本和崇禎間毛氏汲古閣本，後四本皆來自十行本，屬於同一版本系統。不全宋刻三册本的行款、避諱及板心鎸字，與現存紹興年間江陰郡刻遞修本相合，或許即爲此本。淳熙小字本因卷末牌記而得名，校勘記記載其特徵：「分卷與唐石經同。每半頁十行，行十八字，注文雙行，行廿二字。附釋音。此宋時坊刻，有訛字俗體，大致不失其爲善本。

卷末題『淳熙柔兆涒灘中夏初吉閩山阮仲猷種德堂刊』，柔兆涒灘乃宋孝宗淳熙三年丙申也。末附春秋名號歸一圖二卷，蜀馮繼先所作。」與這些特徵相符的版本海內外多有收藏，然而根據陳先行、顧永新等學者研究，⑩現存諸本並非宋本，而爲明代覆刻本，彼此之間也存在差別。不全北宋刻小字本則不見於公私書目著録，不知尚存天壤間否。

二

在版本對校、參證他書之外，校勘記還十分重視前人校勘成果。除了六經正誤、九經三傳沿革例、七經孟子考文、十三經注疏正字這些衆經校勘都參考的書之外，還吸收了近三十家的意見。徵引最爲頻繁的是顧炎武（九經誤字、左傳杜解補注、金石文字記、日知録）、惠棟（左傳補注）、盧文弨（鍾山札記）、陳樹華（春秋經傳集解考正）、段玉裁（古文尚書撰異、周禮漢讀考、説文解字讀等）五位。其他還包括唐代李涪（刊誤）、宋代劉敞（春秋權衡）、王應麟（困學紀聞）、明代陸粲（左傳附注）、傅遜（春秋左傳注解辨誤）、清代朱鶴齡、胡渭、閻若璩、臧琳（經義雜記）、惠士奇、何焯、沈彤（春秋左傳小疏）、齊召南、趙一清（水經注釋）、程瑤田（通藝録）、錢大昕（唐石經考異、十駕齋養新録、潛研堂文集等）、孫志祖（讀書脞録）、王念孫（廣雅疏證）、梁履繩、莊述祖（五經小學述）、王引之（周秦名字解故）、李鋭、臧禮堂等。除了以上著作之外，嚴杰還注意利用時人校本，所涉學者如何焯、盧文弨、段玉裁，其中不少內容與現存校本相引證。如卷三十「城父今襄城城父縣」條云「段玉裁校本作『父城縣』，云：元和郡縣志引左傳『大城父城使太子建居之』」，與復旦大學圖書館藏江沅臨陳樹華、段玉裁校本的校語相一致。綜上可見校勘記於搜羅清人成果用力之勤。

值得注意的是，校勘記與陳樹華春秋經傳集解考正（以下簡稱「考正」）關係十分密切，經、傳、注部分的校勘在很大程度上爲承襲考正而來。其中一部分被校勘記標示出來，容易了解，但更多的內容没有註明出處，需要二書對照才能發現。總的來説，承襲表現在如下幾個方面：所引他書文獻多見於該書；從該書中轉引他人成果，如陸粲左傳附注、顧炎武左傳杜解補正、何焯校本、惠士奇與惠棟父子之説；考正對顧炎武討論唐石經的説法多有辨正，校勘記對這部分意見全部予以採納；校勘記的案斷常常與考正案語完全一致。可以説考正是校勘記撰寫的基礎，既爲之提供了大量的校勘材料和他人成果，也提供了校勘的基本思路。

三

無論是在版本選擇、他書文獻搜羅方面，還是在對他人成果的吸收、對異文的考證辨析方面，校勘記都做了很多出色的工作，可謂左傳校勘的集大成之作。但以今天的角度來看，它也存在一些局限。除了某些考辨有待斟酌之外，整體上最重要的問題在於某些重要版本未能列入校勘行列。經過學者們的調查，今天海內外所藏左傳宋元本的情況已經較爲清楚。不少阮元、嚴杰當日所未見的版本，對於校勘左傳具有不容忽視的意義。如南宋淳熙間撫州公使庫刻遞修本春秋經傳集解，今存殘卷共二十三卷，分藏於國家圖書館和臺北故宫博物院，它沿襲了北宋以來國子監刻本的内容特點，至爲珍貴。又如南宋嘉定九年（一二一六）興國軍學刻本春秋經傳集解，日本宫内廳書陵部藏有一部（部分配抄本）。它的文字「多數與撫州本、越刻八行本等官刻系統善本文字相合，也有部分異文不同於撫州本、越刻八行本，反與余仁仲、元刻明修十行注疏本、阮本合，同時亦有與諸本皆不相同的異文」，[11]具有獨特而重要的版本價值。再如南宋余仁仲萬卷樓刻春秋經傳集解，附有釋文，現今僅存六卷，藏於臺北「國家圖書館」。此本與後來流行的注疏十行本的經注文字關係密切，雖然只有殘卷，但仍然具有不容忽視的價值。另外阮元以所見十行本爲宋刻明修，但實爲元刻明修，二者存在不小的差别。真正的宋刻今天尚存兩部，一部藏於日本足利學校遺跡圖書館，一部分藏於國家圖書館和臺北故宫博物院。

此外，嚴杰乃至當時的大部分學者對諸本之間的源流關係的了解還十分有限，因此也較少從這個角度分析判别歧異紛陳的諸本面貌。這都是使用左傳注疏校勘記需要注意的問題。

四

左傳釋文校勘記六卷，與他經釋文校

勘記一樣，用葉林宗（葉奕）影宋鈔本來校正通行的通志堂本、抱經堂本，并參考盧文弨經典釋文考證。而與眾不同之處在於增加了一個新的參校本——長洲顧之逵所校北宋刻本。

顧之逵（一七五二——一七九七），字抱沖，又字安道，蘇州元和人。藏書處名爲「小讀書堆」。他所藏的這部北宋刻本早已失傳，只能從當時人的隻言片語中略窺面貌。顧廣圻曾云「春秋經典釋文六卷，南宋槧本，亦小讀書堆藏，其本乃附春秋經傳後者」，[12]段玉裁亦見之，而云「顧抱沖有北宋刊春秋音義，抱沖既爲予以其善處書此本之上方，予仍借其校出本補注之」[13]，顧之逵曾用此本校勘經典釋文而言「前幾頁乃用宋刻左傳附釋文者所校勘」。[14]綜上可見，這個刻本共六卷，爲春秋經傳集解後所附，段玉裁認爲它刻於北宋，而顧廣圻則定之爲「南宋槧本」。

這種將釋文置於經書之後，而非打散附入相關經文注文之下的做法出現得較早。現存淳熙撫州公使庫刻禮記、春秋公羊經傳解詁之後便附有對應的釋文。結合相關文獻，學者推斷「這種在書末附刻釋文的體例，很可能承襲自北宋」。[15]因此無論顧之逵此本究竟刻於北宋還是南宋，它都是一個保存舊式，來源有自的版本。據考，在傳世左傳諸本中沿用這一方式者只有南宋嘉定間興國軍學刻本，然而其釋文合第五、第六爲一卷，共作五卷，與顧廣圻所言「六卷」有別，二者殆非一本。這個早已遺失的宋刻本的面貌，只能藉助左傳釋文校勘記才能了解了。

本書點校工作依照十三經注疏校勘

記整理的總體原則，尊重底本文選樓本原貌，底本有誤者於每卷末出校説明。限於學識，缺點錯誤在所難免，希冀廣大讀者批評指正。

袁　媛

❶段玉裁經韻樓集卷四。

❷張麗娟宋代經書注疏刊刻研究，北京大學出版社，二〇一三年，第四二至一一〇頁。

❸宋代經書注疏刊刻研究，第一二〇至一九七頁。

❹詳見宋代經書注疏刊刻研究附録今存宋刻經書注疏版本簡目。

❺張金吾愛日精廬藏書志卷五「春秋左傳正義三十六卷（臨金壇段氏校宋慶元本）」。

❻愛日精廬藏書志卷五「春秋左傳正義三十六卷（臨金壇段氏校宋慶元本）」。

❼阮元春秋左傳注疏校勘記序。

❽左傳注疏校勘記卷首引據各本目録「宋本春秋正義三十六卷」。

❾長澤規矩也正德十行本注疏非宋本考，蕭志强譯，中國文哲研究通訊二〇〇〇年第十卷第四期；汪紹楹阮氏重刻宋本十三經注疏，文史第三輯，中華書局，一九六三年。

❿陳先行打開金匱石室之門：古籍善本，上海文藝出版社，二〇〇三年，第一二六至一二九頁。顧永新經學文獻的衍生和通俗化：以近古時代的傳刻爲中心，北京大學出版社，二〇一四年，第一九四至二一九頁。

⓫宋代經書注疏刊刻研究，第九七頁。

⓬國家圖書館藏清刻本經典釋文之左傳音義卷末，佚名録潘錫爵傳録何煌、惠棟、段玉裁、孫星衍、臧庸、顧廣圻、黄丕烈等校跋，典藏號：〇七三〇一。

⓭同上。

⓮國家圖書館藏清刻本經典釋文之左傳音義首頁天頭，顧之逵校跋并録清惠棟、段玉裁校，典藏號：二一三五。

⓯宋代經書注疏刊刻研究，第一二三頁。

春秋左傳注疏校勘記序

春秋左氏傳漢初未審獻於何時，漢藝文志説孔壁事祇云得古文尚書及禮記、論語、孝經，不言左氏經傳也。景十三王傳亦但云得古文經傳，所謂傳者即禮之記及論語，亦未言有左氏也。楚元王傳劉歆讓太常博士亦以逸禮三十有九、書十六篇系之魯恭王所得、孔安國所獻，而於春秋左氏所修二十餘通，則但云藏於祕府，不言獻自何人。惟説文解字序分别言之曰「魯恭王壞孔子宅，得禮記、尚書、春秋、論語、孝經。又北平侯張倉獻春秋左氏傳」，然後左氏經傳所自出始大白於世。顧許言恭王所得有春秋，豈孔壁中有春秋經文，爲孔子手定者與？北平侯所獻蓋必有經、有傳，度其經必與孔壁經大同，然則班志所云「古經十二篇」者，指恭王所得與？抑指北平所獻與？左氏傳之學興於賈逵、服虔、董遇、鄭衆、潁容諸家，杜預因之，分經比傳，爲之集解。今諸家全書不可見，而流傳閒見者往往與杜本乖異。古有吴皇象所書本，宋臧榮緒、梁岑之敬所挍本，今皆不可得。蓋傳文異同可考者亦僅矣。唐人專宗杜注，惟蜀石經兼刻經、傳、杜注文，而蜀石盡亡，世間搨本僅存數百字。後唐詔儒臣田敏等挍九經，鏤本於國子監，此亦經、傳、注兼刻者，而今多不存。至於孔穎達等依經、傳、杜注爲正義三十六卷，本自單行，宋淳化元年有刻本，至慶元間吴興沈中賓分系諸經注本合刻之，其跋云：「踵給事中汪公之後，取國子監春秋經傳集解、正義精校萃爲一書。」蓋田敏等所鏤、淳化元年所頒皆最爲善本，而畢集於是，後此附以釋文之本未有能及此者。元和陳樹華即以此本遍考諸書，凡與左氏經傳文有異同、可備參考者，撰成春秋内傳考證一書。考證所載之同異，雖與正義本夐然不同，然亦間有可采者。臣更病今日各本之踳駁，思爲諟正。錢塘監生嚴杰熟於經疏，因授以舊日手校本，又慶元間所刻之本，并陳樹華考證，及唐石經以下各本及釋文各本，精詳捃摭，共爲挍勘記四十二卷。雖班孟堅所謂「多古字古言」、許叔重所謂「述春秋傳用古文」者，年代緜邈，不可究悉，亦庶幾網羅放佚，冀成注疏善本，用裨學者矣。臣阮元恭記

引據各本目録

唐石經春秋三十卷　首載杜氏序。每卷篇首題「春秋經傳集解某公第幾」，第二行題「左氏盡某年」。每行十字，有復經勘定處，或九字一行、十一字一行，間有十二字一行者。唐人改刊多剷磨重鐫，後人即加於本字之上。隱公第一盡十一年，桓公第二盡十八年，莊公第三盡卅二年，閔公第四盡二年，僖上第五盡十五年，僖中第六盡廿六年，僖下第七盡卅三年，文上第八盡十年，文下第九盡十八年，宣上第十盡十一年，宣下第十一盡十八年，成上第十二盡十年，成下第十三盡十八年，襄元第十四盡九年，襄二第十五盡十五年，襄三第十六盡廿二年，襄四第十七盡廿五年，襄五第十八盡廿八年，襄六第十九盡卅一年，昭元第廿盡三年，昭二第廿一盡七年，昭三第廿二盡十二年，昭四第廿三盡十七年，昭五第廿四盡廿二年，昭六第廿五盡廿六年，昭七第廿六盡卅二年，定上第廿七盡七年，定下第廿八盡十五年，哀上第廿九盡十三年，哀下第卅盡廿七年，末載後序。宣公上下俱經後梁重刻，上卷原刻尚存五六行，下卷僅三之一。僖公篇亦有數段出自後人重刊，然字迹遠勝後梁所鐫。崑山顧炎武標舉誤字，此經獨多，皆非唐本之舊也。

不全宋刻春秋經傳集解三册　分卷與唐石經同。上册題「襄五第十八」，闕二十二、二十三兩頁。中册題「昭三第二十二」，闕三至八六頁，又闕十三一頁及二十一、二十二兩頁；昭四第二十三闕一頁。下册題「昭五第二十四」，闕二十二、二十三、二十四三頁。每半頁十行，注文雙行，每行字數不一。卷末載經、注若干字，無附釋音。宋刻經注本之最善者。書内「構」字闕筆，此避宋高宗諱。錢塘何元錫云「板心有直學王某等字，亦南渡官名也」。

不全北宋刻小字本春秋經傳集解二卷　此本惟廿四、廿五兩卷。每半板十一行，行廿三、四、五字不一，注文雙行，約多幾字。卷末無附釋音。惜不知何人所刊也。

淳熙小字本春秋經傳集解三十卷　分卷與唐石經同。每半頁十行，行十八字，注文雙行，行廿二字，附釋音。此宋時坊刻，有譌字、俗體，大致不失其爲善本。卷末題「淳熙柔兆涒灘中夏初吉，閩山阮仲猷種德堂刊」，柔兆涒灘乃宋孝宗淳熙三年丙申也。末附春秋名號歸一圖二卷，蜀馮繼先所作。

南宋相臺岳氏春秋經傳集解三十卷　宋岳珂刊。分卷與唐石經同。缺十九、二十兩卷。每半頁八行，行十七字，注文雙行，附釋音。每卷之後皆有木刻亞形「相臺岳氏刻梓荆溪家塾」印，大小篆、隸文、楷書不一。每頁之末上刻篇識，如隱某年、桓某年等。明代以來翻刻有四，皆不若此本之精審。末附春秋年表一卷、春秋名號歸一圖二卷，年表不著撰人名氏。

宋纂圖本春秋經傳集解三十卷　每半頁十行，注文雙行，每行字數不一，注後附音釋，音釋後有似句、互注、重言等條，此宋時坊刻所加。

足利本春秋經傳集解　見七經孟子考文。案，山井鼎云「左傳考文稱『足利本』者，宋板經傳集解本也，今以活字板驗之，是爲其原本也」。

宋本春秋正義三十六卷　宋慶元間吳興沈中賓所刊。案新唐書經籍志載春秋正義三十六卷，與此合。宋王堯臣崇文摠目、晁公武郡齋讀書志、陳振孫書録解題並同。分卷、行款與俗本亦異，卷一序，卷二隱元年，卷三隱二年至五年，卷四隱六年至十一年，卷五桓元年二年，卷六桓三年至六年，卷七桓七年至十八年，卷八莊元年至十五年，卷九莊十六年至三十二年，卷十閔元年、二年，卷十一僖元年至十五年，卷十二僖十六年至二十六年，卷十三僖二十七年至三十三年，卷十四文元年至十年，卷十五文十一年至十八年，卷十六宣元年至十一年，卷十七宣十二年至十八年，卷十八成元年至十年，卷十九成十一年至十八年，卷二十襄元年至八年，卷二十一襄九年至十二年，卷二十二襄十三年至二十二年，卷二十三襄二十三年至二十五年，卷二十四襄二十六年至二十八年，卷二十五襄二十九年至三十一年，卷二十六昭元年至三年，卷二十七昭四年至七年，卷二十八昭八年至十二年，卷二十九昭十三年至十七年，卷三十昭十八年至二十二年，卷三十一昭二十三年至二十六年，卷三十二昭二十七年至三十二年，卷三十三定元年至七年，卷三十四定八年至十五年，卷三十五哀元年至十一年，卷三十六哀十二年至二十七年。又「會於夷儀之歲」云云在襄二十六年之首，與唐石經合。無附釋音，字無俗體，是宋刻正義中之第一善本。每半頁八行，經、傳每行十六字，注及正義每格雙行，行廿二字，經、傳下載注不標「注」字，正義揔歸篇末，真舊式也。今挍勘記依此分卷。

附釋音春秋左傳注疏六十卷　此本雕板南宋，遞有修補，下至明末其板猶存。在注疏中六十卷本之冣善者。卷一序、卷二隱元年盡二年，卷三隱三年盡五年，卷四隱六年盡十一年，卷五桓元年盡二年，卷六桓三年盡六年，卷七桓七年盡十八年，卷八莊元年盡十年，卷九莊十一年盡二十二年，卷十莊二十三年盡三十二年，卷十一閔元年盡二年，卷十二僖元年盡五年，卷十三僖六年盡十四年，卷十四僖十五年盡廿一年，卷十五僖二十二年盡二十四年，卷十六僖二十五年盡二十八年，卷十七僖二十九年盡三十三年，卷十八文元年盡四年，卷十九上文五年盡十年，卷十九下文十一年盡十五年，卷二十文十六年盡十八年，卷二十一宣元年盡四年，卷二十二宣五年盡十一年，卷二十三宣十二年，卷二十四宣十三年盡十八年，卷二十五成元年盡二年，卷二十六成三年盡十年，卷二十七成十一年盡十五年，卷二十八成十六年盡十八年，卷二十九襄元年盡四年，卷三十襄五年盡九年，卷三十一襄十年盡十二年，卷三十二襄十三年盡十五年，卷三十三襄十六年盡十八年，卷三十四襄十九年盡二十一年，卷三十五襄二十二年盡二十四年，卷三十六襄二十五年，卷三十七襄二十六年，卷三十八襄二十七年盡二十八年，卷三十九襄二十九年，卷四十襄三十年盡三十一年，卷四十一昭元年，卷四十二昭二年盡四年，卷四十三昭五年盡六年，卷四十四昭七年盡八年，卷四十五昭九年盡十二年，卷四十六昭十三年，卷四十七昭十四年盡十六年，卷四十八昭十七年盡十九年，卷四十九昭二十年，卷五十昭二十一年盡二十三年，卷五十一昭二十四年盡二十五年，卷五十二昭二十六年盡二十八年，卷五十三昭二十九年盡三十二年，卷五十四定元年盡四年，卷五十五定五年盡九年，卷五十六定十年盡十五年，卷五十七哀元年盡五年，卷五十八哀六年盡十一年，卷五十九哀十二年盡十五年，卷六十哀十六年盡二十七年。每半頁十行，每行十七字，注、疏每格雙行，行二十三字，經、傳下載注不標「注」字，正義冠大「疏」字於上。今挍正義以此本爲據也。又案，七經孟子考文補遺云「毛詩、春秋編入陸德明經典釋文共題曰『附釋音』，蓋與正德刊本略似矣」，其實一也。考文所謂正德本即指此本修版處而言。

閩本春秋左傳注疏六十卷　明嘉靖閩中御史李元陽、僉事江以達挍刊。分卷與附釋音本同。每半頁九行，行二十一字，傳、注、正義低一格，每行二十字，正義雙行。以注文改作中號字，冠「注」字於上，始於李氏，非宋板舊式。其佳處多與附釋音本相合，有監本、毛本脱錯而此本不誤，較監、毛爲優云。

監本春秋左傳注疏六十卷　明萬歷十九年刊。每卷第二、三行題「皇明朝列大夫、國子監祭酒盛訥等奉勑重挍刊」，「勑」字提行。分卷與附釋音本同。行款與閩本合，惟注文用小字，空左。卷末載後序。錯字較少，非毛本可及也。

重脩監本春秋左傳注疏六十卷　此本惟每卷第三行擠刊「皇明朝列大夫、國子監祭酒臣吴士元，承德郎、司業、仍加俸一級臣黄錦等奉旨重修」，將盛訥銜改列第二行。譌字較原本爲多，記中所引凡與原本同者則摠偁「監本」，其異者則偁「重脩監本」。

毛本春秋左傳注疏六十卷　明崇禎戊寅常熟汲古閣毛晉所刊。分卷與附釋音本同。行款與閩本合。此本世所通行，而亥豕之譌觸處皆是。

春秋左傳注疏校勘記卷一

01—001 春秋正義序　嘉善浦鏜注疏正誤「春秋」下增「左氏傳」三字。

002 國子祭酒上護軍曲阜縣開國子臣孔穎達等奉勑撰　此本前著銜名如此，上空一格，「勑」字提行。南宋慶元刊本「奉」上有「等」字。閩本脱「臣」字，毛本删「臣奉勑」三字。以下凡慶元刊本則偁「宋本」。

003 若夫五始之目　閩本、監本、毛本「五」誤「三」。

004 但年祀緜邈　餘姚盧文弨挍本「祀」改「紀」。案，盧文弨書多本之浦鏜正誤及七經孟子考文補遺，後凡與二書同者不録。

005 欲垂之以法則無位　宋本「法」作「灋」。

006 所謂不怒而人威　毛本「謂」誤「畏」。

007 鴻猷遂寖　「寖」當作「寑」，宋本作「寢」。

008 以膠投漆　宋本、監本「漆」字並誤作「𣾰」。後凡監本不誤而重脩本誤者偁「重脩監本」，二本俱誤者則偁「監本」，不分列也。

009 今校先儒優劣　毛本「校」作「挍」，避明熹宗諱，全書皆然。

010 以至于今　宋本、毛本「于」作「於」。按，經多作「于」，傳、注、正義多作「於」。此正義當用「於」字，後人因簡省改作「于」也。

011 則有沈文何　按，隋書經籍志作「文阿」。

012 言後之學者　宋本、監本、毛本「言」作「使」。

013 而探賾鉤深　宋本「賾」作「蹟」。

014 其經注易者　監本、毛本「注」改作「註」，非。案，賈公彥儀禮疏云「言注者，注義於經下，若水之注物」，是也，下準此。

015 案僖公三十三年經云　毛本「案」作「按」，宋本以下皆作「案」。

016 郤缺稱人者　監本、毛本「郤」誤「卻」。

017 以公姑姊妻之　宋本「姊」作「姉」，下同。唐、宋人从市是也。

018 計至襄二十一年　浦鏜正誤「襄」下增「公」字，非。

019 何得有姊而妻庶其　宋本「姊」誤「子」。

020 況其餘錯亂　閩本、監本「況」作「况」，下放此。按，况，俗「況」字。

021 與前脩疏人　毛本「脩」作「修」。案，經典「修」字多作「脩」，宋本以下皆作「脩」，下準此。

022 謹與朝請大夫國子博士臣谷那律　浦鏜正誤據文苑英華「大夫」下增「守」字。❶

春秋正義序終

023 附釋音春秋左傳注疏卷第一　閩本、監本、毛本刪「附釋音」三字，後同。分卷與此相合。監本此行下有「晉杜氏注唐孔穎達疏陸德明釋文」十四字。閩本、毛本「晉杜氏注」在第二行，「唐孔穎達疏」在第三行，每卷同，上空八九字不一。監本因刻挍刊官銜，擠刻每卷第幾之下。「陸德明釋文」五字，閩本在第二行之末，以下不著，監本以下亦不著。○宋本作「春秋正義卷第一」。

024 國子祭酒上護軍曲阜縣開國子臣孔穎達等奉勑撰　是銜在第二行、第三行，此本以下不著。宋本每卷同，上空二字。

025 國子博士兼大子中允贈齊州刺史吳縣開國男臣陸德明釋文　是銜在第四行，此本以下不著。淳熙本、纂圖本「國」上有「唐」字、無「臣」字，釋文同。「文」下，釋文有「撰」字；淳熙本作「附」字，分二行，首行十五字，次行「吳縣」字提行，上空三字。纂圖本此銜在第三行，上空字半。

026 春秋序　此本三字頂格，在第五行。淳熙本、岳本、纂圖本亦頂格，在第一行。閩本、監本、毛本在第四行，低二格。唐石經及宋本並作「春秋左氏傳序」。石經此行初書今體，改書八分。宋本亦頂格，在第四行。案，孔氏正義云：「晉、宋古本及今定本並云『春秋左氏傳序』，今依用之。」是正義本有「左氏傳」三字，此作「春秋序」，承陸氏釋文所題也。

027 且有題曰春秋釋例序　宋本「且」誤「具」。

028 徐邈以晉世言五經音訓　宋本「言」作「定」，「音」誤「奇」。

029 此序大畧　宋本、監本、毛本「畧」作「略」，是也。案，唐、宋人「略」、「畍」字皆田在左。❷

030 名義以春秋是此書大名　宋本「名義」作「明義」，是也。與下文「明史官記事之書」、「明天子諸侯皆有史官」三「明」字一例。❸

031 襃貶得失　監本「襃」作「褒」。案，褒，俗「襃」字，下準此。

032 先儒錯繆之意　閩本、監本、毛本亦作「繆」。按，古錯謬字多作「繆」。

033 賈逵大史公十二諸侯年表序云　浦鏜正誤云「逵」下脱「云」字。後凡浦鏜正誤以己意增改字句及據俗本以挍正義者不録。

034 藏於祕府　閩本、監本、毛本「祕」字並作

「秘」。案，秘，俗「祕」字，下準此。

035 **時丞相尹咸以能治左氏**　天台齊召南云：「尹咸爲丞相史，未嘗爲丞相也，『相』下脱『史』字。」

036 **與歆共校傳**　浦鏜正誤「校」下增「經」字。

037 **歆略從咸**　日本西條掌書記山井鼎七經孟子考文無「略」字。今按，山井鼎所云宋本即附釋音本也。凡與是本相符者不録。所云古本、異本即釋文、正義及唐、宋人類書中之同異，雖録其説，鮮致是非。

038 **及毛氏逸禮古文尚書**　宋本「氏」作「詩」，不誤。

039 **和帝元興十一年**　案，宋王應麟困學紀聞云：「愚考和帝元興止一年，安得有十一年，一誤也。鄭興子衆終於章帝建初八年，不及和帝時，二誤也。章帝之子爲和帝，先後失序，三誤也。」盧文弨云：「此七字改作『建武初元』便可通。」

040 **箴左氏膏盲**　宋本、閩本、監本「盲」作「肓」，不誤。毛本作「育」，尤非。×

041 **起穀梁廢疾**　按，廢疾之「廢」當作「癈」，説詳襄七年挍勘記。

042 **左氏學顯矣**　毛本「左氏」下增「之」字，非。×

043 **春秋至名也**　凡序中某至某也宋本無，下並同。

044 **申叔時論傳大子之法**　宋本、閩本、監本、毛本「傳」作「傅」，是也。

045 **教之以春秋**　按，明道本國語無「以」字。

046 **禮坊記云**　毛本「云」改「曰」，非。

047 **以未連本之辭**　宋本、閩本、監本、毛本

「未」作「末」，是也。❹

048 亦互自有詳略　毛本「互」誤「或」。

049 及仲尼脩故因魯史成文　宋本、監本、毛本「故」作「改」。

050 公不與小歛　監本「歛」作「斂」，案，斂，正「歛」字。❺

051 既不以日爲例　監本「爲」誤「無」。

052 日無襃貶　段玉裁云「日」下有「月」字。

053 大橈作甲子　宋本、監本、毛本「橈」作「撓」。

054 宋忠注云　浦鏜正誤「忠」作「衷」。

055 滿而闕缺　浦鏜正誤「缺」作「也」。

056 積二十九月　宋本、閩本、監本、毛本「月」作「日」，不誤。

057 積二十九日過半而行及日與月相會　宋本、閩本、監本、毛本「月」作「日」，非也。

058 月譬水水火外光　宋本、閩本、監本、毛本無次「水」字。

059 所以揔紀諸月也　浦鏜正誤「月」作「日」。

060 足明遠近同異　毛本「足」誤「則」，考文作「是」。

061 是此書之揔名　毛本「書」誤「事」。

062 一切萬物生植孕育　宋本「植」作「殖」。

063 無事不記　監本、毛本「事」誤「物」。

064 商曰祀　宋本、監本、毛本「商」作「商」，是也，此別一字。❻

065 年取年穀一熟也　按，詩補傳引孫炎云「秊取禾穀一熟」。

066 作十有三載乃同　浦鏜正誤云釋文，馬、鄭書注「載」作「年」，故下云「唐虞之世已有年歲之言」。

067 秋⿱⿰禾隹灬也物⿱⿰禾隹灬斂也　按，「⿱⿰禾隹灬」字書所無，漢書律厤志作「秋⿰韋焦也物⿰韋焦斂乃成」，説文韋部「⿰韋焦收束也」，玉篇「⿰韋焦亦作⿰革焦」。諸本作「⿰幸焦」，疑「⿰革焦」之訛。宋本「⿰幸焦」、「也」之間有「即由反」三字，細注分作二行，正義作音例多如是。❼

068 諸侯亦各有國史　纂圖本、毛本「亦」誤「不」。

069 ○正義曰周禮春官　宋本「○」作陰文大「疏」字，下並同。

070 國在四表　閩本、監本、毛本「在」作「有」，非。

071 又主四方來告之事　閩本、監本、毛本「又」誤「及」。

072 故僖二十三年杜注云　監本「杜」字模糊，重脩監本誤「柱」。

073 故杜翦撮天子之史　監本「撮」作「據」，非。

074 但偏檢記傳　毛本「檢」作「舉」，避明莊烈諱。

075 鄭公孫黑强　宋本、閩本「强」作「強」。按，説文作「強」，下準此。

076 必言諸侯無内史者　監本、毛本「無」誤「爲」。

077 大事書之於策　釋文亦作「策」，宋本、淳熙本、岳本、纂圖本、閩本、監本、毛本「策」作「筞」，釋文云：「本又作『册』，亦作『筴』。」案，「筴」、

「策」古通用。國語魯語「使書以爲三筴」，莊子駢拇篇「挾筴讀書」，管子海王篇「謹正鹽筴」，皆爲書策之策。顔氏家訓云：「簡策字，竹下施束，末代隸書，似杞、宋之『宋』，亦有竹下遂爲夾者。徐仙民春秋、禮音以『筴』爲正字，以策爲音，殊爲顛倒。」石經凡「策」字，皆作「筞」。

078 既言尊卑　監本、毛本「卑」作「幼」。

079 以鉤命決云　浦鏜正誤「以」疑「引」，非。

080 數行乃盡者　監本、毛本「乃」誤「可」。✕

081 少事者謂物不爲災　宋本、閩本、監本、毛本「少」作「小」，不誤。✕

082 傳馮簡牘　宋本「馮」作「憑」。案，五經文字云「『馮』義與『憑』同」。

083 鄹邑人也　宋本「鄹」作「鄒」。

084 詩亡然後春秋作　宋本、閩本、監本、毛本「春」下有「秋」字，今補正。❽

085 興於記惡之戒　閩本、監本、毛本「之」作「垂」。

086 與周之所以王　按，文選「王」下有「也」字，與昭二年傳合。

087 故云此○　宋本「○」作「疏」。

088 謚曰宣子者　宋本、毛本「謚」作「諡」，誤。説詳隱八年傳。

089 韓子所見　盧文弨挍本「見」下據疏增「魯春秋」三字，非也。

090 周公所爲　監本、毛本「爲」誤「以」。

091 以能立官紀事　監本、毛本「能」改「爲」。紀事，閩本、監本、毛本作「記事」。

092 斯文何足爲典　毛本「足」誤「則」。

093 **諸所記注** 閩本、監本、毛本「注」作「註」。釋文云：「字或作『註』。」按，記註字當從言。通俗文云「記物曰註」，方言、廣雅皆有「註」字，乃俗字之冣古者也。

094 **昭二十年傳曰** 監本「二」誤「三」。

095 **上之人謂在位者也** 毛本「位」誤「外」。

096 **然則鄰國相命** 毛本「鄰」作「隣」。唐玄度九經字樣云「作隣者訛」，下準此。

097 **自嫌彊大** 宋本、監本、毛本「彊」作「疆」，誤。

098 **須存於此若也** 閩本、監本、毛本「若」作「者」。❾

099 **其餘則皆即用舊史** 按，文選無「則」字。

100 **或依經以辯理** 文選「辯」作「辨」，五經文字云「辯，理也。辨，別也。經典或通用」。❿

101 **左邱至而發** 閩本、監本、毛本作「左邱至發」。×

102 **故言受經於仲尼** 毛本「故」作「或」。×

103 **以辨此經之理** 閩本、監本、毛本「辨」作「辯」。

104 **皆隨義所在而爲之發傳** 閩本、監本、毛本「發」作「法」，非也。

105 **懼弟子各有妄其意** 按，史記十二諸侯年表序「妄」作「安」，無「有」字。盧文弨校本「有」作「自」字。按，如今本史記作「安其意」爲善。

106 **左邱明魯史也** 按，漢書藝文志「魯」下有「大」字。

107 **是錯經以合異也** 宋本、監本、毛本「異」誤「義」。

108 **言遺者舊史已没**　正德本、閩本、監本「舊史」誤倒，毛本作「史記」亦非。

109 **其旨遠**　纂圖本、毛本作「㫖」，石經「旨」作「旨」，宋本、岳本、閩本、監本作「旨」。説文云「旨，從匕，從甘」，下凡作「旨」者，準説文改也。

110 **尋其枝葉**　監本「葉」作「葉」，唐石經、淳熙本作「苿」，毛本作「葉」，亦誤。顧炎武金石文字記云：「唐石經避太宗諱，凡從世字作『云』。」

111 **○正義曰**　宋本「○」作「疏」。

112 **説文云籍部書也**　按，今本説文作「籍，簿書也」。

113 **將令學者本原其事之始**　監本、毛本「原」誤「始」。

114 **涣然冰釋**　閩本、監本、毛本「冰」誤「泳」，淳熙本作「冰」亦非，下準此。

115 **子張問入官學之篇**　盧文弨挍本云「學」字衍。

116 **脂之釋者爲膏**　閩本、監本、毛本「釋」作「澤」。

117 **周公之垂法**　宋本「法」作「灋」。按，「灋」、「法」古今字。鄭氏注禮、箋詩皆以今字證古字。如周禮經文「灋」字，注文多作「法」。蓋一代有一代之字。陳樹華云：「淳化本左傳『灋』字尚存一二，此勝於石經處。」其實非也。○元和陳樹華有春秋内傳考證，後凡稱陳樹華者是。

118 **以成一經之通體**　淳熙本「體」作「軆」。按，軆，俗「體」字。

119 **夫灾無牲**　宋本「夫」作「天」，「灾」作「災」。按，「災」與「灾」同。

120 **此諸凡者**　閩本、監本、毛本「諸」作「書」，非。

121 **是闡幽也**　按，「也」下，浦鏜正誤云「當脱『其裁成義類』五字」。

122 **故書者隱三年**　宋本「者」下有「若」字。

123 **故傳直言其歸而已**　按，杜序「歸」下有「趣」字，宋本不脱。

124 **是如被之類**　監本、毛本「被」作「彼」，不誤，閩本作「彼」，亦非。

125 **劉實分變例新意**　宋本「實」作「寔」。按，晉劉寔字子真，平原人。浦鏜「實」疑「炫」字誤，非。

126 **替共尊稱**　毛本「替」作「聽」，誤。

127 **不書其主**　閩本、監本、毛本「主」作「亡」，非。

128 **不書其人有闕也**　閩本、監本「不」誤「彼」。

129 **共行征伐**　閩本、監本「共」誤「其」。

130 **諸所諱辟璧假許田之類是也**　釋文云：「辟，本亦作『避』，音同。」文選作「避」。石經「璧」作「辟」，釋文同。按，「避」正字，「辟」假借字。

131 **丹楹刻桷**　淳熙本「桷」誤「桶」。

132 **禮制宮廟之飾**　閩本、監本、毛本「飾」作「節」，非。

133 **此言五體者**　毛本「言」誤「有」。

134 **從首至此**　毛本「首」誤「者」。

135 **以後經則魯史舊文**　毛本「則」誤「作」。

136 **是知與上同爲新意**　盧文弨校本「是」作「足」。

137 **若如所論**　案，文選「如」作「此」。

138 先儒所傳　諸本作「傳」，此本及閩本誤「論」，今改正。

139 言無由發　監本、毛本「言」作「爲」。

140 必應有義存焉　監本「存」誤「在」。

141 荅曰至爲所　閩本、監本、毛本「所」作「斷」，是也。

142 漢書儒林傳云　監本「書」誤「家」。

143 及梁大傳賈誼　宋本、監本、毛本「傳」作「傳」，不誤。

144 誼爲左氏傳訓詁　按，漢書儒林傳「詁」作「故」。說文云「詁訓故言」，凡傳注之書有以「故」名者，如漢藝文志書有大、小夏侯解故，詩有魯故、齊后氏故、齊孫氏故、韓故、毛詩故訓傳，後漢賈逵作周官解故，故即詁也。

145 方進授清河胡常　按，漢書儒林傳云「更始傳子咸及翟方進、胡常。」

146 而更膚引公羊穀梁　石經作「穀」，五經文字云「凡穀穀之類皆從㱿省」。

147 若觀服虔賈誼之汗　齊召南云：「賈誼解詁晉時未必尚有其書，杜於服虔、賈逵時多駁正，此當作『賈逵』。」

148 祔而作主　毛本「作」誤「則」。

149 揔歸諸凡　監本、毛本「揔」作「總」。案，九經字樣云「揔，說文作『總』，經典相承通用」。監本、毛本作「總」，轉寫之異，卜放此。石經誤作「惣」。

150 邱明與聖同恥　宋本、監本、毛本「恥」作「時」。

151 北燕伯款出奔齊　毛本「款」作「欵」，是俗字。

152 公羊穀梁　諸本作「穀」，此誤作「谷」，今訂正。×

153 末有潁子嚴者　石經初刻作「穎」，改作「潁」，是也。

154 學者傳訓詁而已　按，漢書楚元王傳「詁」作「故」。

155 父徽字元伯授業於歆　浦鏜正誤云「授」當「受」誤。按，後漢書賈逵傳云「父徽從劉歆受左氏春秋」。

156 逵傳父業作左氏傳訓詁　按，逵傳云：「逵尤明左氏傳，爲之解詁。」此本「訓」當作「解」。

157 又別集諸例及地名譜第厤數　諸本作「譜」，釋文云「本又作『諡』」。

158 説者以仲尼自衛反魯　石經、宋本、淳熙本、岳本、足利本「以」下有「爲」字，文選引同。

159 危行言孫　諸本作「孫」，釋文云「本亦作『遜』字」。按，愻順字當从心，「孫」者叚借也。

160 是素王之文焉　山井鼎云「漢書元文『是』作『見』」。

161 自聽素王　宋本、閩本、監本、毛本「聽」作「號」，不誤。

162 唯王者然後改元立號　毛本「元」作「王」，誤。

163 此假設而言之　監本、毛本「設」作「説」，非。

164 文不在茲乎　石經、岳本、監本「茲」作「玆」。按，説文有「玆」無「茲」。

165 然後却辯素王爲虚　監本、毛本「辯」

作「辨」。按，「却」當作「卻」，諸本作「却」。五經文字云「却」俗字，或作「郄」，乃「郤」字，與此不同也。

166 此章分段大意　監本「分」作「各」，非。

167 明是既得嘉瑞　監本、毛本「嘉」誤「佳」。

168 如中候所說　閩本、監本「中」誤「申」。

169 絶筆於獲麟之一句者　石經、監本同。諸本「絶」作「絕」。按，說文云「絕，斷絲也，从糸、從刀、從卩」。

170 升中于天而鳳皇降　閩本、監本、毛本「皇」作「凰」。按，凰，俗「皇」字。

171 其意言曰靈　宋本「曰」作「四」，是也。

172 文武之迹不隊　石經此處殘闕。釋文亦作「隊」。宋本、淳熙本、纂圖本作「墜」。按，墜，俗「隊」字。

173 垂法將來　宋本「法」作「灋」。

174 而意不能然　宋本、閩本、監本、毛本「意」作「竟」，不誤。

175 言魯史其不始於他國言隱決其不始於餘公　宋本「史」作「決」，不誤；閩本、監本、毛本作「决」，俗「決」字。隱決，宋、毛作「隱決」，諸本亦誤作「决」。

176 成王雖暫至洛邑　閩本、監本、毛本「成」誤「武」。

177 還歸鎬京　宋本「鎬京」下有「爲幽王滅於西周平王東遷洛邑因謂洛邑爲東周謂鎬京」廿三字，乃是完本。

178 而以偪陽光啓寡君　閩本「偪」作「福」。案，二字古多通用。漢書古今人表有福陽子，即偪陽也，說詳襄十年。

179 非爲所隱也　浦鏜正誤疑「爲」、「所」二字誤倒。盧文弨云「所」字衍。

180 孔子絶粮於陳蔡　宋本、閩本、監本、毛本「粮」作「糧」。案，五經文字云作「粮」訛。

181 乃聞賢與不賢　宋本「聞」作「關」，是也。

182 非復假夫位以宣風　宋本「夫」作「大」，是也。

183 直當爾也　宋本「直」作「豈」。

184 管仲鏤簋朱紘　閩本、監本、毛本「紘」誤「絃」。

185 無可尋檢　毛本「檢」作「撿」，避明莊烈諱，下同。

186 比至孔丘之卒　宋本作「比」，此本及諸本誤「此」，今改正。山井鼎亦云「此」作「比」。

187 據公至其實　閩本、監本、毛本「實」下有「○」。⑪

188 與黑肱之徒　「與」下，浦鏜正誤增「邾」字。之徒，毛本誤作「徒之」。

189 并自成己説起麟之意也　「起」下，浦鏜正誤增「獲」字。

190 公羊傳稱孔子聞獲麟　監本、毛本脱「傳」字。

191 以聖人盡聖窮神　宋本、閩本、監本、毛本「盡聖」作「盡性」。

01—192 則絃琴而歌　閩本、監本、毛本「絃」作「援」。

校記

❶ 南昌本「與前脩疏人」條與「謹與朝請大夫國子博士

谷那律」條位置互换，爲是。

❷南昌本末增「○今依訂正」。

❸南昌本末增「○今訂正」。

❹南昌本末增「○今依訂正」。

❺南昌本末增「○此本『斂』多誤從欠，今并訂正，後不悉出」。

❻南昌本末增「○今訂正」。

❼南昌本「宋本」作「此本」，并於末增「與宋本同」。

❽南昌本於「今補正」上增「此本誤脱○」。

❾南昌本末增「○案，十行本初刻『若』，後剜改作『者』，不誤」。

❿經典或通用，南昌本無「或」字。

⓫南昌本「○」作「圈」，并於句末增「○補：案，此本正義標起止下多脱『○』，今并增補，挍不悉出」。

春秋左傳注疏校勘記卷二

02—001 附釋音春秋左傳注疏卷第二 隱元年盡二年

宋本春秋正義卷第二。

002 杜氏注 孔穎達疏 按，「穎」當作「潁」，「達」當作「達」。此六字在第二行，「杜氏」上空四字，「疏」字下空三字。每卷標題同。石經作「杜氏盡十一年」六字，在第二行。纂圖本在第三行。淳熙本在第四行，款式、卷數與釋文合。岳本「氏」下增「注」字，在第三行。

003 春秋經傳集解隱第一 此九字在第三行。閩本、監本、毛本在第四行，低一格。石經、淳熙本、岳本、纂圖本「第」上有「公」字，與釋文合，在第一行。案，正義當有「公」字。石經此行八分，後卷同。纂圖本「春秋」上增「監本纂圖」四字，後卷同。宋本正義「春秋經傳集解」六字爲一條，「隱公第一」四字跳行，頂格爲一條，「杜氏」二字爲一條，不跳行，亦與釋文、石經合也。

004 故題無常準 宋本、毛本「準」作「凖」。案，五經文字云「從水傍隼字」。按，閩、監、毛三本自此節至經元年以前，正義低二格，以後低一格，失宋板舊式矣。

005 傳釋經意 宋本、監本、毛本「傳」作「博」，是也。❶

006 隱公魯君侯爵 宋本無「隱公」二小字，上有「隱公第一」四大字、大陰文「疏」字及「正義曰」三小字，下接「魯君侯爵」云云。

007 伯禽至隱公凡十三君 宋本「凡」下有「一」字。

008 惠公弗皇子 史記十二諸侯年表作「弗王」，魯周公世家作「弗湟」，盧文弨挍本改作「湟」。按，文十六年釋文引魯世家作「皇」，疏引同，盧本不改，史記律麻志亦作「皇」。

009 漢御史大夫杜延年之後　按，此十字乃裴松之注引傅子，非陳壽魏志原文。

010 封樂亭侯　案，魏志「封」下有「豐」字。

011 謚戴侯也　浦鏜正誤「也」改作「子」，是也。

012 當稱德者非所企及　閩本、監本、毛本「當」作「嘗」，盧文弨挍改作「常」字。按，明末避諱多改「常」爲「嘗」。

013 又參考衆家爲之釋例　浦鏜正誤據魏志注「爲」改作「謂」，非也。

傳

014 惠公元妃孟子　石經、宋本、淳熙本、岳本「妃」作「妃」，釋文亦作「妃」，五經文字云「從戊己之己」，此本作「妃」，誤，後準石經。

015 明始適夫人也　釋文「適，本又作『嫡』」。案，「適」與「嫡」字通。此本注文雙行細字，宋本同，閩本始以注文改爲單行，加「注」字於上，非復宋本舊式，監本、毛本同。

016 傳惠公元妃孟子　宋本無「傳」字，以下正義七節揔入「是以隱公立而奉之」注下。

017 一元之字　浦鏜正誤疑作「元之一字」，或「之」字衍。

018 以上因其爵之尊卑　毛本作「以土」誤。

019 故杜注文十五年　監本、毛本「文」作「云」，非。

020 孟伯之字　浦鏜云「字」當作「氏」。

021 無謚先夫死不得從夫謚　宋本、岳本、毛本「謚」作「諡」，非也。

022 魯之夫人　毛本「夫人」作「大夫」，誤。

023 **公卒故特解之** 宋本「公」作「言」。閩本、監本、毛本作「先公卒」。故，毛本作「此」，非。

024 **不赴則不稱薨** 毛本「薨」作「公」，非。

025 **以其所屬** 宋本「其」作「明」，是也。 ×

026 **注聲謚至繼室** 各本「室」下有「○」，宋本凡標起訖處上下並空一字。

027 **亦有姪娣** 監本、毛本「亦」作「又」。

028 **猶不得稱夫人** 各本作「稱」，此本誤「侵」，今訂正。

029 **仲子生而有文在其手** 陳樹華云：「王充論衡雷虛篇、紀妖篇竝作『文在其掌』，唯自然篇仍作『手』。」

030 **婦人謂嫁曰歸** 釋文云「本或無『曰』字」，此依公羊傳。 ×

031 **宋武至于我** 各本「我」下有「○」。 ×

032 **其友及夫人** 閩本、監本、毛本「友」誤「文」。

033 **言歸至年薨** 閩本、監本、毛本「至」下衍「之」字。 ×

034 **今推按傳之注下** 宋本「注」作「上」，不誤。 ×

035 **皆諮謀於桓然則桓公已成人也** 浦鏜正誤「然」作「公」。

036 **桓已成人** 宋本「已」作「以」。案，「已」、「以」古多通用。

037 **故氏聲孟** 聲，各本作「曰」，是也。杜氏釋例同。

038 **隱公繼室之子當嗣世** 毛本「世」誤

「是」。

039 是以立爲太子　宋本、岳本、毛本「太」作「大」，是也。釋文云：「舊『太』字皆作『大』，後放此。」説詳釋文挍勘記。

040 隱公至位傳　閩本、監本、毛本「至」下衍「即」字。 ×

041 其父愛之　宋本「愛」作「娶」，是也。

042 但爲桓年少　宋本「年」作「尚」。

043 凡稱傳者皆是爲經　陳樹華云「經」下當有「張本」二字。

044 霍伯臼季等卒　監本「臼」誤「白」。

045 仍可以稱大子也　監本、毛本脱「可」字。

經元年

046 故禮記檀弓云　毛本「弓」誤「公」。 ×

047 爲周室之臣民　毛本「爲」誤「謂」。

048 偏視二代　浦鏜正誤「視」改作「祖」。按，此用周監二代之意，監視也。

049 尊亡國而慢時主　閩本、監本、毛本「亡」誤「二」。❷

050 此下二月有會盟之事　考文云「『二』作『三』」，與宋本合。

051 以繼臣子之心　浦鏜「繼」疑「繫」。

052 雖非年初　武進臧禮堂據定元年疏引釋例改「非」作「則」。

053 公即位喪在外　毛本作「喪在外公即位」，非也。

054 自是史官記事之體　毛本「記」作「紀」。

055 故年稱元年　宋本「年」作「也」。

056 杖大義　監本、毛本「杖」作「仗」。按，仗，俗「杖」字。

057 黄帝坐於扆閣鳳皇銜書致帝前　宋本「於」下有「元」字，「銜」字作「衘」。毛本「致」字作「至」。

058 何休又云　毛本「又」誤「亦」。

059 正竟内之治　閩本、監本、毛本「竟」作「境」。按，境，俗「竟」字。

060 王者不承天以制號令　閩本、監本、毛本「承」作「奉」。❸

061 非此辭也　閩本、監本、毛本「此」作「比」。×

062 則元者王之元年　毛本作「王者」，誤。

063 即以託王於魯史之改元　浦鏜云「『史』疑作『使』」。

064 何休言　閩本、監本、毛本「言」作「云」。

065 三月公及邾儀父盟于蔑　陳樹華云：「漢書鄒陽傳引作『義父』，師古曰『義讀爲儀』。」元和惠棟春秋左傳補注云：「蔑本姑蔑，定十二年傳『費人北，國人追之，敗諸姑蔑』是也。隱公名息姑，而當時史官爲之諱。」

066 能自通于大國　宋本「于」作「於」。

067 蔑姑蔑魯地魯國　監本、毛本作「魯國魯地」，非也。

068 卞縣南有姑城　釋文：「卞，或作『弁』。」按，卞，俗「弁」字。杜氏釋例土地名「姑」下有「蔑」字，史記孔子世家正義引杜注亦作「姑蔑城」。

069 自安至儀父十二世　各本作「安」，釋例作「俠」。

070 齊桓行霸　各本同，釋例「行霸」作「公伯」。

071 諸侯俱受王命　毛本「受」誤「有」。

072 日邦國有疑　宋本「日」作「凡」，與周禮合。

073 及其禮儀　閩本、監本、毛本「儀」作「義」。

074 乃加方明于壇而祀之　毛本「祀」誤「視」。

075 知者故柯之盟　浦鏜正誤「故」作「於」。

076 故襄二十六年傳云歃用牲　宋本「歃」作「欲」，不誤。

077 定八年涉佗捘衛侯之手及捥　閩本、監本、毛本「捥」誤「椀」。

078 并盟載之書　閩本、監本「盟載」誤作「盟盟」。

079 以奉流血而同歃　釋例「奉」作「承」。

080 附庸者以國附於大國　宋本「以國」下有「事」字。

081 夏五月鄭伯克段于鄢　陳樹華引趙匡集傳云「『鄢』當作『鄔』，鄭地也」，史記正義作「鄔」，云「舊作鄢」，漢書地理志作「傿」。按，舊作「鄢」是也。昭二十八年釋文云「在周者，烏户反，隱十一年王取鄔劉。在鄭者，音偃，成十六年戰于鄢陵」。此鄭地，當從鄢。國語鄭語史伯曰「鄢、弊、補、丹、依、䣜、歷、華，君之土也」。

082 言段强大儁傑　宋本、淳熙本、纂圖本、閩本、監本、毛本作「大雋」，下同。陳樹華云「莊十一年傳『得儁曰克』，已作『儁』字，不必定作『雋』也」。

083 鄭在熒陽宛陵縣西南　釋文云「熒，本或作『滎』，非」。案，「熒陽」、「熒澤」字古無從水者，陸氏音義全書皆作「熒」，是也。

084 鄭今潁川鄢陵縣　宋本、淳熙本、岳本、纂

圖本、足利本「鄭」作「鄎」，是也。❹

085 方遷其民於虢鄶 宋本、閩本、監本、毛本「方」作「友」，宋本「遷」作「徙」，釋例同。❺

086 自聲以下 宋本「聲」下有「公」字，釋例同。

087 兄而害弟者稱弟以章兄罪 案，釋例作「兄害弟者則稱弟以彰兄罪」。浦鏜正誤「者」作「則」，非。

088 存弟則示兄曲也 襄廿七年引作「書弟」，非也。

089 地理志河南郡有宛陵新鄭 宋本「有」下有「宛陵縣又有新鄭縣於漢則」十一字。按，漢志「宛」作「苑」。

090 去邠居岐 釋例「居」作「至」。

091 幽王爲犬戎所役 各本「役」作「殺」，是。此本修板不誤，監本、毛本「犬」作「大」，非也。

092 元王九年春秋之傳終矣 釋例作「十年」。

093 蓋用四馬也 毛本「蓋」作「故」，非。

094 亦序於列其經舉國名以爲盟地者 閩本、監本、毛本「列其」作「其列」。按，「列」字句絶。

095 故言諸侯爲王卿士也 毛本「士」誤「是」。

096 然則大夫有爵不可舍爵而書字 閩本、監本、毛本「字」作「氏」，非。

097 獨記日以見義者 宋本、岳本、纂圖本、足利本「記」作「託」，釋例同。

098 喪則親與小斂大斂 釋例「喪」作「死」，

「與」作「其」。

099 即以新死小斂爲文　釋例「以」作「親」。

100 而備書於經者　閩本、監本、毛本「經」誤「終」。

傳元年

101 不書即位攝也　宋本「不」上有「傳」字。

102 而隱終有推國授桓之心　閩本、監本、毛本「推」作「讓」。

103 顔氏説以爲魯十二公　宋本「顔」作「潁」。案，潁容之潁，後漢書亦作「潁」，王應麟姓氏急就篇同，不得因廣韻「潁」水字下不言姓而疑之也。

104 劉賈潁爲傳文生例　閩本、監本、毛本「潁」誤「顧」。

105 且公羊以爲諸侯無攝　浦鏜正誤「公羊」作「何休」。

106 故不書爵　釋文云「一本無『故』字」。

107 其後儀父服事齊桓以獎王室　毛本「桓」誤「侯」。獎，宋本、淳熙本、岳本作「𢍜」，釋文亦作「𢍜」字。按，説文作「獎」，从犬。各書或从大，或从廾。

108 注王未至克卒　宋本此節正義在「公攝位」節注下。

109 不可據列會以否以明有爵也　閩本、監本、毛本「以」改「與」。按，唐人正義多作「以」，否。

110 非公命也　纂圖本、閩本、監本、毛本「公」誤「君」。

111 君舉必書　淳熙本「必」作「筆」，非也。

112 他皆倣此　岳本「倣」作「放」，釋文同。

113 初鄭武公娶于申曰武姜　毛本「于」作「於」，非。

114 初鄭武公娶于申曰武姜　宋本作「初鄭至武姜」，以下正義廿節在「其是之謂乎」注下。

115 杜以爲凡倒本其事者　宋本、毛本「倒」作「例」。

116 注申國今南陽宛縣　宋本作「申國至宛縣」。

117 其後中絶　閩本、監本、毛本「中」誤「申」。

118 注段出奔共故曰共叔猶晉侯至之鄂侯　宋本作「注段出至鄂侯」。

119 非有共德可稱　閩本、監本、毛本「共」作「其」，誤。

120 餬口四方　閩本、監本、毛本「餬」作「糊」，非。

121 莊公寤生驚姜氏故名曰寤生遂惡之　宋本作「莊公至惡之」。

122 公曰制巖邑也　釋文「巖」作「嚴」，云「本又作巖」。×

123 虢叔死焉　石經凡從虎字皆闕筆，避唐太祖諱，故「虢」作「虢」。

124 佗邑唯命　石經、宋本、岳本、足利本「佗」作「他」。

125 故開以佗邑　宋本、岳本「佗」作「他」。

126 史伯爲桓公詐謀云　宋本、監本、毛本「詐」作「設」。

127 鄶仲恃險　監本、毛本「鄶」誤「鄫」。

128 云虢叔封西　浦鏜正誤據僖五年正義上

增「賈逵」二字，是也。

129 傳云虢仲譖其大夫謂叔之子孫字曰仲也　閩本、監本、毛本「譖」誤「謂」，「謂」誤「譖」。

130 都城過百雉　水經注濟水篇引作「京城過百雉」，仁和趙一清云「此句祭仲泛言先王建侯之制，故曰『都城』。酈道元刪去『今京不度』句，直改『都城』爲『京城』也」。

131 其實是大夫以否　閩本、監本、毛本「以」作「與」。

132 一堵爲雉　宋本「一」作「五」，不誤。

133 三堵爲雉一雉之牆　毛本「雉」誤「堆」。

134 又云或者天子之城方十二里　閩本、監本、毛本「又」誤「文」。

135 論語注以爲公大都之城方三里　浦鏜正誤「三」作「九」。

136 俱是正文　各本作「文」，此誤「丈」，今訂正。

137 中都方一里又二百四十步　閩本、監本、毛本「一」誤「二」。元和李鋭云：「王城方九里，中都合五分取一，置九里，以五除之得一里又五分里之四。又以里法三百步乘之，得一千二百步，復以五除之得二百四十步，故曰中都方一里又二百四十步也。」

138 長一百八雉也　浦鏜正誤云「『八』上脱『六十』二字」。

139 必自斃　釋文：「斃，本又作『獘』字。」按，説文作「獘」，从犬，諸書改从大、从廾，而又别造「斃」字訓死。

140 無生民心　石經凡「民」字皆闕筆作「𣱱」，避唐太宗諱。

141 不義不暱　考工記「凡昵之類不能方」注：「鄭

司農云『故書昵或爲樴』。杜子春云『樴讀爲不義不昵之昵，或爲⿰黍刃』。」李善文選注四十一引傳文「暱」亦作「昵」。按，昵，「暱」之或字。説文「䵒」字注引作「不義不䵒」，或从刃作「⿰黍刃」。唐玄度亦云「䵒」字見春秋傳。日聲、刃聲、尼聲、匿聲皆雙聲也。

142 高大而壞謂之崩　監本「壞」誤「壤」。

143 服虔以聚爲聚禾黍也　監本、毛本脱「爲聚」二字。

144 儁傑疆盛　宋本亦作「儁」，閩本、監本、毛本作「雋」。疆，各本作「彊」，是。×

145 如是二君　宋本、監本、毛本「是」作「似」。

146 夫子始然　閩本、監本、毛本「然」作「改」。

147 以害其弟　各本作「害」，此本誤「言」，今訂正。

148 足得誅之　閩本、監本、毛本「足」作「君」，非。

149 遂寘姜氏于城潁　石經「潁」字初刻作「穎」，改刻作「潁」，後「潁考叔」、「潁谷」並同。

150 城潁鄭地　纂圖本、毛本「地」誤「也」。×

151 潁考叔　案，水經潁水注云「陽乾山之潁谷，潁考叔爲其封人」。然則「潁」當从水明矣，偁潁考叔者猶言儀封人也。而廣韻於从禾之「穎」下云「又姓，左傳穎考叔」，似未安。

152 食而不啜羹　宋本「而」作「至」。

153 且告之悔　顧炎武云「石經『且』誤『具』」。按，石經此處闕，炎武所據王堯惠刻也。

154 其樂也融融　惠棟補注：「『融』古文作『彤』，文選張衡思玄賦注引作『其樂也彤彤』，云『融與彤古字通』。」案，後漢書馬融傳「豐彤對蔚」，豐彤猶豐融也。

155 其樂也洩洩　案，「洩洩」當作「泄泄」。考文提要作「泄泄」，石經避太宗諱改，宋以後本皆仍唐刻。

156 穎考叔純孝也　石經凡「純」字闕筆，作「紃」，避憲宗諱。

157 不皆與今說詩者同　岳本作「皆不」，誤倒。

158 後皆倣此　宋本、淳熙本、岳本、足利本「後」作「他」。倣，宋本、岳本作「放」字，正義同。按，作「放」爲古，「倣」乃俗字，他例此。

159 此傳意以爲事之般類也　毛本「意」作「義」，非。

160 天王至故名　宋本以下正義七節揔入「非禮也」注下。

161 緩賵惠公　監本、毛本脱「賵惠」二字。

162 不指所賵之人　毛本「指」誤「知」，「人」誤「言」。

163 同軓畢至　諸本「軓」作「軌」，不誤。　×

164 同在方嶽之盟　毛本「嶽」誤「軌」。

165 弿王室　閩本、監本、毛本「弿」作「奬」。

166 今讚曰　閩本、監本、毛本並作「合讚」。按，「今讚」正義屢引之，浦鏜正誤改作「令」，蓋皆非是。襄傳元年正義「讚」作「賛」。

167 既葬則縗麻除　諸本作「縗」，釋文作「衰」。

168 卒哭而祔　閩本、監本、毛本「祔」誤「袝」。

169 昭公二年傳曰　宋本「公」作「十」，是也。　×

170 大始十年　按，「大」當作「泰」。

171 明不復寢苫枕凷　閩本、監本、毛本「凷」作「塊」。按，凷，古「塊」字。

172 預謂鄉人段暢曰　按，晉書禮志作「殷暢」。

173 全大分明　按，晉書禮志作「令大義著明」。

174 鄭元以諒闇爲凶廬　毛本「廬」誤「盧」。

175 豫凶事非禮也　石經「豫」作「豫」，避唐代宗諱。毛本改作「預」，非也。

176 夷國在城陽莊武縣　齊召南云「城陽有壯武，無莊武，漢封宋昌，晉封張華皆以壯武，各本誤作『莊』」。

177 他皆倣此　宋本、岳本「倣」作「放」。

178 蜚負蠜也　釋文「蠜音煩，又音盤」，爾雅釋蟲「蜚蠦蜰」，郭注云「蜚即負盤」。按，負盤即負蠜也。

179 莊二十九年　閩本「二」誤「三」。

180 越之所生　閩本、監本、毛本「越」作「趙」，非。

181 亦明春秋例　毛本「明」誤「名」。

182 他如此類　毛本誤作「他類如此」。

183 故傳直言其歸宿而已　宋本、淳熙本、岳本、足利本「宿」作「趣」。按，作「趣」與杜序合。

184 是時宋來伐隱　宋本作「伐魯」，是也。

185 而猶言公立也　宋本、監本、毛本「猶」作「別」。

186 豈有宋師薨時已來成而後去　宋本「成而後」作「葬時未」，是也。監本、毛本「未」亦誤「後」。

187 不得接見成禮　宋本、淳熙本、岳本、纂圖本、足利本「見」作「公」，是也。

188 諸侯至放此　毛本「諸侯」誤「桓公」，「放」作「倣」。　×

189 公孫滑出奔衛　石經無「出」字。

190 取廩延　毛本「取」誤「請」。

191 衆父公子益師字　纂圖本脱「字」字。　×

192 及不臨喪　宋本、岳本、纂圖本、足利本「臨」下有「其」字。

193 喪大記　監本、毛本脱「大」字。　×

02—194 經傳無其事　宋本「經」作「且」。　×

校記

❶ 南昌本末增「〇今依訂正」。

❷ 亡國，南昌本誤作「王國」。

❸ 此條南昌本改作「王者不奉天以制號令」：閩本、監本、毛本同。〇補：十行初刻『承』，後改作『奉』。

❹ 南昌本末增「〇今訂正」。

❺ 南昌本末增「〇補：十行本初刻『方』，後改『友』」。

春秋左傳注疏校勘記卷三

03—001 經二年　宋本春秋正義卷第三。

002 若戎子駒支者　毛本「戎」誤「王」。

003 莒己姓　毛本「己」誤「紀」字。按，人己之「己」與已止之「已」唐石經以及宋槧、元刻之書皆分別不誤，明時刊本往往互譌。

004 須巳氏　宋本、閩本、監本、毛本「須」作「從」，是也。

005 周武王封茲與於莒　宋本「與」作「輿」。

006 卿尊自合書各　宋本、毛本「各」作「名」。

007 由是將卑師少　浦鏜正誤「由是」疑「猶似」。案，「由」與「猶」古多通用。

008 無駭帥師入極　案，漢書古今人表作「亡駭」。

009 其名見於傳　各本作「名」，此誤「各」，今訂正。

010 今不書氏　毛本「今」誤「故」。

011 高平方與縣北有武唐亭　案，劉昭續漢書郡國志注引杜說云「武唐亭在方輿縣西南」。

012 他皆放此　岳本脱「皆」字。

013 不欲自言娶婦　監本、毛本「自」作「目」，非。

014 故卿爲君昏侍者　宋本「侍」作「行」，是也。

015 昏禮記所云　毛本脱「所」字。

016 弟稱其兄是也　浦鏜正誤「弟」下補「則」

字。

017 凡師有鍾鼓曰伐　岳本「鍾」作「鐘」。

傳二年

018 盟或背之　毛本「背」誤「肯」。

019 他皆倣此　淳熙本「他」作「佗」，宋本、岳本「倣」作「放」。

020 費庈父勝之　石經、宋本、淳熙本、岳本、纂圖本、足利本「庈」作「庈」，是也。釋文亦作「庈」，音琴。

021 治元年取廩延之亂　毛本「治」字空缺。

附釋音春秋左傳注疏卷第二

附釋音春秋左傳注疏卷第三　隱三年盡五年

經三年

022 己巳日有食之　釋文：「食，如字，本或作『蝕』，音同。」案，詩「日有食之」，漢書劉向傳引作「日有蝕之」，是「蝕」與「食」通。

023 或有頻交而食者　各本作「頻」，此本誤「三」，今訂正。

024 以麻家一日分爲九百四十分　宋本「日」作「度」，是也。

025 令月來及日　宋本「令」作「今」，不誤。

026 是過半校二十九分也　閩本「校」誤「零」。

027 知其不可知也　宋本下「知」字重，是也。

028 或有頻交而食者　各本作「頻」，此本誤「雖」，今訂正。

029 襄二十二年　宋本下「二」作「一」，不誤。

030 食無常月　各本作「食」，此本誤「木」，今訂正。

031 當陽量之月　閩本、監本、毛本「量」作「長」，宋本作「盛」，是也。

032 故有伐鼓用幣之事　各本作「用」，此本誤「周」，今訂正。

033 其日食例　各本作「日」，此本誤「衣」，今訂正。

034 麻紀全差　宋本作「全廢」。

035 會稽都尉劉洪　此本實闕「劉」字，閩本同，據宋本、監本、毛本補。

036 漸益詳密　宋本「詳」作「微」。

037 故漢朝以來　閩本、監本、毛本「朝」作「興」，宋本作「初」。

038 皆一百七十三日有餘而始一交會　浦鏜正誤「皆」下增「以爲」二字。

039 不可謂之錯誤世考之厤術　監本、毛本「世」誤「也」。

040 則自有頻食之理　宋本「自」作「日」，不誤。

041 言食不言朔　各本作「朔」，此本誤「明」，今訂正。❶

042 食晦夜也　浦鏜云「『食晦夜』三字本作『夜食』」。

043 即傳其僞以懲臣子之過也　岳本「懲」下有「創」字，與正義合。

044 典禮下曰　宋本「典」作「曲」，是也。

045 無葬者皆顯言其謚　閩本、監本、毛本「無」作「凡」字。按，此説杜注之例，「無」字是也。

046 明日月闕否　各本作「闕」，此本誤「開」，今訂正。

047 且虛實相生　段玉裁挍作「實虛相生」。

048 隨而長之　監本、毛本「長」作「表」，非。

049 言其與己異氏也　閩本、監本、毛本「異氏」誤倒。

050 魯不共奉王喪　各本作「共」，此本誤「其」，今訂正。釋文云「共，本又作『供』」。

051 注武氏至釋名　各本「名」作「也」，下有「○」，此本誤脱。

052 故來赴以名　岳本脱「來」字。

053 或曰濟北盧縣故城西南濟水之門　淳熙本「濟」誤「齊」。

054 癸未葬宋穆公　史記鄭世家、漢書古今人表作「繆公」。禮記喪服小記「序以昭繆」，鄭氏注「『繆』讀爲『穆』，聲之誤也」。陳樹華云「凡謚法曰『穆』者，史、漢多作『繆』，蓋古字假借也」。

055 曰寡君不祿　閩本、監本、毛本「君」作「人」，非也。

056 則不曰薨　閩本「則」作「故」。

057 若以銜文無薨　宋本、監本、毛本「銜」作「記」，是也。×

058 記稱大夫士赴人之辭　毛本「士」誤「是」。×

傳三年

059 不赴於諸侯　石經、宋本、淳熙本、岳本、足利本「於」作「于」，下「哭于」、「祔于」毛本竝改「於」，纂圖本作「祔于」。

060 既葬日中自墓反虞於正寢　宋本「墓」誤「基」，淳熙本作「暮」，亦非。

061 今聲子三禮皆闕　宋本「子」作「君」。案，正義作「子」，監本此處模糊，重脩監本誤「于」。

062 既封有司以几筵舍奠於墓左　宋本「墓」誤「基」。

063 反日中而虞　閩本、監本、毛本「反」作「及」。

064 唯卒葬兩事而已　監本、毛本「兩」作「故」。

065 必是闕一事則變一文　宋本「一事」作「二事」。

066 故不稱夫人　閩本、監本、毛本「故」作「則」。

067 故不言葬也　閩本、監本、毛本「言」作「書」。✕

068 初死乃赴　宋本、監本、毛本「乃」作「即」。

069 順記之先後爲文也　宋本、監本、毛本「記」作「經」，不誤。

070 死必赴於鄰國　閩本、監本、毛本「鄰」作「隣」。✕

071 便是適妾莫辯　宋本「辯」作「辨」。✕

072 課行一事則其此三文　宋本亦作「課」，閩本、監本、毛本作「果」，下同。其，各本作「具」，是也。❷

073 定姒之傳　浦鏜云「姒氏」誤「定姒」。

074 不須辟孟子也　毛本「孟」作「仲」，不誤。

075 則尊得加於臣子　宋本「得」作「德」，誤。

076 亦仕王朝　宋本「仕」作「任」，非。

077 王欲分政於虢　毛本「於」作「于」，非。

078 鄭公子忽爲質於周　說文注引春秋傳曰「鄭大子曶」。案，「曶」與「忽」，古今字。論語「仲忽」，漢書古今人表作「仲曶」。

079 麥禾皆未熟　宋本「熟」作「孰」，疏同。陳樹華引博雅音云「憲案，說文解字从丮、𦎫，即『孰』字也，與孰誰之『孰』無異。唯玉篇『孰』字加火，未知所出」。

080 成周洛洛陽縣也　案，諸本無上「洛」字，係衍文。

081 有八月宋公和卒　毛本「八」誤「入」。

082 荀有明信　詩采蘩正義引作「明德」。

083 澗谿沼沚之毛　釋文「沚」作「時」，云「本又作『沚』」，疏云『沚』與『時』音義同」。

084 蘋蘩薀藻之菜　詩采蘋正義引作「蘊藻」，文選蜀都賦注引同。宋張有復古篇以「蘊」爲「薀」之俗體。

085 蘋藻言菜之薄　山井鼎云「蘋」作「蘊」。

086 然則谿亦山間有水之名　宋本無「則」字，是也。

087 小渚曰沚　陳樹華云「南宋本『渚』作『陼』」。按，今本爾雅作「陼」，釋文云「『陼』字又作『渚』」。

088 周禮宅不毛謂宅内無草木也　閩本「草木」作「蓱水」，非。

089 陸機毛詩義疏　宋本、毛本「機」作「璣」。案，嘉定錢大昕云：「古書『機』與『璣』通。馬、鄭尚書璿璣字皆作『機』，隋書經籍志『烏程令吳郡陸機』本從木旁，元恪與士衡同時又同姓名，古人不以爲嫌也。自李濟翁資暇集强作解事，謂元恪名當從玉旁，晁公武讀書志承其說，以或題『陸機』者爲非，自後經史刊本遇元恪名，輒改從玉旁。予謂考古者但當知艸木疏爲元恪撰，非士衡撰，若其名，則皆從木。而士衡名字與尚書相應，果欲依今本尚書，何不改士衡名邪？」

090 可憯蒸爲茹　宋本「蒸」作「烝」，是也。❸

091 説文曰藻水草從月從水巢聲　宋本「藻」作「薻」。案，説文「薻」云「或从澡」。「月」字宋本作「廾」，是也。❹

092 或作藻從藻　宋本、閩本「從藻」作「從澡」，是。

093 莖大如著　宋本「著」作「箸」，是也。

094 煑熟挼去腥氣　宋本「熟」作「孰」。

095 米麪糝蒸爲茹　宋本「蒸」作「烝」。　×

096 員曰筥　宋本、淳熙本、岳本、足利本「員」作「圓」，釋文同。案，詩召南采蘋傳作「圓曰筥」，説文「簶」字注云「圜曰簶」，「圜」與「圓」通，「簶」即「筥」字，義與毛傳同也。

097 注方曰至曰錡　宋本以下正義四節揔入「昭忠信也」注下。

098 此皆毛詩傳鄭箋之文也　宋本作「詩毛傳」，不誤。浦鏜正誤云「『鄭箋之』三字衍文」。

099 潢汙停水　岳本作「渟水」。案，「渟」通作「停」。

100 注潢汙至流潦　閩本「汙」誤「音」。

101 故言二國　宋本「言」作「云」。

102 采蘩采蘋　淳熙本「蘩」誤「蘋」。

*洞酌上傳所言皆有彼篇之事　補：此本「上傳」誤「主簿」，「彼」誤「反」，今依各本訂正。

103 雖薄物皆可爲用　纂圖本、毛本「可爲」誤倒。

104 武氏子來求賻　毛本「賻」誤「則」。

105 **與夷宣公子即所屬殤公**　毛本誤倒作「即宣公子」。

106 **群臣願奉馮也**　釋文云：「馮，本亦作『憑』。」×

107 **若弃德不讓**　閩本、監本、毛本「弃」作「棄」，石經避唐太宗諱作「弃」。

108 **使公子馮出居於鄭**　石經、宋本、淳熙本、纂圖本、毛本「於」作「于」，是也。

109 **辟殤公也**　淳熙本「公也」誤作「八月」。

110 **公子馮不帥父義**　毛本「帥」誤「出」。

111 **百禄是荷**　宋本「荷」作「何」，注同。釋文亦作「何」，云「本又作『荷』」。案，詩作「何」字，作「何」字則與説文字義合，凡作「荷」者皆字之假借也。

112 **言成湯武丁**　宋本「成」作「殷」，是也。

113 **今穆公示殤公亦得其宜**　宋本「示」作「立」，是也。

114 **爲宣公之禍**　宋本「禍」作「過」，是也。

115 **是風吹之隊濟水**　宋本、閩本、監本、毛本「隊」作「墜」。

116 **溢馬荣**　宋本、閩本、監本、毛本「荣」作「滎」，亦非。案，當作「熒」。周禮職方氏注引作「泆爲熒」也，今「熒」作「滎」，衛包所改。❺

117 **癸未之前三十三日**　毛本「三十」作「二十」，非也。

118 **此太子不敢居上位故常處東宮**　案，「此」字衍文，諸本所無。

119 **案史記十二年諸侯年表**　宋本無上「年」字，是也。毛本「記」誤「計」。

120 **或可據知象**　宋本、監本、毛本「知」作「易」，不誤，考文作「見」。

121 故太子在東也　宋本「東」下有「宮」字。

122 又娶于陳　宋本以下正義二節在「莊姜以爲己子」注後。

123 以元女大姬妃遏父之子　閩本「大」誤「太」。×

124 魯隱公之立年也　宋本「立」作「元」，是也。❻

125 其娣戴嬀生桓公莊姜以爲巳子　監本、毛本「娣」字誤作「姊」。巳子，石經、岳本作「己子」，是也。

126 石碏諫曰　漢石經公羊殘碑「碏」從足，作「踖」。

127 淫謂耆欲過度　宋本「耆」作「嗜」。按，「嗜」正字，「耆」假借字。

128 邪是何事能起四過　毛本作「四禍」，非也。

129 目言弗納於邪　宋本「目」作「且」，不誤。閩本、監本、毛本作「服」，非。×

130 降而不憾憾而能眕者鮮矣　釋文：「憾，本又作『感』。」説文云「感動人心也」。俗加立心，説文所無。陳樹華云「釋文以『憾』爲正，反以『感』爲一作之字」。

經四年

131 武王克殷求禹之後　按，釋例作「武王克紂求禹後」。

132 自哀公以下二世十三年而楚滅杞　按，釋例「杞」作「之」。

133 文三年秦人伐晉　毛本「人」誤「入」。×

134 書闔以否　閩本、監本、毛本「以」作「與」。×

135 應劭曰　宋本「劭」作「邵」，下並同。按，邵，高也。應字仲遠，高遠義相近。改作「劭」，非也。

136 淳于國之所都　浦鏜正誤「于」下有「公」字。

137 六年春寔來雖知其國必滅　宋本「寔」作「實」。

138 疑似并之　宋本、監本、毛本「疑」作「杞」，是也。

139 若然淳于爲杞所并　宋本「若」作「雖」。

140 若取郱取鄟之類是也　宋本「郱」作「邿」，是也。

141 上言伐下言取者　宋本、監本、毛本「下」誤「不」。

142 戊申衛州吁弑其君完　毛本「戊申」誤「庚戌」。釋文：「『弑』，本又作『殺』，同音試。」陳樹華云：「弑、殺二字，經傳互出。凡釋文作『殺』，分注中無『本又作弑』之文。而石經及諸刻本並作『弑』，各本注同，獨與釋文異者。要是傳本不同，陸氏未載及一作某字耳，舉此可以例推。今皆仍其舊，但爲標出，不更改從釋文。凡『適』『嫡』、『禦』『御』等字放此。」段玉裁曰：凡敘其事曰「殺」，正其罪名曰「弑」。「弑」者聖人正名定罪之書法，而三傳紀事多用「殺」字，後人轉寫經傳多致淆亂，宜以此義求之。

143 戊申三月十七日　宋本「三月」上有「在」字。

144 注云稱君　毛本「注」作「杜」，非。

145 言衆所共絶也　毛本「言」作「君」，非。

146 而文當族處春秋書族以否　閩本「處」作「據」，「以」作「與」。

147 釋例曰　閩本「例」誤「案」。

148 楚殺得臣與宜申賈氏皆以爲陋

毛本「宜」作「夷」，非。

149 未必是二月之日　閩本、監本、毛本「二」作「一」，誤。

150 二月壬辰朔　宋本「二」作「三」，不誤。❼

151 經有比類故知此亦同之　閩本、監本、毛本「比」作「此」，非。

152 諸侯未及期　毛本「及」誤「必」。

153 克期聚集　浦鏜正誤「克」作「剋」。

154 此婦呼夫共朝　重脩監本「呼」作「乎」，非也。

155 魯之卿佐　岳本「魯」作「國」，連上文「而已」爲句。案，岳本是也，他本「已」誤「巳」。

156 案鄭伯使宛來歸祊　重脩監本「案」誤「裒」。宛，毛本作「完」，亦非。

157 則己之事佐被貶　宋本、閩本、監本、毛本「事」作「卿」。

158 魯人出會他國　此本「人出會他國」五字模糊，據宋本補。閩本、監本、毛本「人出」作「之盟」，非也。

159 不可發首言我人故也　閩本、監本、毛本「首」作「例」。

160 不在天子弑君取國　閩本、監本、毛本「弑」作「殺」。

161 即君臣之分定　宋本、監本、毛本「分」下有「已」字。

162 亦成君同義者　宋本、監本、毛本「亦」下有「與」字。

163 至高平鉅野縣入濟彼濮與此名同實異　毛本脱「彼濮」二字。

傳四年

164 夏公及宋公遇于清　纂圖本、閩本、監本、毛本「宋公」作「宋人」，非。

165 終始二十矣　宋本「十」下有「年」字，是也。

166 夫州吁阻兵而安忍　陳樹華云：「文選西征賦注引杜注『阻恃也』，又辨亡論引傳文并注同。」

167 恃兵則民殘民殘則衆叛　淳熙本脱「民殘」二字。

168 阻兵而安忍　宋本此節正義在「必不免矣」之下。

169 阻恃諸國之兵以求勝　宋本作「阻訓恃也恃兵以求勝」，考文同。

170 弗戢將自焚也　石經、宋本、岳本、閩本「戢」作「戢」。案，説文、五經文字「戢」在戈部。

171 故書至疾之也　宋本此節正義在注「時鄭不車戰」之下。

172 公子不許　宋本、監本、毛本「子」作「亦」，是也。❽

173 以州吁不安諮其父　淳熙本「諮」作「諮」。

174 王覲爲可　宋本此節正義在「其是之謂乎」注下。

175 老夫耄矣　釋文「耄」作「耄」，石經初刻作「耄」，改亦作「耄」字。按，「耄」者，𦒱省也。

176 陳人執之而請涖于衛　石經、宋本、淳熙本「于」作「於」。

177 石碏使其宰獳羊肩涖殺石厚于陳君子曰石碏純臣也　石經初刻脱「其」字；自「其宰」至「曰石字」一行計十五字，皆重刊。

178 明小義則常兼子愛之　宋本、淳熙本、岳本、足利本「常」作「當」，是也。

179 宣公即位　宋本此節正義在「衆也」之下。

經五年

180 公矢魚于棠　史記作「觀漁于棠」，漢書五行志亦作「漁」，此古字假借也。說文有「魚」有「漁」。

181 今高平方與縣北有武唐亭魯侯觀魚臺　史記正義引杜注「唐」作「棠」，「魚」作「漁」。釋例亦云「唐即棠，本宋地」。

182 其貴觀魚而書陳魚者　閩本、監本、毛本「貴」作「責」，亦非。宋本作「實」，是也。

183 蓋隱公成父之志　諸本作「父」，此本誤「文」，今訂正。×

184 故書羽　淳熙本「羽」作「與」，非。

185 杜於此不解初義　閩本、監本、毛本「杜」作「度」，誤。

186 婦人法不當謚　毛本「婦」作「非」，誤。

187 羽則非當所書　閩本、監本、毛本「當所」誤倒。

188 祀雜記不云　宋本、閩本、監本、毛本「祀」作「禮」，「不」字宋本作「下」，是也。×

189 以廟則當釁　宋本「以」作「似」，非也。×

190 寢則主人所宅　宋本「主」作「生」，是也。×

191 廟成釁之考尊而神之　宋本、閩本、監本、毛本「考」作「者」，是也。×

192 宗人視之　案，禮雜記「宗人視之」，今監本禮記譌作「祝」，非也；宋本注疏不誤，此疏作「視」，是也。

193 血流于前　監本、毛本「血流」誤倒。

194 食其節者言其貪狼故曰賊也　毛本「狼」作「狠」，非。案，詩正義引李巡云作「食禾節者」，下「其根」亦作「禾根」。

195 大夫書卒不書葬　閩本、監本、毛本脱下「書」字。

196 弔喪問疾人道之常　宋本「道」作「君」。

傳五年

197 春公將如棠觀魚者　釋文云：「魚者，本亦作『漁者』。」

198 臧僖伯諫曰　漢書五行志「僖」作「釐」，古今人表亦作「釐」。案，「僖」與「釐」通。

199 僖謚也　纂圖本、閩本、監本、毛本「僖」誤「伯」。

200 亂敗之所起　纂圖本、毛本「敗」作「政」，非也。

201 觀魚者　宋本以下正義十四節揔入「且言遠地也」注。

202 正義曰説文云漁捕魚也　宋本、閩本、監本、毛本「漁」作「魚」。

203 天官𩾃人掌以時𩾃爲梁　宋本、監本、毛本作「時𩾃」，此本作「時獻」，非，今訂正。

204 歐民而納之於善　宋本、閩本、監本、毛本「歐」作「敺」，不誤。

205 即取財以飾軍國之器是也　毛本「取」誤「此」。

206 器用衆物其入法度　宋本、監本、毛本「其」作「不」，是也。

207 秋獮冬狩　釋文云：「獮，説文作『𤢂』。」

208 曲辨妄生　宋本「辨」作「辯」。

209 明帝集諸學士作白虎通義　案，困學紀聞云「章帝會諸儒於白虎觀，正義謂明帝誤。」

210 因穀梁之文爲之生説　毛本「生」誤「主」。

211 與本名而言之也　宋本「與」作「舉」，是也。

212 擇其懷任者也　浦鏜正誤「『其』疑『去』」，盧文弨挍本作「擇去其懷任者也」。

213 整衆而還　纂圖本、毛本「整」作「振」，非。

214 三年而復爲禘祭　監本「禘」誤「諦」。

215 何休公羊爲出曰祠兵　宋本、閩本、監本、毛本「祠」作「祠」，不誤。

216 軍之資實唯有車徒器械　閩本、監本、毛本「唯」作「雖」，非也。

217 説文云械器之揔名　毛本「械器」誤倒。

218 二注並云軍器　宋本、監本、毛本「器」作「實」。

219 不言車徒　宋本「不」上有「軍器」二字。

220 注軍服旌旗　宋本、監本、毛本「軍」作「車」，不誤。

221 但二年治兵　宋本、監本、毛本「二」作「三」，不誤。

222 軍吏諸軍帥也　監本、毛本「帥」作「師」。案，唐人「帥」多作「師」，既又譌「師」。

223 衆屬軍史　宋本、閩本、監本、毛本「史」作

「吏」。

224 王建大常　閩本、監本、毛本「王」誤「如」。

225 道車載旞　閩本、監本、毛本「車」作「居」，「旞」作「⿰方遂」，並誤。

226 凡頒旗物　閩本、監本、毛本「物」作「所」，非也。

227 大閱備軍禮而旌旗不如出軍之時　閩本、監本、毛本次「軍」字誤作「師」。

228 等列行伍　淳熙本「伍」作「任」，非也。

229 鳥獸之肉　釋文云：「一本作『其肉』。」　×

230 以其小異　閩本、監本、毛本「小」作「少」，非。

231 各自小異　諸本作「各」，此本誤「冬」，今訂正。　×

232 凡祭祀共其魚之鱻薨　監本、毛本「其」誤「共」。

233 小鳥小獸　浦鏜正誤「鳥」作「禽」。

234 則公不射　何焯校本「公」改「君」，非。

235 川澤之實謂蔆芡魚蟹之屬　毛本「蔆」作「菱」。案，「蔆」通作「菱」。

236 彼以時魚絜美　閩本、監本、毛本「絜」作「潔」。○按，今人用「潔」，漢注、唐石、宋槧皆用「絜」，近人則盡加水旁，非也。

237 僖九年傳曰　毛本「九」誤「元」。

238 謀鄫且東略也　閩本、監本、毛本「鄫」誤「魯」。

239 若國竟之内　閩本、監本、毛本「竟」作「境」，俗字。

240 僖伯稱疾不從　顧炎武云石經「疾」誤作「侯」。案，石經此處闕，顧炎武所據乃謬刻也。

241 釋詁云　閩本、監本、毛本「云」作「文」，非也。

242 注曲沃至國縣　宋本此節正義在注「隨晉地」之下。

243 燮父改之曰晉燮父孫成侯　閩本、監本、毛本「燮」改「爕」。

244 傳具其事　釋文「具」作「見」，云「一本作『具』」。

245 注南燕至燕縣　宋本此節正義在「不可以師」句下。

246 唯莊二十年燕仲父見傳耳　閩本、監本亦脱「年」字，據宋本、毛本補。

247 北制鄭邑　毛本「北」誤「此」，考文云「『此』作『北』」，足利本同。案，「北」字亦誤。

248 敗燕師于北制　毛本「北制」誤倒。

249 而立哀侯于翼　宋本脱「于翼」二字。

250 注萬舞也　宋本以下正義五節揔入「公從」之節注下。

251 因歌鍾二肆　毛本「鍾」作「鐘」。

252 節其制而序其情　宋本、淳熙本、足利本「序」作「敘」。

253 離音絲　宋本「離」作「离」，下同。

254 以八音之器　毛本「器」誤「氣」。

255 使不薀結也　閩本、監本、毛本「薀」作「蘊」。

256 魯唯文王周公廟得用八　纂圖本、閩本、監本、毛本「唯」作「惟」，下「唯在」同。

257 詳問衆仲因明大典　宋本、淳熙本、岳本、足利本重「衆仲」二字，是也。

258 其後季氏舞八佾於庭知唯在仲子廟用六　淳熙本「庭」作「是」，「唯」誤「雖」。

259 昔者周公旦有勳勞於天下　閩本、監本、毛本「下」誤「子」。

260 他公之廟　毛本「他」誤「也」。

261 公則仍用八也　閩本、監本、毛本「仍」作「因」。

262 此咸從正體　宋本、閩本、監本、毛本「咸」作「減」，不誤。 ×

263 敝邑爲道　釋文云：「道，本亦作『導』。」 ×

264 今問諸使者　諸本作「今」，此本誤「令」，今訂正。 ×

265 注諸侯至不聽　宋本此節正義在注「加命服之等」之下。

266 是隱公之親叔父也　閩本、監本、毛本「親」作「稱」，非。

03—267 此注自言臣之大法耳　宋本、監本、毛本「言」下有「呼」字。

附釋音春秋左傳注疏卷第三　止

校記

❶ 言食，南昌本作「言曰」。

❷ 南昌本末增「○補：其，今改『具』」。

❸ 慘，南昌本作「幓」。又，句末多「下同」二字。

❹ 此條南昌本改作「説文曰藻水草從月從水巢聲：宋本同，諸本『澡』作『藻』。案，説文『藻』云『或从澡』。『月』字，宋本作『艹』，是也」。

❺ 馬，南昌本作「爲」。

❻南昌本末增「〇今依訂正」。

❼南昌本末增「〇今依訂正」。

❽南昌本末增「〇今依訂正」。

春秋左傳注疏校勘記卷四

04—001 附釋音春秋左傳注疏卷第四隱六年盡十一年 宋本春秋正義卷第四。

經六年

002 鄭人來渝平 惠棟云：「渝讀爲輸，二傳作『輸』。廣雅云『輸，更也』，釋詛楚文『變輸盟刺』謂『變更盟刺』耳。渝，更也，平，成也，故經書『渝平』，傳云『更成』。杜氏訓渝爲變，必俗儒傳寫之訛。」案，「渝」、「輸」古通用，爾雅云「渝變也」，杜氏用雅訓變，亦更之意也。

003 具四時以成歲 岳本「歲」下有「也」字。

004 也皆放此 宋本、淳熙本、岳本、纂圖本、足利本「也」作「他」，淳熙本、纂圖本「放」作「倣」。

傳六年

005 傳曰更成 淳熙本「成」作「平」，非也。❶

006 注翼晉至大夫 宋本以下正義二節摠入「納諸鄂」節注下。

007 以懷氏一姓九族及是先代五官之長子孫賜之 閩本、監本、毛本「以」作「於」，「是」誤「景」。 ×

008 公孫嬰齊卒于貍服 宋本「服」作「脤」，是。

009 蘇忿生十二邑注陘云闕者 此本「二」字脱，依宋本、毛本補。閩本、監本、考文作「一」，非也。

010 五月庚申 宋本此節正義在注「崇聚也」之下。

011 他皆放此 毛本「皆」誤「者」。 ×

012 商書曰惡之易也如火之燎于原不可鄉邇　此與莊十四年所引同。如，尚書作「若」，「鄉」作「嚮」。釋文云「鄉，本又作『嚮』，同也」。按，「鄉」正字，「嚮」、「向」皆俗字，今尚書作「嚮」，乃衛包所改。

013 見惡如農夫之務去草焉　周禮秋官序官薙氏注引傳文無「焉」字，賈疏同。文選東京賦注引亦無「焉」字。

014 芟夷蘊崇之　芟，釋文云「說文作『發』，匹末反」。文選荅賓戲注：「晉灼曰『發開也』。」案，「發」乃「癹」字之誤，今諸本皆作「芟」字。蘊，石經、宋本作「薀」，釋文亦作「薀」，周禮稻人、薙人鄭司農注引傳文竝作「薀」。此本作「蘊」，俗字，注及正義同。

015 空言他人　宋本「言」作「告」，是也。×

016 晉鄭焉依　水經渭水注引傳文「焉」作「是」，與外傳合。

017 扶風雍縣東北有周城　監本「城」誤「滅」。

018 申侯乃與犬戎共政幽王　宋本、閩本、監本、毛本「政」作「攻」，不誤。宋本此節正義在篇末。×

* 注周桓至焉依　宋本此節正義在篇末。×

019 猶懼不蔇　衆經音義十二引作「不暨」。案，「暨」、「蔇」古今字。莊九年傳「公及齊大夫盟于蔇」，公羊、穀梁竝作「暨」。

經七年

020 不與嫡俱行　釋文云：「嫡，本又作『適』。」×

021 諸聘皆使卿執玉帛以相存問　淳熙本「聘」誤「侯」。

022 例在襄九年　宋本、足利本「九」作「元」，正義同。

023 玉人職云　毛本「職」誤「執」。×

024 汲郡共縣東南有凡城　釋文「凡」作

「汎」，續漢郡國志「共縣有汎亭，周凡伯國」。案，「汎」與「凡」通。

025 見夷狄强虢　纂圖本、閩本、監本、毛本「强」作「彊」。

026 在濟陰城武縣西南　宋本、岳本「城」作「成」，與水經注所引合。漢書地理志、續漢郡國志亦並作「成武」，此本作「城」，非也。

027 州非執者也　宋本、閩本、監本、毛本「州」作「則」，是也。

傳七年

028 告終嗣也　石經、宋本、岳本、足利本「終」下有「稱」字，是也。

029 下言凡例　毛本「下」作「不」字。按，作「不」是也。言凡例、不言凡例，猶云合凡例、不合凡例。

030 結艾之盟也　諸本作「盟」，此本誤「明」，今訂正。

031 注朝而至卿寺　宋本此節正義在注「傳言凡伯所以見伐」之下。

032 因今以物詣公府卿寺然　宋本、閩本、監本、毛本「今」作「令」，是也。

033 公卿牧守府　按，當作「公卿牧守曰府」，各本少「曰」字。

034 令官所止皆曰寺　毛本「令」作「今」，「今」字是也，謂漢時稱謂如此。

035 歃如忘　說文引作「歃而忘」，惠棟云服虔曰「如，而也，臨歃而忘其盟載之辭」，古「如」、「而」字多通用。

036 忘不在於歃血　諸本「忘」作「志」，是也。纂圖本、閩本、監本、毛本「血」下衍「也」字。

037 歃如忘　宋本此節正義在「乃成昏」注下。

038 歃謂口含血也　毛本脱「口」字。

039 如似遺忘物然　毛本「似」誤「口」。×

040 如而也　毛本「也」誤「似」。×

041 盟載之辭在於簡策　毛本「簡」誤「也」。×

042 且忘否在心　毛本「且」誤「簡」。×

043 泄伯安知其忘而譏之　監本、毛本「而」下衍「且」字。

044 以忽爲王寵故　宋本、淳熙本、岳本、足利本「爲」作「有」，毛本「故」作「妻」。

經八年

045 鄭伯使宛來歸祊　祊，漢書五行志引作「邴」。案，公羊、穀梁作「邴」。

046 注宛鄭至東南　宋本此節正義在「庚寅節」注下。

047 使其湯沐焉　宋本「其」作「共」，是也。×

048 既有此邑因立州廟　宋本「州」作「別」，是也。×

049 諸侯同盟稱名者　足利本無「侯」字。

050 杞桓公卒　淳熙本「卒」誤「辛」。×

051 非唯見在位二君也　纂圖本、重脩監本、毛本「二」作「之」，非也。監本「二」字模糊。

052 若父與彼盟　盧文弨挍本「父」下增「不」字。

053 晉荀偃禱河稱齊晉君名　淳熙本「偃」誤「傳」。

054 故尚書武成告名山川云　宋本、監本、毛本「山」下有「大」字，是也。

055 若十年滕侯卒　宋本「十」作「七」，不誤。×

056 及宣五年高固來逆叔姫　宋本、閩本、監本、毛本「姫」作「姬」，是也。×

057 春秋之例　監本「例」誤「列」。×

058 東莞縣北有邳鄉　毛本「莞」作「菀」。

059 卿不書罪之也　閩本、監本「書」誤「言」。×

060 在禮卿不會公侯　閩本、監本、毛本「公」作「諸」，非也。

傳八年

061 若一地二名當時並存　案，釋例作「若二名當時並存」，宋本、閩本、監本、毛本「存」作「有」。

062 鄭桓公周宣王之母弟　史記周本紀正義引注「桓公」下有「友」字。

063 鄭以天子不能復巡狩　纂圖本、閩本、監本、毛本「狩」作「守」，釋文亦作「守」。案，「狩」與「守」古通用。×

064 朝宿湯沐　毛本「沐」誤「沭」。×

065 許慎以公羊爲非則杜意亦從許慎也公羊爲非則杜意亦從許慎也　案，此本「公羊爲非」十二字重衍。

066 非由近許國始名爲許　毛本「由」誤「有」。×

067 故楚公子圍稱告莊共之廟　釋文：「共，本亦作『恭』。」×

068 鄭元以祖爲軷道之祭也　此本「軷」字模糊，依宋本補。閩本、監本、毛本作「祓」。

說文云「出將有事于道，必先告其神，立壇，四通樹茅以依神，爲軷」。詩大雅生民篇「取羝以軷」，毛傳云「軷道祭也」，字或作「祓」。

069 羽父請謚與族　岳本、毛本「謚」並改作「諡」字。段玉裁云：「五經文字『諡』、『謚』二字，『音常利反，上說文，下字林，以謚爲笑聲，音呼益反，今用上字』。據此，說文作『諡』，竝不从兮、从皿，即字林以「謚」代「諡」，亦未嘗增一从兮、从皿之字。衆經音義引說文亦作『諡』。」

070 注因其至嬀姓　宋本以下正義三節揔入「公命以字爲展氏」注下。

071 胙之土而命之氏　文選陸士衡詩注引「胙」作「祚」，「土」上有「以」字。案，「胙」者「祚」之俗。

072 其旁支別屬則各自立氏　監本、毛本「旁」字改作「傍」。案，「旁」與「傍」同。

073 傳稱盟于子晳氏逐瘈狗入於華臣氏　閩本、監本、毛本「晳」誤「晢」。「于」字、「瘈」字，監本、毛本作「與」、「瘈」，非也。

074 不須賜也　監本、毛本「須」誤「盡」。×

075 或身以才舉者升卿位　宋本「者」作「暫」。

076 知其皆由時命非例得之也　浦鏜正誤：「『時』疑作『特』」。

077 其士會之帑處秦者爲劉氏　監本、毛本「帑」作「孥」。

078 諸侯以字爲謚因以爲族　案，鄭康成讀「諸侯以字爲謚」句，見哀十六年正義，杜讀「諸侯以字」爲句，非。仁和孫志祖云：「禮記檀弓『魯哀公誄孔子』，鄭注云『誄其行以爲謚也』，『尼父』因其字以爲之謚，明用左傳此語。又儀禮少牢饋食禮注云『大夫或因字爲謚，傳云魯無駭卒，請謚與族，公命之以字爲展氏』，是也。」史記五帝本紀集解引駁五經異義作「諸侯以字爲氏」，「氏」乃「謚」字傳寫之訛。

079 故其臣因氏其王父字　監本「王」誤「至」。

080 或使即先人之謚稱以爲族　宋本、淳熙本、岳本、足利本「使」作「便」，是也。

081 衛齊惡宋戴惡之類是也　重脩監本「宋」誤「朱」。

082 經書祭仲以生賜族者　宋本「以」作「似」。

083 俱氏二十之字自不同也　閩本「氏」作「是」，非。

084 劉炫不達此言　閩本、監本「言」誤「直」。

085 注謂取至時君　宋本此節正義在「諸侯至爲族」節之後。

經九年

086 天子使南季來聘　石經、宋本、岳本、足利本「子」作「王」，是也。

087 電是雷光　毛本「電」作「雷」，非也。

088 不直書大雪而云大雨雪者　諸本作「書」，此本誤「害」，今訂正。

089 雪則自天而下　諸本作「下」，此本誤「王」，今訂正。

090 挾卒無傳挾魯大夫未賜族　右經文二字、注文九字，此本脱，閩本同。據石經、宋本、淳熙本、岳本、纂圖本、監本、毛本補。

傳九年

091 防魯地在琅邪縣東南　宋本、淳熙本、岳本、足利本「邪」下有「華」字，與釋文合。

092 書癸酉始始雨日　諸本作「始雨日」，此本下「始」字衍文。

093 **故皆爲時失**　淳熙本「失」下有「也」字。

094 **凡雨自三日以往爲霖**　禮記月令鄭注云「雨三日以上爲霖」，正義云「隱公九年左傳文」。

095 **注此解至經誤**　宋本此節正義在「平地尺爲大雪」之下。

096 **不共王職**　釋文云「『共』音『恭』，本亦作『供』」。 ×

097 **故復往告之**　宋本、淳熙本、岳本、足利本「往」作「更」，是也。

098 **公子突鄭厲公也**　毛本「子」誤「于」，監本模糊。 ×

099 **先者見獲必務進**　石經初刻作「後必務進」，改刊去「後」字，後又加於「必」字之上旁。按，石經旁加字多不可從。

100 **先者至以逞**　宋本以下正義三節揔入「十一月」節注下。

101 **各自務進言其貪利也**　監本「自」誤「目」。 ×

102 **祝聃帥勇而無剛者先犯戎而速奔以遇二伏兵**　淳熙本「帥」誤「師」。山井鼎云：「足利本『遇』，後人改作『過』，非。」

經十年

103 **伐宋不言及**　重脩監本「言」誤「官」。 ×

104 **非鄭之謀也**　宋本、監本、毛本「鄭」作「鄧」。案，正義當作「鄧」，閩本正義亦誤「鄭」。❷

105 **濟陰城武縣東南有郜城**　岳本作「成武」，是也。

106 **伐戴**　諸本作「戴」，陳樹華云「昭廿三年正義引亦作『戴』，石經初刻作『戴』，後改『載』，傳文同」。案，作「載」與釋文合，公羊、穀梁同，此本正義並作

「載」，是也。説詳釋文校勘記。

107 故鄭元詩箋讀俶載爲熾菑　宋本、監本、毛本「載」作「戴」。菑，監、毛作「甾」，非。

傳十年

108 注尋九至魯地　監本、毛本「至」誤「年」。

109 戊申五月二十三日　足利本「五」作「三」，非。

110 推功上爵　毛本「功」誤「公」。

111 蓋以孰食曰饔　閩本、監本、毛本「孰」作「熟」，下同。

112 承虛入鄭　岳本、足利本「承」作「乘」。

113 注三國至通稱　宋本此節正義在「蔡人怒」節注下。

114 經以取告不以圍告　閩本、監本、毛本「經」作「徑」。

經十一年

115 滎陽縣東有釐城　宋本、淳熙本、岳本、足利本「滎」作「熒」。❸

116 許潁川許昌縣　纂圖本、毛本「潁」作「穎」，非。

117 堯四嶽伯夷之後也　閩本、監本、毛本「嶽」作「岳」。

118 欲見仁非一涂　諸本作「涂」，此本誤「餘」，今訂正。按，「涂」者，古「塗」字。

119 造滕跪辭　宋本「跪」作「詭」，是也。

120 蓋匡救將焉　宋本、閩本、監本、毛本「焉」作「然」。

121 鬻拳刼君而自則　宋本「刼」作「執」，閩本、監本、毛本作「劫」。「則」作「刖」，不誤，宋

本同也。按，依説文「劫」从力、去。❹

122 聖賢亦録而言之　宋本「言」作「善」，是也。✕

123 俱實見弒而以卒赴魯是他國之臣亦有諱國惡者　閩本、監本、毛本「見」誤「在」。他國，毛本作「伯國」，非也。

傳十一年

124 薛魯國薛縣　宋本以下正義六節揔入「乃長滕侯」句下。❺

125 奚仲遷于邳　監本、毛本「邳」作「邵」，非，下同。

126 定元年傳曰　監本、毛本「曰」誤「者」。✕

127 注庶姓至同姓　宋本無「同」字，作「至姓也」。案，各本注文皆無「也」字。

128 庶姓無姓者也　下「姓」字，宋本作「親」，是。❻

129 異姓婚姻者也　宋本「婚」作「昏」。

130 山有木工則度之　陳樹華云：「爾雅釋器注引傳『度』作『剫』。案，張參五經文字云『剫音度，見周禮注及爾雅』，不云見春秋傳，知唐時已作『度』不作『剫』也。」

131 以爵位用次　宋本「用」作「相」，是也。✕

132 則願以滕君爲請　毛本「滕」誤「勝」。

133 夏公會鄭伯于郲謀伐許也　石經初刻作「于時郲」，後刊去「時」字。陳樹華云：「郲，水經注引左傳作『釐』。」

134 公孫閼鄭大夫　淳熙本「夫」下衍「閼」字。

135 挾輈以走　宋本以下正義十一節揔入「將何益矣」句下。

136 子都拔棘以逐之　石經凡「棘」字俱作「棘」。

137 經涂九軌　閩本、毛本「軌」作「軓」，非也，下同。

138 傳于許城下　宋本、足利本「于」作「於」。

139 孤卿建旜　毛本「孤」誤「弧」。

140 君謂許不共　釋文云：「共，本亦作『供』，注及下同。」

141 餬鬻也　釋文：「鬻，本又作『粥』，之育反，又與六反。」案，「鬻」作「粥」，俗省。

142 絜齊以享謂之禋　釋文：「齊，本亦作『齋』。」

143 詩鄭桓公之子武公所國　宋本「詩」下有「鄭國」二字，與漢書合。

144 本周宣王弟友爲周司徒　監本、毛本「友」誤「反」。

145 後三年幽王敗　監本、毛本作「二年」，與漢志合。

146 周語稱共工伯鮌　閩本、監本、毛本作「伯鯀」，下同。

147 蔿邘之田于鄭　陳樹華云：說文「邘」字注「周武王子所封，在河内野王是也」，石經「邘」作「邗」，非。

148 在沁水縣西　陳樹華云：「郡國志作『沁水西北有原城』，水經注作『沁水縣西北有原城』，史記晉世家正義作『河内沁水縣西北有原城』，並與今左傳注不合。」案，春秋釋地亦作「河内沁水縣西北有原城」，然據閻若璩、胡朏明並云說地理之書多有舉西以該北，舉東以該南者。

149 隰郕　惠棟云：司馬彪曰「懷有隰城」，劉昭引傳亦作「城」。陳樹華云「僖二十五年傳作『隰城』」。按，「郕」省爲「成」，「成」誤爲「郕」，古書内往往如此。

150 **在脩武縣北** 案，釋例作「脩武縣西北有欑城」，據此「北」上當有「西」字。諸本作「縣」，此本誤「孫」，今訂正。

151 **息侯伐鄭** 釋文「息」作「鄎」，云「一本作息」。案，説文云「鄎，姬姓之國，在淮北，今汝南新鄎」。

152 **此皆互告不須兩告乃書** 宋本、淳熙本、岳本上「告」作「言」，是也。

153 **得告乃書也** 監本、毛本「得」誤「而」。✕

154 **魯非不知** 監本「魯」誤「曾」，下「盍欲令魯」同。

155 **注大宰官名** 宋本以下正義三節摠入「不書葬節」注下。

156 **而請弒之** 諸本作「弑」，釋文作「殺」。

157 **遂與鄭氏歸而立其主** 石經、宋本、淳熙本、岳本、纂圖本、足利本「鄭」作「尹」，是也。❼

158 **館于寪氏** 史記魯世家作「蔿氏」。錢大昕云：「『蔿』、『薳』古通用。孟僖子有薳氏之簉，其即寪氏之族乎？」

159 **壬辰羽父使賊殺公于寪氏** 釋文「殺，音弑」，石經、宋本、淳熙本、岳本、纂圖本作「弑」。

160 **欲以弑君之罪加寪氏** 閩本、監本、毛本「弑」作「殺」，非。

161 **正義曰劉炫云羽父遣賊弑公** 宋本無「正義曰」三字。弑公，監本、毛本作「殺公」。

04—162 **桓弑隱篡位故喪禮不成** 宋本、淳熙本、岳本、足利本「位」作「立」。

附釋音春秋左傳注疏卷第四

校記

❶ 非也，南昌本作「是也」。

❷南昌本末增「〇今訂作鄧」。

❸南昌本末增「〇補：案，『熒陽』作『熒』是也。此本多從水，今并訂正，挍不悉出」。

❹南昌本末增「〇今並訂正」。

❺南昌本「薛」上增「注」字。

❻南昌本末增「〇今証正」。案，「証」當爲「訂」字訛。

❼南昌本末增「〇今依訂正」。

春秋左傳注疏校勘記卷五

05—001 附釋音春秋左傳注疏卷第五桓元年盡二年　宋本春秋正義卷第五。石經春秋經傳集解桓公第二盡十八年。釋文自此卷以下無「春秋經傳集解」六字，餘並同。

桓公

經元年

002 公即位　惠棟云：「鄭衆曰『古文春秋經公即位爲公即立』，云『古位、立同字』。棟案，鄭注周禮『小宗伯之職』，云『故書位作立』。」

003 今遭喪繼立者　宋本作「繼位」。

004 注公以至爲文時之所隱　宋本、閩本、監本、毛本作「公以至所隱」。

005 成會鄭於垂　宋本「鄭」作「禮」，是也。

006 知非仲尼非意也　宋本、監本、毛本下「非」作「新」，正德本、閩本作「本」，是也。❶

007 書灾也　宋本、淳熙本、岳本、纂圖本「灾」作「災」。

傳元年

008 見其終無梅心　宋本、閩本、監本、毛本「梅」作「悔」，不誤。　×

009 自此以後　毛本「自」誤「目」。　×

010 言雨自上而下浸潤於土　土，諸本誤作「上」。　×

011 疑謬誤　宋本「謬」作「繆」。

012 鄭伯至繆誤　閩本、監本、毛本「繆」作「謬」。　×

013 魯親班齊饋　閩本、監本、毛本「親」誤「稱」。

014 宋華父督見孔父之妻于路　石經「督」作「督」，後同。葉抄釋文亦作「督」，廣韻以「督」爲俗字，又詳昭十二年挍勘記。儀禮士冠禮注云宋大夫有孔甫，「『甫』字或作『父』」，賈公彦云「『甫』通作『父』」。

015 美而艷　釋文作「豔」，石經凡「豔」字皆作「艷」，淳熙本同。

經二年

016 宋督弑其君與夷　纂圖本「弑」作「殺」，非，注同。下注「宋有弑君之亂」亦誤「殺」。

017 言弑其君則可　監本、毛本「言」誤「主」。

018 禮必擁蔽其面　宋本「擁」作「鄣」。案，禮記内則鄭注云「擁猶障也」。

019 自是以下滕當稱子　宋本、監本、毛本「當」作「常」。

020 故以稷爲河東之稷山　諸本作「山」，此本作「止」，今訂正。

021 釋例以此潁川鄧城爲蔡地　監本「地」作「也」，非。　✕

022 不稱主帥微者也　釋文云：「帥，或作『師』。」　✕

023 不敢自同於正君　監本、毛本「敢」誤「可」。

傳二年

024 君子至其君　宋本此節正義在「故先書弑其君」句下。

025 或語出邱明之意而託諸賢者　宋本「託」作「記」，非。

026 **洩治之罪** 宋本「洩」作「泄」。

027 **君子者言其可以居上位** 閩本、監本、毛本脱「言」字。

028 **便似既殺孔父** 監本、毛本「似」作「以」，非。

029 **○注經稱至妄也** 宋本「○」作「疏」，此節正義在注「督之妄也」下。

030 **濟陰城武縣東南有北郜城** 宋本、岳本「城」作「成」。案，續漢郡國志作「成」，「郜」上無「北」字，釋例亦無「北」字。

031 **郜國濟陰成武縣東南** 宋本、監本、毛本作「城武」，非也。

032 **以茅飾屋著儉也** 監本、毛本「飾屋」誤「飭屋」。

033 **清廟肅然清淨之稱也** 宋本、岳本、足利本「淨」作「静」，是也。案，疏文作「静」。宋本、岳本無「也」字。

034 **疏君人至子孫** 宋本此節正義在「故昭令德以示子孫」之下。

035 **○注以茅至之稱** ○，宋本作「疏」。此節正義宋本在注「肅然清静之稱」下。

036 **冬官考工記有咠屋瓦屋** 宋本、監本、毛本「咠」作「葺」。案，考工記作「葺」。

037 **傳言清廟茅屋** 宋本「言」作「曰」。

038 **明堂位曰山節藻棁複廟重檐** 禮記明堂位「複」作「復」字。按，「復」、「複」古今字。

039 **敬亡若存** 盧文弨挍本「若」下有「事」字。❷

040 **故以清静解之** 監本、毛本「静」作

「淨」，非也。✕

041 大路越席　越席，家語作「趏席」，王肅注云「『趏』、『越』同」。禮記禮運「與其越席」，釋文引字書「越」作「趏」。

042 大路玉路祀天車也　監本、毛本「玉」誤「王」。釋文云：「本或無『天』字者，非。」

043 大路至越席結草　宋本無「越席」二字。

044 路之最大者　宋本「路」上有「大路」二字，是也。

045 豈清廟與茅屋又爲別乎　毛本「與」誤「於」。✕

046 妄規杜氏非也　閩本「規」誤「䂓」。✕

047 粢食不鑿　釋文云「鑿，字林作『毇』，云『糲米一斛舂爲八斗』」，說文「毇」字亦云「一斛舂爲八斗也」。淮南子主術訓作「粢食不毇」，玉篇「糳」字下引傳作「粢食不糳」。陳樹華云：「『糳』爲『鑿』，蓋古字假借。」

048 六粢謂黍稷稻粱麥苽　宋本、閩本、監本、毛本「粱」作「粢」，非也。

049 黻韋韠以蔽膝也　閩本、監本、毛本「韠」誤「韓」，淳熙本「膝」誤「脉」。

050 以此知衮是畫文　毛本「知」作「之」，非也。✕

051 古禮鄭元注弁師云　宋本「古」上有「其」字。

052 旂有二采　宋本「二」作「三」，不誤。✕

053 謂之冕者　諸本作「冕」，此本誤「俛」，今改正。✕

054 黻韠制同而名異　毛本「黻」作「黼」，非。

055 古者田漁而食　諸本作「田」，此本誤「曰」，今訂正。

056 凡韠皆象裳色　毛本「象」作「是」，非。

057 記傳更無黻制　宋本、毛本作「無韍制」。按，蔽膝之正字作「韍」，从韋，其作「黻」，从黹者，假借字也。

058 或曰笏可以簿疏物也　宋本「笏」作「簿」。案，釋名書契作「薄」，「可」上有「言」字。

059 蜀志稱秦密見太守以簿擊頰　案，密，今三國志作「宓」。擊，閩本、監本誤「繫」。

060 珽之言珽然無所屈　珽然之「珽」當作「挺」。

061 下有巳君　宋本「巳」作「己」，是也。　×

062 玉藻云笏度二尺有六寸　閩本、監本、毛本「二尺」誤「三尺」。

063 玉藻革帶博二寸　閩本「博」作「傳」，非也。　×

064 毛傳曰幅福也所以自福束也　監本、毛本「福」作「偪」。案，毛傳作「偪」。

065 福束其脛　宋本、監本、毛本「福」作「偪」。

066 襌下曰屨　宋本、監本、毛本「襌」作「禪」，非，下「襌複」，宋本、毛本亦誤「禪複」。

067 履是總名　監本、毛本「履」誤「屨」。

068 屨之飾用比方　毛本「屨」作「履」，非。

069 衡紞紘綖　文選張平子東京賦「衡」作「珩」，李善引傳文及杜注同。案，「珩」與「衡」音義同。

070 別男子首服亦然　宋本「別」作「則」，是也。　×

071 人師掌王之五冕　宋本、監本、毛本「人」作「弁」，是也。✕

072 爵弁笄緇組纓　案，儀禮士冠禮「纓」作「紘」。

073 其實悉冕冕飾也　宋本、監本、毛本「冕」字不重，是也。

074 鄭元覲禮注云　監本、毛本「注」誤「謂」。✕

075 藻率鞞鞛　文選東京賦李善注引「率」作「繂」，非是。詩公劉正義引「鞛」作「琫」。

076 鞸佩刀削上飾　宋本、淳熙本、岳本「鞸」作「鞞」，是也。❸

077 木爲中榦　閩本、監本、毛本「榦」作「幹」，下同，非也。

078 典瑞大行人聘禮覲禮皆單言繅　宋本「繅」作「藻」。

079 以拭物之巾無名率者　監本「拭」作「栻」，非，下同。案，孔沖遠誤也。依說文「帥，佩巾也」，即「帨」字。古「率」、「帥」通用，故儀禮注云『古文『帥』作『率』』，服虔云「禮有刷巾」，其語亦見說文。凡儀禮言「帨」者即左傳之「率」也。

080 故知藻率正是藻之複名　監本「複」作「複」，非。

081 凡帶有率無箴功　閩本「箴」誤「葴」，監本、毛本作「葴」，亦非。

082 士以下皆襌不合而率積　監本、毛本「襌」作「禪」，非，下同。率，宋本作「繂」。

083 鞸琫容刀　宋本、閩本、監本、毛本「鞸」作「鞞」，是也。✕

084 削授柎　宋本「柎」作「柎」，與禮記少儀合。

085 **鞶厲游纓**　顔師古匡謬正俗云：「斿旌旗之『斿』字，從㫃，訓與旒同。傳云『鞶厲斿纓』是也。」案，周禮司几筵正義、文選東京賦李善注引並作「斿」，周易訟卦正義引作「旒」。惠棟云：「説文無『斿』字，有『游』字，云『旌旗之游，從㫃、汓聲』，汓與泅同，上形下聲。」按，「斿」之變爲「游」，省爲「斿」，俗爲「旒」，假借爲「流」，其實一也。

086 **大夫元華辟垂**　閩本、監本、毛本「華」誤「革」。

087 **婦事舅姑施縏袠**　毛本「縏」誤「鞶」。

088 **革路絛纓五就**　周禮「絛」作「條」，此因鄭注「條讀爲絛」，遂改作「絛」。

089 **木路翦樊鵠纓**　周禮「翦」作「前」，此因鄭注「前讀爲緇翦之翦」，遂改作「翦」。

090 **毛詩傳説容力之飾云**　宋本、監本、毛本「力」作「刀」，是也。

091 **天子玉琫而珧珌諸侯璗琫而璆珌**　監本、毛本「璗」誤「⿱湯土」。説文云「琫，佩刀上飾。珌，佩刀下飾。天子以玉，諸侯以金」，惠棟云「爾雅者，六經之訓詁也。其釋器云『黄金謂之璗，其美者謂之鏐』」。是「璆珌」當作「鏐珌」也。

092 **是游有數也**　宋本、閩本、監本、毛本「游」作「斿」。

093 **兩巳相戾**　宋本、岳本、纂圖本「巳」作「己」，不誤，正義同。

094 **今當盧也**　詩箋亦作「今」，閩本、監本、毛本誤「令」。

095 **春官神士掌三辰之法**　案，周禮「士」作「仕」，毛本誤「土」。

096 **昬明遞市而王**　宋本、監本、毛本「市」作「巿」，不誤。閩本作「布王」，宋本、監本、毛本作「正」，是也。

097 以臨照百官　纂圖本、閩本、監本、毛本誤作「照臨」。×

098 遷九鼎于雒邑　釋文云「雒，本亦作『洛』」，書召誥傳引作「洛」，周禮冢宰正義、文選任彦昇奏彈劉整注引並同。陳樹華云：「漢書地理志河南郡有洛陽縣，師古曰『魚豢云：漢火德，忌水，故洛去水而加隹』。」段玉裁云：此本不經之談，而顏氏信之，且傅會之云「如魚氏説，則光武以後改爲『雒』字也」。魏志黄初元年幸洛陽，裴注引魏畧曰「詔以漢火行也，火忌水，故『洛』去『水』而加『隹』。魏於行次爲土，土，水之牡也，水得土而乃流，土得水而乃柔，故除『隹』加『水』，變『雒』爲『洛』」。裴氏引魏畧於此者，正謂黄初元年幸洛陽，乃有此詔。前此皆用「雒」，後此皆用「洛」。魚氏録魏詔云爾，則魏文帝之失也，漢以前皆用「雒」，非漢去「水」加「隹」也。

099 時但營洛邑　宋本、淳熙本、纂圖本、毛本作「雒」，與傳文合。

100 以臣伐君　案，史記伯夷列傳「伐」作「弑」。

101 爰采薇矣　史記伯夷列傳「爰采」作「采其」。

102 臧孫其有後於魯　宋本、淳熙本、岳本、足利本「臧孫」作「故曰」，不誤。[4]

103 昭王徙鄀　閩本、監本、毛本「鄀」誤「都」。

104 反必告至　閩本、監本、毛本「告」作「面」。

105 朝鄰國　監本、毛本「鄰」作「隣」。×

106 不以嘉禮同終　宋本「同」作「自」，不誤。×

107 襄十年公會諸侯于柤　毛本「柤」誤「相」。×

108 行不出竟　閩本、監本、毛本「竟」作「境」。×

109 命之曰仇　漢書五行志中引作「名之曰仇」。案，「名」即「命」也。説文云「名自命也」，閔元年傳「今名之大以從盈數」，史記魏世家引「名」作「命」。禮記祭法「黄帝正名百物」，國語魯語作「成命百物」。史記天官書「免七命」，索隱曰「謂免星，凡有七名也」。是「命」、「名」古同聲，同義。

110 其弟以千畝之戰生　漢書五行志中引「畝」作「晦」，顏師古云「晦，古『畝』字也」。

111 命之曰成師　史記晉世家、漢書五行志「命」並作「名」。

112 西河界休縣南有地名千畝　毛詩祈父正義引作「介休」。

113 異哉君之名子也　石經初刊「之」作「子」，磨改作「之」。史記「名」作「命」。

114 夫名以制義　陳樹華云「漢書引傳『義』作『誼』」。案，「誼」、「義」，古今字。

115 復禮而行　閩本、監本、毛本「復」作「履」。

116 自古有此言　宋洪邁容齊隨筆引杜注亦作「言」。惠棟校本改作「名」，云「宋本作『名』」，未知所據何本也。

117 兄其替乎　惠棟云「三體石經作『其朁』」。漢書五行志引傳「乎」作「虖」。案，「虖」古「乎」字。

118 則大子多怨仇　監本、毛本作「仇怨」。

119 欲使之强榦弱枝耳　宋本「榦」作「幹」。案，當作「榦」。　×

120 惠之二十四年　石經作「惠之廿四年」。惠棟云：「石經凡經傳中『二十』字作『廿』，『三十』字作『卅』。此古文春秋左氏傳本文也。説文『廿二十并』，『卅三十并也，古文省』，説文所謂『古文』乃孔壁中之文也。」案，説文「廿」字、「卅」字讀如入、如燮，唐人用「廿」代「二十」，用「卅」代「三十」，仍讀二十、三十，其讀不同，見廣韻注。

121 故封桓叔于曲沃　顧炎武云「石經『故』誤『政』」。案，石經不誤。

122 於趙盾爲從父昆弟　浦鏜據文十二年正義，「昆弟」下補「之子」二字，是也。

123 適子爲小宗次者爲貳宗　釋文云：「小宗，本或作『爲大宗』，誤。」纂圖本、閩本、監本、毛本作「次子」，宋本、淳熙本、岳本、足利本作「次者」。

124 下不冀望上位　文選王命論李注引「冀」作「敢」。

125 惠之三十年　石經作「惠之卅年」。

126 鄂國以隱五年奔隨　宋本、淳熙本、岳本、纂圖本、足利本「國」作「侯」。

05—127 哀侯侵陘庭之田　史記晉世家「庭」作「廷」。

附釋音春秋左傳注疏卷第五

校記

❶ 南昌本末增「○今訂作『本』」。

❷ 亡，南昌本作「王」。

❸ 南昌本末增「○今依訂正」。

❹ 南昌本末增「○今依訂正」。

春秋左傳注疏校勘記卷六

06—001 附釋音春秋左傳注疏卷第六桓三年盡六年

宋本春秋正義卷第六。

經三年

002 以王法終始治桓之事 閩本、監本、毛本無「始」字。案，「始」字當有，穀梁注疏本並脱。❶

003 又哀十三年十二月螽 宋本「三」作「二」，非也。

004 其年王室方定 監本、毛本「定」作「亂」。案，昭廿三年天王居于狄泉，自是以後，居無定所，至廿六年，王子朝奔楚，始得入于成周，遂定成周以爲都。監、毛本作「亂」，非也。

005 是周司麻也魯司麻也 案，「也」當讀爲「耶」，如荀子「其求物也養生也」。浦鏜改作「非魯」，誤。

006 魯之司麻始覺其謬 監本、毛本「司」誤「再」。 ×

007 哀十三年十二月螽 宋本「三」作「二」。

008 行其高下 宋本、淳熙本、岳本、纂圖本、監本、毛本「其」作「有」，是也。 ×

009 而以自食爲文 岳本「文」下有「者」字。

010 唯宜有大飢 宋本、監本、毛本「飢」作「饑」，不誤。 ×

傳三年

011 至河東汾陽縣入河 宋本作「汾陰」。案，水經注云「漢書謂之『汾陰脽』」，即其地也。

012 騑騑翼翼是也　禮記「騑騑」作「匪匪」，此因鄭注「『匪』讀如『四牡騑騑』」，遂改作「騑」。

013 故并見獲而死　毛本「死」作「免」，非也。

014 齊侯送姜氏　釋文云「本或作『送姜氏于瓘』」，水經注汶水篇引傳文作「齊侯送姜氏于下讙」。

015 齊侯送姜氏本或作送姜氏于讙公子則下卿送公子公女　此二十三字乃釋文，閩本、監本、毛本誤作注。

016 冬齊仲年來聘致夫人也　足利本「仲年」上補「夷」字，非也。

017 世本芮魏皆姬姓　諸本作「姓」，此誤作「如」，今訂正。

經四年

018 皆無違矣　浦鏜正誤「矣」作「失」。

019 故知此即非國内之狩地　宋本「即」作「郎」，不誤。

020 則狩于禚　監本「禚」作「禚」，非，後同。×

021 則犯害去白故書地以譏之　閩本、監本、毛本「去白」作「民物」，亦非，宋本作「居民」。❷

022 故仲尼因之　諸本作「因」，此本誤「困」，今訂正。×

傳四年

023 故書時合禮　岳本「書」作「唯」，非。陳樹華云「天放菴翻岳本改作『書』不誤」。

024 但傳於棠與河陽　毛本「與」作「其」，非也。×

025 駮出合禮　宋本、毛本作「合理」。

026 以時合禮地非禮也　宋本「地」上有「知」字。毛本「合禮」作「合理」，非。

經五年

027 下文周公如曹　宋本「周」作「州」，不誤。

028 魯出朝聘例言如　宋本、監本、毛本「例」下有「亦」字。

029 楊雄方言云　宋本、毛本「楊」作「揚」，非也。案，廣韻「揚」字下不言姓，「楊」字注云「姓出弘農、天水二望」。漢書本傳云「其先食采於楊，因氏焉」。

030 春黍謂之蚣蝑　監本「春」作「舂」，非，下同。

031 陸機毛詩疏云　宋本「機」作「璣」，非。

032 其股狀如瑇瑁又　浦鏜正誤「又」作「文」。案，廣雅疏證引作「文」。段玉裁曰：「此當作『乂』，『乂』者今之『釵』字，或爲『又』，或爲『文』，皆非也。」

033 聞十數步爾雅又有蟿螽土螽　毛本「土」誤「上」。

034 爲下實來書也　宋本作「寔來」，與傳合。

035 公之地封疆方五百里　毛本作「封彊」，非。

036 蓋指此州云虞公也　宋本、閩本、監本、毛本「云」作「公」，不誤。

傳五年

037 地理志　宋本「志」下有「云」字。

038 民莫有鬬心　陳樹華云：「石經凡『鬬』字，俱作『鬭』，非是。」

039 不能相枝持也　毛本「枝」作「支」。文選李善注魏文帝與吳質書引杜注亦作「支」。

040 高渠彌　史記秦本紀作「高渠眯」。

041 爲魚麗之陳　後漢書劉表傳注引傳文作「魚儷」，集韻云「魚麗，陣名，通作『麗』」。

042 旝動而鼓　葉抄釋文「旝」作「檜」，諸本皆作「旝」，正義云「『旝』字，從㫃，旌旗之類」。

043 又旝字從於旌旗之類　宋本作「從㫃」，不誤。❸

044 周禮司常通帛爲旝　宋本作「通帛爲旜」，是也。❹

045 衆屬軍史無所將　宋本「史」作「吏」，不誤。❺

046 發其機以追敵　宋本亦作「追」，閩本、監本、毛本作「磓」。其機，諸本作「以機」。

047 說文載之於部　宋本「於」作「㫃」，不誤。×

048 況敢陵天子乎　監本、毛本「陵」誤「凌」。

049 蓋名仲字仲足也　釋文云：「名仲字足，一本作『字仲足』。」×

050 言鄭志在苟免王討之非也　足利本後人記云「『非』，異本作『罪』」。

051 十一年傳云　毛本「云」作「曰」。×

052 此爲因有告命之例　毛本「爲」作「謂」，非。

053 蕭叔大心　諸本作「心」，此本誤「以」，今訂正。

054 仍叔之子　石經「子」字下增「來聘」二字，非唐刻也。

055 譏其夏至而秋末反也　監本「末」誤「來」。

056 則秋末爲末　閩本、監本、毛本「末」誤「未」。

057 言凡祀通下三句　毛本「祀」誤「事」。

058 地祇曰祭　宋本「祇」作「祇」，是也，下同。×

059 然凡之所論揔包天子及諸國　閩本、監本、毛本「國」作「地」，誤。

060 比古人所名不同　閩本、監本、毛本「比」誤「此」。

061 非謂孟月不得蒸也　閩本、監本、毛本「蒸」作「烝」，宋本作「祭」，是也。

062 而傳言不時明涉其中節　宋本「節」作「氣」。

063 黄帝曰含樞紐　毛本「紐」作「組」，非。×

064 唯鄭元立此爲義　案，文獻通考祀后土門引作「立爲此義」。

065 遠爲百穀祈膏雨　論語先進正義引杜注云「雩之言遠也，遠爲百穀祈膏雨也」。按，邢氏所引爲完。「雩之言遠」者，凡從「于」之字，有迂遠之義也。

066 雨之潤物若脂膏然　毛本作「閏物」，非也。×

067 傳有言雩而經書大雩者　宋本「有」作「直」，不誤。×

068 凡周之秋五月之中而旱　諸本作「五月」，惠棟挍本作「三月」。按，依月令注作「三」，是也。「秋三月」三字連讀，謂夏正之五月、六月、七月。

069 此爲强牽天宿以附會不韋之月令　宋本「不韋」上有「吕」字。

070 何當也吁嗟也　上「也」字，閩本、監本、毛本作「言」，宋本作「巳」。

071 故烝祭宗廟　纂圖本「烝」作「蒸」，非。

072 是蟲以孟冬蟄　監本、毛本「是」作

「昆」，不誤。

073 盟蟲者得陽而生　宋本、監本、毛本「盟」作「明」，不誤。

074 卜不過三　毛本「三」誤「二」。

經六年

075 不言州公者承上五年冬經如曹　監本「年」誤「筆」。

076 夏四月公會紀侯于成　陸氏穀梁音義曰「左氏作『杞侯』」。陳樹華云：「三年書公會杞侯於郕，此作『紀侯』，疑傳寫之誤。」

077 國之之常禮　閩本、監本、毛本「國之之」作「國家之」，宋本作「國之常禮」，是也。

078 郳子家會公　宋本、監本、毛本「家」作「來」，是也。

079 令農時閲兵　宋本、閩本、監本、毛本「令」作「今」。

080 而傳説鄭忽怒事於大閲之上　監本「鄭」誤「郎」。

081 篡立未會諸侯也　淳熙本無「也」字，足利本後人説云「『立』，異本作『位』」。

082 傳例在莊二十二年　宋本無「例」字，是也。

083 不稱太子者書始生也　案，禮記内則正義引作「不云世子書始生」。

傳六年

084 書曰寔來　詩韓奕正義云「春秋桓六年州公寔來，而左傳作『實來』」。惠棟云「寔」當作「實」，石經傳作「寔」，宋本同誤也。陳樹華云：「案，傳解經不容立異，且公羊、穀梁皆作『寔來』，『寔』訓『是』。杜注乃云『寔實也』。詩止義似未足據。」非也。案，錢大昕云：「孔氏所據乃服虔本，非杜本也。覲禮『伯父實來』，注『今文實作寔』，是『實』即『寔』之古文。春秋公羊、穀梁爲今文，左氏爲古文，故二傳作『寔來』，左氏作『實來』。杜氏改從二傳，失古文之舊矣。」

085 **故變文言實來** 岳本、纂圖本、閩本、監本、毛本「實」作「寔」。

086 **楚人德之** 毛本「德」誤「得」。

087 **彼則懼而協來謀我** 石經、宋本、淳熙本、岳本、纂圖本、監本、毛本「來」作「以」，不誤。

088 **必弃小國** 岳本前後皆作「弃」，唯此處作「棄」，非。

089 **楚之羸** 顧炎武云「石經『羸』誤作『嬴』」。案，顧炎武所據乃謬刻，石經此處刓闕。

090 **天方授楚** 宋本此節正義在「君何急焉」之下。

091 **至此君始彊盛** 宋本、閩本、毛本作「彊盛」，不誤。 ×

092 **○臣聞至可也** 宋本「○」作「疏」。此節正義在注「詐稱功德以欺鬼神」之下。

093 **不欺誑鬼神是其信也** 毛本「誑」誤「誑」。 ×

094 **今隨國民皆飢餒** 閩本、監本、毛本作「饑餒」，非。

095 **粢盛豐備** 案，惠棟云：「禹廟殘碑作『資盛』，說文作『齋』，云『稷也』，又云『齋或從次作粢字』。按，凡經典言『粢盛』皆『粢盛』之誤。『齍』、『齋』、『粢』三字古通用，爲祭祀之黍稷。『餈』、『粢』二字同用爲周禮之粉餈，不知何時淆亂而莫有正之者。」

096 **肥腯其文** 宋本、閩本「其」作「共」，是也。 ×

097 **古人自有複語耳** 監本、毛本「複」作「復」，非。 ×

098 **是以聖王先成民而後致力於神** 毛本「民」誤「名」。詩旱麓篇、思齊篇正義引傳文「民」上並有「於」字。

099 **謂民力之普存也** 詩我將篇正義引傳文謂下有「其」字。

100 **謂其不疾瘯蠡也** 釋文云：「瘯，本又作『蔟』，同。」蠡，葉抄釋文引説文作「絫」，云「族絫，皮肥也」。錢大昕云：「説文占部『嬴』字注云『畜産疫病也』，此『瘯蠡』之正字；『蠡』、『嬴』聲相近，故假借爲『蠡』耳。『瘯』亦俗字，當爲『族』。六畜之疫曰『族嬴』，或作『族絫』，『絫』、『嬴』亦聲相近。」

101 **絜粢豐盛** 後漢書列女傳注引傳文「絜」作「潔」。

102 **兄友弟恭** 宋本、淳熙本「恭」作「共」。

103 **禋絜敬也** 岳本無「也」字。足利本後人記云：「『禋』下，異本有『祀』字。」

104 **并己之同族** 纂圖本、閩本、監本、毛本「并」誤「非」。

105 **民饑餒也** 釋文亦作「饑」，宋本、足利本作「飢」。

106 **夫民至於難** 宋本作「對曰夫民至於難」。閩本、監本、毛本「夫」誤「今」。

107 **百姓飢餒** 閩本、監本、毛本「飢」作「饑」。

108 **季梁推此出理** 宋本、閩本、監本、毛本作「推出此理」。

109 **嫌其不寔故云其寔皆當兼此四謂** 宋本「寔」並作「實」，是也。

110 **但兄弟相敬** 宋本「敬」作「於」。

111 **言敬其兄而友愛** 浦鏜正誤云：「『友愛』下疑脱『其弟』二字。」

112 **尚書歐陽説九族乃異姓有屬者** 宋本「乃」作「反」。詩葛藟正義引「屬」上有「親」字。

113 **異姓其服皆緦** 宋本「緦」下有「麻」字。

114 周禮小宗伯掌三族之别名　閩本、監本、毛本「别」作「列」，非。浦鏜云「名」字衍。

115 喪服小記説服之義曰　詩葛藟正義「説服」作「説族」，是也。

116 夏會于成　山井鼎云「足利本後人記云『成作郕』」。

117 齊使乞師于鄭　石經、宋本、淳熙本、岳本、纂圖本「齊」下有「侯」字。山井鼎云「足利本後人記云『異本作齊侯使』」。

118 人名有耦　文選沈休文奏彈王源注引作「人各有偶」。案，「耦」、「偶」正俗字。

119 接以大牢　釋文：「接，如字，鄭注禮記作『捷』，讀此者亦或捷音。」案，爾雅釋詁「接，捷也」。

120 以牲多少稱大少也　閩本、監本、毛本作「大小」，非也。

121 其寔接母　宋本「寔」作「實」，不誤。

122 則皆降等　宋本「降」下有「一」字。

123 射天地四方　宋本、淳熙本、足利本無「天地」二字，與定本合，孔沖遠云「今天地無誤也」。

124 立於阼階西鄉　山井鼎云「足利本後人記云『鄉，異本作向』」。案，經傳鄉背字多作「鄉」，不作「向」也。

125 對曰名有五　石經「名有」二字初作「曰名有」三字，後改刊。

126 以名生爲信　論衡詰術篇「生」字在「名」字上。按，「以生名」、「以德名」、「以類名」語言一例，論衡爲長。

127 以德命爲義　論衡作「德名」。案，「命」、「名」古同聲、同義。

128 **以類命爲象** 顧炎武云「石經『類』誤『德』」。案，石經「類」字殘闕，右角尚可辨，顧炎武所據乃謬刻。

129 **若孔子首象尼丘** 盧文弨校本云「禮記曲禮正義引『孔子』，作『仲尼』」。

130 **孔子生而首上汙頂** 案，史記孔子世家作「圩頂」，索隱謂「圩，音烏，窊也，故孔子頂若反宇」。

131 **故因名曰丘字曰尼** 宋本、閩本、監本、毛本「曰」作「仲」，是也。×

132 **娶於宋并官氏** 監本、毛本「并」作「幵」，宋本作「幷」，段玉裁云「作『幷』與漢禮器碑合」。

133 **取其意而遺其人** 毛本「遺」作「疑」，非。

134 **謂廢主謂廢國內之所主** 宋本無「謂廢主」三字，是也。

135 **此注以其言國** 毛本「注」作「計」，誤。×

136 **且隱爲痛也** 宋本「且」作「是」，是也。×

137 **鄭元亦以馬牛等六者爲之** 浦鏜正誤「『爲』疑『當』字誤」。

138 **以幣以幣爲玉帛** 宋本「以幣」字不重，是。

139 **周人以諱事神名終將諱之** 釋文以「周人以諱事神名」絶句，云「衆家多以『名』字屬下句」。陳樹華云：「淮南子曰『祝則名君』，高誘注云『周人以諱事神，敬之至也』。詩公劉正義引王基曰『周人以諱事神』，書盤庚正義引亦以『神』字絶句，禮記曲禮鄭注引春秋傳曰『名終將諱之』。」武進臧琳經義雜記云「『名終將諱之』者，即曲禮所謂『卒哭乃諱』」，是。

140 **以木鐸徇曰** 釋文亦作「徇」，又云「本又作

『殉』，同」。纂圖本、閩本、監本、毛本誤作「狥」，下同。

141 **之者漢文帝諱恒改比嶽爲常山**　宋本、監本「之」作「知」，是。比嶽，諸本作「北嶽」，不誤。×

142 **不復更得其祀**　宋本「其」作「共」。

143 **名豬則廢豬**　監本、毛本「豬」作「猪」，非。

144 **廢爲中軍**　纂圖本「軍」下增「也」字，非。

145 **廢礼廢禮**　宋本、閩本、監本、毛本「礼」作「祀」，不誤。此節正義宋本在「以器幣則廢禮」之下。×

146 **更以其鄉名山**　足利本後人記云「『名山』下，異本有『者也』二字」。

06—147 **獻武之諱久巳舍矣**　諸本作「之」，此本誤「文」，今訂正。×

附釋音春秋左傳注疏卷第六

校記

❶ 此條南昌本改作「以王法終治桓之事：案，『終』下當有『始』字，閩本、監本、毛本亦無，穀梁注疏本并脱」。

❷ 此條南昌本改作「則犯害去白：閩本、監本、毛本『去白』作『民物』，亦非。宋本作『居民』。○今依宋本」。

❸ 南昌本末增「○今依訂正，下『説文載之㫃部』同」。

❹ 南昌本末增「○今依訂正」。

❺ 南昌本末增「○今依訂正」。

春秋左傳注疏校勘記卷七

07—001 附釋音春秋左傳注疏卷第七桓七年盡十八年 宋本春秋正義卷第七。

經七年

002 高平鉅野縣南有咸亭 續漢郡國志作「西有咸亭」。

003 不復譏其失地地咸邱 宋本、監本、毛本次「地」字作「也」。 ×

傳七年

004 辟陋小國 釋文云:「辟,本又作『僻』,同。」 ×

005 今僻陋之語傳本無文 宋本「僻」作「辟」,與注合。

006 傳又稱莒之辭陋 宋本「辭」作「辟」,是也。 ×

007 注盟向至鄭成 宋本此節正義在注「郏王城」之下。

經八年

008 既而背之 監本、毛本「而」誤「有」。

009 春正月己卯烝 閩本「春」上有「八年」二字。

010 以爲天地之主非天子則誰乎 宋本作「以爲天地宗廟社稷之主,君何謂己重乎? 此言繼先聖之後,爲天地之主,非天子則誰乎」。

011 明是王不當親也 浦鏜正誤云「『親』下當脱『迎』字」。

傳八年

012 **釁瑕隙也** 文選李善注劉越石荅盧諶詩引注文作「舋瑕隙也」。「舋」,俗「釁」字。×

013 **漢淮之間** 宋本此節正義在「乃盟而還」之下。

014 **東經漢中魏興** 閩本、監本、毛本「興」作「典」,誤。

015 **導淮自桐栢** 閩本、監本、毛本「栢」作「柏」,下同。❶

016 **東北經汝陰** 此本「汝」誤「以」,今改正。×

017 **將失楚師** 釋本云:「一本無『師』字。」×

018 **不從季梁謀** 淳熙本「謀」作「戰」。

019 **冬王命虢仲立晉哀侯之弟緡于晉** 石經作「緍于晉」,顧炎武云「石經凡從『民』字皆改從『氏』,避諱省筆」。案,史記十二諸侯年表作「湣」。

經九年

傳九年

020 **適諸侯雖告魯猶不書** 重脩監本「適」作「逌」,非。×

021 **注韓服至州縣** 宋本以下正義二節揔入「鄧師大敗」節注下。

022 **楚共王與巴姬理壁** 宋本、閩本、監本、毛本「理」作「埋」,不誤。×

023 **此年傳文十六年與秦楚滅庸** 宋本「年」下有「見」字。

024 **鄾在今鄧縣南沔水之北** 文選李善注沈休文齊安陸昭王碑引注文作「鄾今鄧鄉縣南江水之北」。案,「江」字誤。

025 **夏楚使鬬廉帥師** 石經初刻作「楚子使」,後刊去「子」字。

026 荀侯　陳樹華云：「應邵班叔皮北征賦注引作『郇侯』，漢書地理志同。」

027 未誓於天子而攝其君　山井鼎云：「足利本後人記云『異本君下有事字』。」

028 注諸侯至上卿　宋本以下正義二節揔入篇末。

029 蘇云誓於天子下君一等　浦鏜正誤「蘇」改作「所」。

經十年

030 惡三國之伐在檀　閩本、監本、毛本「三」誤「二」。在檀，宋本、監本、毛本作「有禮」，閩本亦誤「在檀」。

031 此聖人之所以扶奬王室　宋本「奬」作「㢡」。

032 故詭常例以特見之　閩本、監本、毛本「詭」作「改」。 ×

傳十年

033 終施父之言　纂圖本「言」下有「乎」字，非也。 ×

034 注虢仲至大夫　宋本以下正義二節揔入「出奔虞」注之下。

035 周大王之子大伯之弟　重脩監本「周」誤「用」。 ×

036 注虞叔虞公之弟　宋本以下正義二節揔入注文「共池地名闕」之下。

037 周諺有之匹夫無罪　石經此行九字，「之匹夫」三字磨改。周諺有之，文選李善鷦鷯賦注引作「周任有言」。

038 故韋昭通謂之匹夫匹婦也　閩本、監本、毛本亦誤作「韋昭」，宋本作「書傳」，是

也。❷

039 **吾焉用此其以賈害也**　文選李善鷦鷯賦注引傳文作「吾焉用之以賈其害」。

040 **乃獻又求其寶劍**　石經、宋本、淳熙本、岳本、足利本「獻」下有「之」字。

041 **齊人餼諸侯**　案，說文米部「氣」字引春秋傳作「齊人來氣諸侯」，又曰「或從既，作『槩』，或從食作『餼』」。惠棟云：或從既者，禮記「既稟稱事」是也。或從食者，今通用也。古「氣」字作「气」，故「气」爲古「氣」字。「氣」爲古「餼」字，許氏引作「氣」，所謂述春秋傳以古文也。

042 **則齊衛不合先書**　宋本脱「則齊衛」三字。

043 **不依主兵之例**　毛本「兵」作「賓」，非。

經十一年

044 **楚人執陳行人于徵師殺之**　宋本「于」作「干」，是也。❸

045 **是說罪重之意**　監本、毛本「重」作「治」，亦非。宋本、正德本作「仲」，是也。❹

046 **知從吉者之辭告言不言公子**　宋本、監本、毛本「吉」作「告」，「言」作「者」，是也。×

047 **以宋人執仲納厲**　宋本「厲」作「突」，不誤。×

048 **公會宋公于夫鍾**　纂圖本、閩本、監本、毛本改作「夫鐘」，非。

049 **在東平須昌縣東南**　郡國志引注文「南」下有「有闞城」三字。

傳十一年

050 **將與隨絞州蓼伐楚師**　釋文云「蓼，本或作『鄝』，同」。陳樹華云「詩鄭箋引同」。

051 鄭國在江夏雲社縣東南有鄖城　鄖國，淳熙本、岳本、足利本作「鄖國」，宋本同。雲社，岳本、監本、毛本並作「雲杜」，不誤。按，鄖城，釋文作「溳」，「音云，本亦作『鄖』」，郡國志引「鄖城」下有「故國」二字。

052 莫敖患之　漢書五行志作「莫囂」，顏師古曰「莫囂，楚官名也，字或作『敖』」。

053 四邑隨絞州鄖也　宋本、淳熙本、岳本、纂圖本、足利本「鄖」作「蓼」，不誤。×

054 邑亦國也　諸本作「國」，此本誤「之」，今訂正。×

055 注邑亦國也　宋本以下正義四節揔入注文「卒盟貳軫」之下。

056 縣尹稱公　監本、毛本「尹」作「令」，非。

057 傳曰武王有亂臣十八　陳樹華云「『臣』字疑轉寫者所增」，是也，説詳襄二十八年。

058 此注改予爲武王　宋本「改」改作「引」。按，「武王有亂臣十人」叔孫穆子語，見襄二十八年傳。孔疏云「引予爲武王」者非也，惟襄廿八年不引「紂有億兆夷人」之句，而昭廿四年萇宏所引有之，杜注蓋隱括其辭耳。

059 子亹　釋文曰：「本或作『斖』。」×

060 祭封人仲足有寵於莊公　「足」誤「尼」，閩本同，諸本並作「足」，據以訂正。×

061 祭鄭地　監本「祭」上有「宜」字，閩本、毛本作「注」，亦非。×

062 封人守封疆者　纂圖本、毛本「疆」作「彊」，非也。

063 注祭仲至應命　宋本此節正義入「厲公立」之下。×

經十二年

064 躍以此年始卒　諸本作「此」，此本誤「佗」，今改正。 ✕

065 又妄稱躍爲利公　毛本「利」誤「厲」。

066 公會宋公于龜　石經凡「龜」字作「龜」。

067 各書日名　宋本「名」作「者」，是也。 ✕

068 言以鐘鼓聲其罪而伐人　宋本「人」作「之」，是也。 ✕

傳十二年

069 詩云君子屢盟　釋文「屢」作「婁」，云「本又作『屢』」。「婁」乃古「屢」字，漢書凡「屢」字俱作「婁」。

070 數盟則情疏　諸本作「疏」，足利本作「踈」。

071 情疏而憾結　釋文亦作「而」，岳本作「則」，非也。

072 絞人獲三十人　石經「三十」作「卅」。

073 注彭水至魏縣　宋本以下正義二節揔入篇末。

074 析骸以爨　閩本、監本、毛本「析」作「折」，非。❺

075 使伯嘉諜之　石經凡「諜」字作「諜」。

076 説文云軍中反間也　宋本「云」下有「諜」字，是也。閩本、監本、毛本作「諜説文云」，非也。

經十三年

077 雖復各連同好　閩本、監本、毛本「各」誤「名」。

傳十三年

078 謂其御曰　漢書五行志中作「謂其馭曰」。案，馭，古文「御」字。

079 舉趾高　漢書五行志作「舉止高」。案，儀禮士昏禮注云「古文『止』作『趾』」。詩七月篇「四之日舉趾」，漢書食貨志作「四之日舉止」。案，説文無「趾」字，「止」下云「下基也，象艸木出有止，故以止爲足」，古書「足趾」字多作「止」。

080 故以益師諷諫　釋文作「風諫」，云「本亦作『諷』」。×

081 狃忕也　案，「忕」字从心、大聲，諸本誤多一點。唐初説文有之，今本説文改爲「愧」，聞之段玉裁云。

082 蒲騷在十一年　宋本、淳熙本、足利本「騷」下有「役」字。

083 賴人仕於楚者　案，「者」下脱一「○」。

084 大夫至行也　宋本以下正義三節揔入「皆免之」之下。

085 非益衆之謂也　宋本「非」上有「其」字。

086 夫謂伯比伯比之意　閩本、監本、毛本脱「伯比」二字。

087 召軍之諸司而勸勉之以善德　毛本「召」誤「兆」。

088 不信貸慢易之人　宋本、閩本、監本、毛本「信」作「借」，是也。×

089 及鄢亂次以濟　釋文云「本或作『亂次以濟其水』」。案，水經注洧水引作「以濟淇水」，乃轉寫「其」譌爲「淇」也。

090 羅與盧戎兩軍之　釋文作「廬戎」，云「如字，本或作『盧』，音同」。

091 莫敖縊于荒谷　釋文云：「荒，本或作『巟』。」陳樹華云「案説文，『荒』當作『巟』」。淳熙本、監本、毛本「于」作「於」，非也。按，「巟」當是古本古字，後人改之。

092 不及其戰　宋本、淳熙本、岳本、纂圖本、足利本「不」作「而」，是也。 ×

093 注公後至之地　宋本此節正義入下節之後。

經十四年

094 脩十二年武父之好以曹地曹與會　纂圖本、監本、毛本脱下「曹」字。

095 公所親耕以奉粢盛之倉也　宋本、岳本「公」上有「藏」字，與疏合。山井鼎云「足利本『所』上有『藏』字，『所』乃『公』字之誤」。岳本脱「也」字。

096 天子爲藉千畝　閩本、監本、毛本「藉」作「籍」，非，下同。

097 大祭祀則共其接盛　諸本作「其」，此本誤「甚」，今訂正。 ×

098 大祭祀之穀藉田之取藏於神倉者　宋本「取」作「收」。案，周禮注作「收」。

099 既戒曰致齊廩雖灾　毛本亦誤「曰」，諸本作「日」。宋本、淳熙本、足利本「廩」上有「御」字。灾，宋本、淳熙本作「災」，同。

100 致齊三日　毛本「致」作「至」，非。

101 既已戒日致齊　毛本「致」作「至」，非。 ×

102 宋人以齊人蔡人衛人陳人伐鄭　公羊「衛人」在「蔡人」上。

傳十四年

103 以大宮之椽歸爲盧門之椽　監本「盧」誤「虛」。

104 大宮鄭門廟　宋本、淳熙本、岳本、纂圖本、監本「門」作「祖」，是也。毛本「大」誤「人」。 ×

105 故不書　毛本作「故不入」，誤也。

經十五年

106 天王使家父來求車　儀禮士冠禮注引作「家甫」。

107 又不能倚任蔡仲　蔡，諸本作「祭」，此本誤。　×

108 諸侯奔亡　閩本、監本、毛本「亡」誤「也」。

109 知三公子之彊　纂圖本、岳本作「之强」。　×

110 絜小行　纂圖本「絜」作「潔」。　×

111 杜知是字者以蔡季子來歸　宋本「以蔡」下有「季歸於蔡」四字，此等皆迥非他宋本之所能及。

112 牟國今泰山牟縣　淳熙本作「年國」，誤也。　×

113 會王世子于首上　宋本、閩本、監本、毛本作「首止」，是也。

114 公會宋公衛侯陳侯于袲伐鄭　公羊「宋公」上有「齊侯」二字，説文「移」字注引春秋傳曰「公會齊侯于移」。陳樹華云「是『袲』乃『移』之變體，而『宋公』上當有『齊侯』也」。

115 在沛國相縣西南　陳樹華云「郡國志引杜預曰『在縣西南，一名犖』，『一名犖』三字似杜注」。

傳十五年

116 使其壻雍糾殺之　石經「壻」作「聟」。

經十六年

117 夏遂與師　宋本、閩本、監本、毛本「與」作「興」，是也。　×

118 又推校此年閏在六月　淳熙本「此」誤「如」，「閏」誤「門」。

119 作于楚宮　淳熙本、足利本「于」作「爲」。

120 但十一月水星民猶未正　宋本、閩本、監本、毛本「民」作「昏」，是也。×

121 先儒以爲建戌之中　毛本「中」作「月」，下同，是也。×

傳十六年

122 生急子　釋文云「急，詩作『伋』」。詩芄蘭篇正義引傳亦作「伋」，史記、漢書古今人表並同。

123 注夷姜至曰烝　宋本以下正義三節揔入「惠公奔齊」之下。

124 傳稱楚莊王以夏姬予連尹襄老　毛本作「連君」，非也。

125 失寵而自縊死　宋本、淳熙本、岳本、纂圖本、足利本「縊」作「經」。

126 宣姜與公子朔構急子　石經初刻「構」作「搆」，後改從木旁「構」。按，説文無从手之「搆」。

127 及行飲以酒　釋文云：「一本『以』作『之』。」×

128 左公子洩　漢書古今人表「洩」作「泄」，是也。

129 立公子黔牟　閩本、監本、毛本「黔」誤「黔」，注同。

130 蓋旌有志識故也　閩本、監本無「志」字。

經十七年

131 丙午三月四日也　纂圖本「月」下增「初」字，非也。

132 夏五月丙午及齊師戰于奚　石經、宋本無「夏」字，與序疏合。

133 十三年大夫盟于折　宋本、淳熙本、岳本、

纂圖本、足利本「三」作「一」，不誤。❻

134 無傳稱疾　宋本、淳熙本、岳本、纂圖本、閩本、監本、毛本「疾」作「侯」，是也。×

135 注稱侯蓋誤　宋本「蓋」下有「謬」字，是也。

136 卒而外赴者皆王爵而稱名　宋本「王」作「正」，是也。×

137 史書謬誤疑在闕文　宋本「在」作「有」，不誤。×

138 晦朔須甲乙而可推　諸本作「推」，此誤作「椎」，今訂正。×

傳十七年

139 疆埸之事　監本「埸」誤「場」。惠棟云：「古文作『畺易』。周禮有『畺地易地』，楊統碑『疆易不爭』，吕君碑『慎守畺易』，葢用此文。説文云『畺，畍也，从畕、三，其畍畫也，或從彊、土』。」案，漢書禮樂志「吾易久遠」，晉灼曰「易疆易也」，又食貨志云「瓜瓠果蓏殖於疆易」。

140 疆埸至不虞　毛本「埸」誤「亦」。此節正義宋本在注「故不書侵伐」之下。

141 日官居卿以底曰禮也　石經、宋本、岳本作「厎」，是也。顧炎武云「五經無『底』字，皆是『厎』字，唯左傳襄廿九年『處則不底』，昭元年『勿使有所壅閉湫底』，音丁禮反。今説文『底』字有下一畫，誤，字當從氏」，非也，説詳宣三年傳。

142 注曰官至厤數　此節正義閩本、監本、毛本在注「厎平也謂平厤數」之下，宋本入注「以授百官」之下。

143 辛卯弑昭公而立公子亹　宋本「弑」作「殺」，非。案，子亹，韓子難篇作「子亶」。

144 公子達曰　韓子難篇作「公子圉」。

145 君子至惡矣　宋本以下正義二節摠入篇末。

146 非多其知之明　閩本、監本、毛本「明」誤「名」。

147 曰知之若是其明也　毛本「明」作「名」，非。

148 而不如早誅焉　閩本、監本「如」作「于」，非。

149 戒人君使彊於斷也　毛本「彊」作「疆」，非也。

150 故知是魯人也　宋本無「是」字。

151 復惡已甚矣　惠棟云：「韓非子『復惡』作『報惡』，鄭注周禮大司寇云『復猶報也』，杜訓爲重失之。」

152 本爲昭公所惡而復弒君　文選李善注長笛賦引「弒」作「殺」。

經十八年

153 故如齊之上始書夫人　閩本、監本、毛本「始」作「加」。

154 不言牋諱之也戕例在宣十八年　宋本、淳熙本「戕」作「戕」，不誤。釋文亦作「戕」。

傳十八年

155 申繻曰　陳樹華云：「管子大匡篇作『申俞』。」

156 今云將姜氏如齊　宋本、淳熙本、岳本、足利本作「今公」，是也。

157 則家之與室義無以異　監本、毛本「與」誤「爲」。

158 拉公幹而殺之　陳樹華云：「幹，玉篇引作『骭』。」

159 注上車至殺之　宋本此節正義在注「不

書非卿」之下。

160 陳留襄邑縣東南有首鄉　郡國志引杜預曰「在襄邑東南有首止城」。

161 注車裂曰轘　宋本此節正義在「是行也」節注下。

162 周禮滌狼氏　周禮秋官「滌」作「條」，杜子春云「『條』當爲『滌器』之『滌』」，此依杜注遂改「條」爲「滌」。案，「滌器」之「滌」，古音同「條」。毛本「狼」作「狠」，非也。

163 祭仲逆鄭子于陳而立之　陳樹華云：「史記作『公子嬰於陳而立之，是爲鄭子』，索隱曰『左傳以鄭子名子儀，此云嬰，葢別有所見也』。」按，「儀」同「倪」，「倪」即「兒」，小兒也。故左作「儀」，史作「嬰」。

07—164 時人譏祭仲失忠臣之節　纂圖本、監本、毛本「譏」誤「知」。

附釋音春秋左傳注疏卷第七

校　記

❶ 桐栢，南昌本作「桐柏」，當是。

❷ 南昌本末增「〇今正」。

❸ 南昌本末增「〇今訂正」。

❹ 南昌本末增「〇依改作『仲』」。

❺ 「注彭水至魏縣」與「析骸爲爨」二條，南昌本位置互換，爲是。

❻ 南昌本末增「〇今依訂」。

春秋左傳注疏校勘記卷八

08—001 附釋音春秋左傳注疏卷第八 莊元年盡十年

宋本春秋正義卷第八。石經春秋經傳集解莊公第三盡卅二年。

莊公

002 即桓六年子同生者也　浦鏜正誤：「『者』疑『是』字之誤，或下脱『是』字。」盧文弨校本「者」作「是」字。按，不當作「是」。

經元年

003 元年春王正月　宋本無「元年春」三字。此節正義在「春王正月」下。閩本、監本、毛本同。

004 夫人孫于齊　釋文「孫」作「遜」，云「本亦作『孫』」。段玉裁云：「此二字妄人互易之，昭廿五年音義可證。古經典中無『遜』字。」❶

005 注夫人莊公母至而去　宋本無「莊公母」三字。此節正義在「夫人孫于齊」下，閩本、監本、毛本同。

006 成公以下當稱單子　宋本「當」作「常」，是也。❷

007 謂之伯姬是也　宋本「伯姬」下有「叔姬」二字，閩本、監本、毛本亦脱。

008 不可便以全吉之禮接賓於廟　重修監本「全」誤「金」。

009 注榮叔至之比　諸本有「至」字，此本脱，今補正。

010 今追命桓公　毛本「今」誤「令」。

011 郱在東莞臨胞縣東南　宋本、淳熙本、岳本、纂圖本、監本、毛本「胞」作「朐」，不誤。

×

012 此海都昌縣西有訾城　諸本作「北」，此本誤「此」。

013 釋例土地名　監本、毛本「土」誤「上」。

傳元年

014 莊公父弑母出　釋文「弑」作「殺」，云「音試，一音如字」。

015 三月以來經傳皆無夫人還事　浦鏜正誤「來」作「前」。

016 接練時録母之變始人之也　閩本、監本、毛本「人」誤「念」。

017 夫人宜與齊絶　宋本、閩本、監本、毛本有「人」字，此本脱，今據補。❸

018 莊公固宜絶矣　宋本、閩本、監本、毛本作「固」，此本誤「周」，今訂正。

019 所以排舊説耳　監本、毛本「排」誤「非」。

020 注齊彊至之變　諸本有「至」字，此本脱，今據補。

經二年

021 二年注於餘至庶兄　宋本、閩本、監本、毛本脱「二年」二字。

022 正以春秋之至　宋本「之至」作「上下」，不誤。

023 是杜明其異母之意也　毛本「明」誤「名」。

024 齊告王姬之喪　案，禮記「告」作「穀」，鄭注云「『穀』當爲『告』，聲之誤」，遂改「穀」爲「告」。

025 冬十有二月　七經孟子考文云「足利本『二』作『一』，非」。

026 不告廟也禚齊地　淳熙本脱「也」字。按，玉篇禾部「䅀」云「齊地名」，而示部「禚」字不云地名，蓋顧希馮所據春秋字从禾。說文無「禚」。

傳二年

027 文姜此年出會　宋本、淳熙本、岳本、纂圖本、閩本、監本、毛本「此」作「比」，是也。❹

經三年

028 三年注溺魯至去氏　宋本、閩本、監本、毛本脱「三年」二字。

029 秋紀季以酅入于齊　釋文云：「酅，本又作『欈』。」　×

030 請後五廟以存姑姊妹　毛本「後」誤「復」。

031 齊侯鄭伯詐朝于紀侯以襲之　宋本「侯」作「欲」。

032 寔司大皞　宋本「寔」作「實」。案，「皞」當作「皥」，从日，不从白也。說詳僖廿一年傳。

033 義有取於次　宋本「有」作「在」，是也。　×

034 各使大夫救徐　閩本、監本、毛本「各」誤「名」。

035 曷爲先先言次而後言救君也　宋本「先」字不重。

036 曷爲言救而後言次　宋本「言」上有「先」字，是也。

037 先儒又言事次者　宋本「事」作「書」，是也。　×

038 非禮家制此名　宋本「名」上有「次」字，是也。

傳三年

039 傳重盟上例　釋文亦作「盟」。宋本、淳熙

本、纂圖本、岳本、監本、毛本作「明」，不誤。❺

040 七年乃葬故曰緩　岳本「年」作「月」，非也。

041 傳注爲經至君臣　宋本、監本、毛本無「傳」字。

042 舍者軍行一日止而舍息也　閩本、監本「軍」誤「君」。

經四年

043 享食也　釋文云「食，音嗣，又如字，本或作『會』」。正義引定本云「『享會』作『享食』」。

044 四年注享食至魯地　諸本無「四年」二字。×

045 饗謂亨大牢以飲賓　閩本、監本、毛本「亨」作「享」。案，古享獻之「享」、烹飪之「烹」、亨通之「亨」皆作「亨」也。

046 傳稱齊侯將享公　毛本「享」作「亨」。

047 定本享會作享食也　宋本無「也」字。

048 隱二年　纂圖本「二」誤「三」。

049 今則全以紀與之　宋本「與」上有「國」字。

050 亦應爲齊得　宋本「齊」下有「所」字。

051 齊侯加禮初附以崇厚義　宋本、淳熙本、岳本、纂圖本、監本、毛本作「初」，此本誤「物」，今訂正。×

052 恩及伯姬姬魯女　宋本作「伯姬伯姬魯女」。

053 而賈許方以諸侯禮説文失之也　宋本「文」作「又」，是也。×

054 公越竟與齊微者俱狩　釋文云：「竟，本又作『境』。」

傳四年

055 授師孑焉　宋本「孑」作「孒」。案，毛居正六經正誤從孑。

056 揚雄方言　宋本、淳熙本、閩本、監本「揚」作「楊」，是也。此本正義亦作「楊」。

057 注尸陳至爲陳　宋本以下正義四節揔入「濟漢而後發喪」句下。

058 未自爲法式　宋本「法」作「灋」。

059 僻陋在夷　宋本、淳熙本「僻」作「辟」。釋文云「僻，匹亦反」。案，陳樹華云：「釋文當作『辟』，若本作『僻』，無煩音切矣，此皆傳寫之誤。」

060 或兩爲之音　宋本「或」作「故」。

061 不知木何所似　毛本「木」誤「本」。

062 除道梁溠　說文引作「除涂梁槎」。

063 時祕王喪　閩本、監本「祕」作「秘」，俗字。

064 東南入鄖水　釋文「鄖」作「員」，云「或作『鄖』」。

065 且又請隨侯與楚爲會禮於漢水之汭　閩本、監本、毛本「與」誤「畏」。

066 以與紀季　山井鼎云「足利本及宋板後人記云『以下異本有國字』」，非。

經五年

067 五年夫人至齊師　諸本脱「五年」二字。

傳五年

068 曾孫犂來　監本、毛本「曾」誤「會」。

經六年

069 春王正月　公羊、穀梁「正」作「三」。

070 六年注王人至稱字　諸本脱「六年」二

字。

071 止爲敦責諸侯　宋本「責」作「貴」，非也。

072 名貴之也　宋本「名」上有「稱」字，是也。

073 楚人圍陳納頓子于頓是也　毛本「陳」作「成」，誤。

074 無傳告於廟也　閩本「無傳」二字空缺。

075 寶或作保字與俘相似　閩本、監本、毛本亦脱「作」字，據宋本補。

傳六年

076 必度於本末　岳本「於」誤「其」。

077 注祁謚至曰甥　宋本以下正義三節摠入「十六年」節注下。

078 騅甥聃甥養甥請殺楚子　纂圖本、閩本、監本、毛本「聃」作「眲」，誤；石經、宋本作「耼」，後同，是也。

079 後君噬齊　淳熙本「齊」作「臍」，玉篇引亦作「臍」。

080 若齧腹齊　釋文標「齧也」兩字，臧禮堂云「『若』上當有『噬齧也』三字」。

081 楚子雖死鄧滅曾不旋踵　毛本「曾」誤「會」。

082 楚終强盛　毛本「强」作「彊」。　×

經七年

083 七年春夫人姜氏　纂圖本、監本、毛本「春」下衍「秋」字。

084 恒星不見　岳本、纂圖本、監本、毛本「恒」作「恒」。案，石經避唐穆宗諱，宋本避宋真宗諱，後同。❻

085 七年注恒常至昏没　諸本脱「七年」二字。

086 夜中星隕如雨　論衡藝增篇引作「星賈如雨」，周禮大司樂正義引作「星賈而雨」，公羊作「賈」，字林云「『賈』即『隕』字也」。

087 異數多　宋本、淳熙本、岳本、纂圖本、監本、毛本「異」作「其」，不誤。

088 正義曰羊説如雨者　宋本、閩本、監本、毛本「羊」上有「公」字。

089 與雜下所落非一星也　宋本、監本、毛本「與」下有「雨」字，是也。

傳七年

090 傳稱季平子行東野卒于房　宋本亦作「房」，與定五年傳合。案，隱元年、宣八年、成十七年正義引並作「房」，閩本、監本、毛本改作「防」。

經八年

091 八年注期共至待之　諸本脱「八年」二字。

092 入則尊老在前復常法也　閩本、監本、毛本「法」作「灋」，下同。

093 知此治兵亦是習號令　宋本「令」下有「也」字。

094 杜云治兵於廣　宋本、閩本、監本、毛本「廣」作「廟」，不誤。

095 時史善公克巳復禮　宋本「巳」作「己」，不誤，正義同。

096 責己而不責於人合於人合於禮意　案，「合於人」三字衍文，宋本、閩本、監本、毛本無。

097 齊無知弑其君諸兒　纂圖本、閩本、監本、毛本「弑」作「殺」，非。

傳八年

098 夏書至乃降　宋本此節正義在「秋師還」節注下。

099 此虞書皋陶謨之文　陳樹華云：「『皋陶謨』當作『大禹謨』。」

100 期戌　釋文：「期，本亦作『朞』。」×

101 冬十二月　石經「十」下有「有」字。

102 隊于車　石經「隊」作「墜」。

103 刦而束之　纂圖本、閩本、監本、毛本「刦」作「刧」，非。

104 經書十一月癸未　閩本「一」作「二」，誤。

105 長厤推之月六日也　山井鼎云：「足利本後人記云『月六日，異本作十一月六日』。」

106 鮑叔牙小白傳　宋本、淳熙本、岳本、纂圖本、閩本「傳」作「傅」，是也，下注「糾傅」同。×

經九年

107 是言殺而不稱君之義也　宋本、監本、毛本「義」作「意」。

108 故大夫得商於公　宋本、淳熙本、岳本、纂圖本、閩本、監本、毛本「商」作「敵」，不誤。×

109 故不稱名　毛本「名」誤「君」。

110 夏公伐齊納子糾　臧琳云：「『子』字衍文，沿唐定本之誤，正義於此引賈逵云『不言公子次正也』，又於後『九月齊人取子糾殺之』下引賈逵云『稱子者愍之』，可證賈景伯本於此無『子』字。」

111 故杜言各自有黨以規之　閩本「規」作「解」，宋本、監本、毛本作「排」。

112 時水在樂安界岐流旱則竭涸　宋本「岐」作「歧」，俗字。

113 時史惡齊志在譎以求管仲　毛本「史」誤「使」。

傳九年

114 秦子梁子以公旗辟于下道　釋文：「辟，本亦作『避』。」

115 鮑叔帥師來言曰　案，石經「叔帥師來」四字重刻。

116 及堂阜而税之　案，文選解嘲注引作「脱」，釋文亦作「税」，云「本又作『説』」。

117 東莞蒙陰縣西北有夷吾亭　淳熙本脱「北」字。

118 或曰鮑叔解夷吾縛於此　閩本、監本「縛」誤「縳」。

119 鮑叔至可也　宋本此節正義在「公從之」句下。

120 使臣不凍餒　毛本「餒」誤「綏」。

121 臣之所不如夷吾者　閩本「如」誤「加」。

122 寡君願生得之以徇於國　監本、毛本「徇」作「狥」，非也。

123 遂生束縛而以與齊　浦鏜正誤據管子「以」上增「柙」字。

124 鮑叔之不忍戮賢人其知知稱賢以自成也　案，管子「知」字不重。

經十年

125 魯以權譎稽之　正義云：「此注『稽』或作『掩』，誤耳。今定本作『稽』。」

126 十年注齊人至魯地　諸本脱「十年」二字。

127 權謀譎詐　宋本「權」上有「設」字。

128 令魯伐齊納子糾　閩本、監本、毛本

「令」誤「今」。

129 楚辟陋在夷於此始通中國　重修監本「在」誤「淮」，宋本、淳熙本「中」作「上」，是也。

130 故不稱將帥　釋文「帥」作「率」，「又作『帥』」。按，正義作「將帥」。

131 荆楚一木二名　監本、毛本「一木」誤「二本」。

132 蓋於爾時始改爲楚　諸本作「時」，此本誤「賦」，今改正。✕

133 雖存若亡　毛本「若」作「苦」，非也。✕

傳十年

134 注曹劌魯人　宋本以下正義七節摠入「吾視其轍亂」節注下。

135 史記作曹沫　閩本、監本「沫」誤「洙」。

136 七十者可以食肉　宋本作「肉食」。

137 冰皆與焉　閩本、監本、毛本「冰」作「泳」，非，下同。

138 間謂間雜　毛本「謂」作「爲」，非。

139 視車跡也　案，文選李善注七命引注文作「轍車跡也」。

140 深一尺四寸三分寸之二也　監本、毛本作「寸之三」，非也。

141 旗靡轍亂怖遽　釋文「遽」下有「也」字。

142 注雩門至虎皮　宋本此節正義在「公從」之節下。

143 注妻之姊妹曰姨　宋本此節正義在「秋九月」節下。

144 冬齊師滅譚譚無禮也　山井鼎云「足利本後人記云『禮下異本有故字』」，非也。

附釋音春秋左傳注疏卷第八　止

附釋音春秋左傳注疏卷第九莊十一年盡二十二年

經十一年

145 十一年公敗宋師于鄑　諸本脱「十一年」三字。

146 故敗于乘邱　毛本「敗」誤「敢」。

傳十一年

147 注通謂至爲文　宋本以下正義六節揔入「京師敗」節注下。

148 謂若長句之役　宋本、閩本、監本、毛本作「長勺」，不誤。 ×

149 師徒撓敗　宋本「撓」作「橈」，正義同，釋文亦作「橈」，是也。❼

150 故曰敗績　宋本「績」字下有「諸言敗績者皆云某師敗績」十一字。

151 然則續者是大崩之名　閩本、監本、毛本「則」作「敗」，宋本作「然則敗績者」，不誤。

152 得儁曰克　淳熙本、足利本「儁」作「雋」，釋文云「本或作『俊』」，諸本皆作「儁」。案，漢書陳湯傳注引作「俊」，玉篇云「『儁』同『俊』」。

153 謂若大叔段之比　閩本脱「若」字。 ×

154 獲得其軍内之雄儁者　毛本「軍」誤「君」。 ×

155 故具迹叔段之事以充之　浦鏜正誤「迹」作「述」。

156 釋例與此盡同　監本「此」字脱。

157 京師敗　釋文云：「本或作『京師敗績』者，非。」 ×

158 天王不應有戰敗之事　各本作「王」，此本誤「三」，今訂正。 ×

159 臧文仲魯大夫　淳熙本「大」誤「天」。×

160 禹湯罪己其興也悖焉　石經、宋本、岳本作「己」，不誤。淳熙本、纂圖本、閩本、監本、毛本誤作巳甚之「巳」，正義同。釋文「悖，一作『勃』」，五經文字云「悖，俗作『勃』」。案，吕覽當染篇、漢書陳蕃傳注引並作「勃」，非。爾雅釋詁正義引又作「浡」，然。

161 禹湯罪己桀紂罪人　宋本以下正義三節揔入「臧孫達曰」節之下。

162 公子御説之辭也　釋文云「御，本或作『禦』」，與史記、漢書古今人表同。

163 搏取也　宋本「搏」作「傳」，誤。

164 注金僕姑矢名　宋本以下正義三節揔入「曰始吾敬子」節注下。

165 安得稱公敗宋師于乘邱　宋本「安」上有「經」字，是也。

166 注戲而相愧曰靳至得還　宋本作「注戲而至得還」。

167 萬不以爲戲而以爲巳病　宋本、岳本「巳」作「己」。

經十二年 ×

168 十二年注紀侯至大歸　各本脱「十二年」三字。

169 夫國喜得其所　宋本「夫」作「失」，與穀梁合。

170 不書葬亂也　山井鼎云「足利本後人記云『亂下有故字』」，非也。

171 公羊書其不畏彊禦　宋本、閩本、監本、毛本「書」作「善」。

傳十二年

172 注蒙澤至蒙縣　宋本以下正義四節揔入「皆醢之」注下。

173 楚弑其君虔于乾谿　宋本「楚」下有「公子比自晉歸于楚」八字，與昭十三年經合。

174 批而殺之　案，今說文作「摅」，無「批」字。玉篇引傳正作「摅而殺之」。

175 手批之也　宋本、淳熙本無「也」字。

176 蒙縣西北有亳城　案，郡國志、水經注廿三引作「薄城」，古字通。

177 猛獲其黨一　宋本、淳熙本、岳本、纂圖本無「一」字，此誤衍。山井鼎云「足利本無『其』字」，非也。

178 〇冬十月蕭叔大心　宋本、岳本「冬」上無「〇」，此本誤衍。

179 南宮萬奔陳　釋文云：「本或作『長萬』，『長』衍字也，下亦然。」案，下文「亦請南宮萬于陳」，釋文作「南官長萬」，傳寫之失。

180 斷以賂爲句　宋本「斷」作「繼」，非也。❽

經十三年

181 北杏齊地　各本作「杏」，此本誤「否」，今訂正。

傳十三年

182 十三年傳注宋有至霸業　各本脫「十三年傳」四字。宋本此節正義在注「戍守也」之下。

183 遂人不至〇　案，宋本、岳本無「〇」，此誤衍。

經十四年

184 十四年注既伐至大夫　諸本脫「十四年」三字。❾

185 鄄衛地今東郡鄄城也　淳熙本、閩本、纂圖本、監本、毛本「鄄城」作「甄城」。釋文亦作「甄」，云「或作『鄄』」。案，集韻云「鄄，地名，在衛，通作『甄』」。

186 皆言巳往會之　宋本「巳」作「己」，不誤。×

187 陳世子款盟于洮　監本、毛本「款」作「欵」，俗「款」字。

188 宋在齊上則魯次宋也　宋本「宋在」作「或在」，不誤。

傳十四年

189 經書人傳諸侯者　宋本、淳熙本、岳本、纂圖本、足利本「傳」下有「言」字。岳本脱「者」字。

190 注齊欲至之辭　宋本此節正義在「夏單伯會」之節下。

191 先儒以爲諸如此輩　閩本「輩」誤「輦」。

192 非正等差之謂也　宋本「正」作「止」，是也。

193 初内蛇與外蛇鬭於鄭南門中内蛇死　石經初刻「虵」，後改「蛇」。

194 六年而厲公入　閩本、監本、毛本脱「而厲公」三字。宋本以下正義三節揔入「乃縊而死」句下。

195 ○服虔云　宋本、監本、毛本「○」下有「正義曰」三字。

196 其氣燄以取之　石經初刻「燄」作「炎」，是也，改作「燄」大誤。釋文亦作「炎」。案，漢書五行志、藝文志引傳文並作「其氣炎以取之」，顔師古注「『炎』讀與『燄』同」。

197 言有二心於巳　宋本、岳本「巳」作「己」，不誤。×

198 不親附巳　宋本、岳本「巳」作「己」，不誤。×

199 宗祏宗廟中藏主石室　毛本「主」誤「王」。

200 蓋其畿内之國　宋本「其」作「是」，不誤。

201 祏字從示神之也　宋本、閩本、監本、毛本並作「示」，此本誤作「不」，今訂正。

202 ○莊公之子猶有八人傳唯見四人子忽子亹子儀並死獨厲公在八人名字記傳無聞　案，卅四字乃釋文，自此本誤入正義，閩本、監本、毛本並仍其繆。❿

203 繩息嬀以語楚子　釋文「繩」，説文作「譝」，廣雅云「譝，譽也」。

204 宰役十二年　各本作「莘役」，此本誤作「宰役」。⓫

205 注繩譽也　宋本此節正義入「秋七月」節注下。

206 生堵敖　釋文云：「堵敖，史記作『杜敖』。」

207 商書盤庚　釋文作「般庚」，云「本又作『盤庚』」。案，周禮司勳注作「般庚」，漢石經尚書殘碑「般」作「股」，唐玄度云「石經『舟』皆作『月』」。

經十五年

208 文姜喜公之女　宋本、閩本、監本、毛本「喜」作「僖」，不誤。

傳十五年

08—209 鄭人間之而侵宋　釋文云：「間，一本作『聞』。」

校　記

❶「經典中」之「中」字，南昌本無。

❷南昌本末增「○今訂作『常』」。

❸南昌本作「夫宜與齊絶：宋本、閩本、監本、毛本『夫』下有『人』字」。

❹南昌本末增「○今依訂正」。

❺南昌本末增「○今訂作『明』」。

❻南昌本末增「○今訂正」。

❼南昌本末增「○今訂從宋本」。

❽南昌本末無「也」字。

❾南昌本末增「○補：案，各本全書正義起止并不標年年，與此同，後不悉出」。

❿南昌本末增「○補：案，此本不誤。」

⓫此條南昌本作「宰役在十年」，且下無校記。

春秋左傳注疏校勘記卷九

09—001 經十六年　宋本春秋正義卷第九。

002 十六年注宋主至放此　各本脱「十六年」三字。　×

003 往年齊桓始霸　宋本「始」作「治」，非。

004 而爲三恪之客　釋文作「而爲三恪」，云「本或作『爲三恪之客』」。　×

005 傳曰爲歸汶陽之因　宋本、閩本、監本、毛本「因」作「田」，是也。　×

006 戚與虚柯　宋本、閩本、監本、毛本「柯」作「朾」，是也。

傳十六年

007 諸侯伐鄭宋故也　釋文云：「宋故也，本或作『爲宋故』。」　×

008 九月殺公子閼　釋文云：「隱十一年鄭有公孫閼，距此三十五年，不容復有公子閼。若非『閼』字誤，則『子』當爲『孫』。」　×

009 注二子至曰刖　宋本以下正義二節揔入注「言其不能早辟害」之下。

010 注滿於十　宋本「注」下有「數」字，是也。

011 傳稱曲沃武滅翼　宋本、監本、毛本「武」下有「公」字，不誤。

012 盡以是寶器賂獻於周僖王　宋本、閩本、監本、毛本「是」作「其」，不誤。

013 辭子國之難　宋本、淳熙本、岳本、纂圖本、監本、毛本「辭」作「辟」，是也。　×

經十七年

014 齊桓始霸　閩本、監本、毛本「霸」作「伯」。釋文亦作「伯」，「音霸」，云「本又作『霸』」。

015 十七年注齊桓至賤故　諸本脱「十七年」三字。×

016 楚人執陳行人于徵師殺之　宋本「于」作「干」，不誤。×

017 鄭令詹請齊謝罪　宋本「請」作「詣」，不誤。

018 夏齊人殲于遂　漢書地理志注引「遂」作「隧」。

019 翫而无備　宋本「无」作「無」，是。

020 逃居匹夫逃竄　宋本、閩本、監本、毛本「居」作「若」，不誤。

021 冬多麋　葉抄釋文「麋」作「麋」，非也。案，石經此處缺，諸本作「麋」，釋文「亡悲反」，則從米是也。

傳十七年

022 饗齊戍　釋文：「饗，本又作『享』。」×

經十八年

023 十八年注不書日官失之　各本脱「十八年」三字。×

024 秋有蜮　釋文「蜮，本又作『蜮』」，漢書引經文作「蜮」，説文云「蜮，短狐也」。

025 蜮短弧也　盧文弨曰：「按，『弧』字是也。能含沙射人，故名之『短弧』。釋文亦作『短弧』，云『本又作狐』。」宋本、淳熙本、岳本並作「狐」。釋文「短，本又作『斷』」。

026 陸璣毛詩義疏　案，「璣」當作「機」。×

027 或謂含沙射人入皮肌　浦鏜正誤云「『皮』當作『人』」。盧文弨云「穀梁疏作『射人入人皮肌』」。

傳十八年

028 示不忘故　宋本、岳本、纂圖本、監本、毛本作「忘古」，是也。案，正義作「古」。

029 所以助歡敬之意　纂圖本、閩本、監本、毛本「歡」作「勸」，非。

030 注王之至備設　宋本以下正義三節揔入「王命諸侯」節注下。

031 王爲之設饗禮　毛本「禮」誤「醴」。

032 所以助歡也　閩本、監本、毛本作「助勸」，非也。

033 侯伯三饗再食再燕　監本、毛本「三」作「二」，非也。

034 四曰醍齊　宋本「醍」作「緹」字，周禮作「緹」。按，「緹」正字，「醍」俗字。

035 然醴猶體也　毛本「體」作「躰」，俗字。

036 故曰先置醴酒　毛本「曰」作「云」，非。

037 主人又酌以酬賓曰酬幣　宋本「幣」上有「謂之酬」三字，是也。

038 所賜之物即下玉馬是也　監本「玉」作「王」，非。

039 命晉侯助以束帛　宋本「晉侯」下有「宥注云命晉侯」六字，與僖廿八年傳注合。

040 皆賜玉五瑴　釋文云「『瑴』字又作『珏』」。正義引倉頡篇「『瑴』作『珏』，雙玉爲『瑴』，故字從兩玉」。說文「瑴」字云「『珏』或從㱿」。岳本作「瑴」，是也。

041 宜無鐘鼓故故以侵言之　宋本、監本、毛本不重「故」字，是也。

042 鬬緡尹之　宋本此節正義在「以伐楚」句下。

043 故曰君也　宋本、閩本、監本、毛本「君」作「尹」，不誤。

044 以叛圍而殺之　釋文「叛」作「畔」，云「本或作『叛』，俗字」。

045 遷權於那處　石經初刻同，改刻「郙」。岳本作「那」，與釋文合，下並同。

經十九年

046 十九年注公子至來伐　各本脱「十九年」三字。

傳十九年

047 今戈陽縣　宋本、岳本、纂圖本、閩本、監本、毛本「戈」作「弋」，是也。

048 注黃嬴姓　宋本以下正義四節揔入「君子曰」節注下。

049 而葬於絰皇　惠棟云：「『絰』與『窒』通。」

050 掌守主宮之中門之禁　宋本、閩本、監本、毛本「主」作「王」，是也。

051 生子頹　石經、宋本、足利本「頹」作「穨」。案，六經正誤云「說文作『穨』，臨川、興國本並作『穨』，當從之」，後同。

052 姚姓也　宋本、淳熙本無「也」字。

053 及惠王即位　石經初刻有脱文，「及惠王即」四字改刊時補正。

054 注圃園也囿苑也　宋本此節正義在「冬立子穨」之下。

055 園其樊也　重修監本「樊」作「焚」，誤。

經二十年

056 來告以火　岳本、纂圖本、閩本、監本、毛本「火」作「大」，是也。按，正義亦作「大」。

057 二十年注來告至六年　各本脱「二十年」三字，此節正義宋本在「齊人伐戎」句注下。

傳二十年

058 注燕仲父南燕伯 宋本以下正義三節摠入「寡人之願也」句下。

059 大磬大夏 閩本、監本、毛本「磬」作「罄」，非，下「舞大磬」同。

060 奏黃鍾 閩本、監本「鍾」作「鐘」，下同。

061 奏大蔟 閩本、監本「蔟」作「簇」，非。

* 奏蕤賓 補：案，蕤，周禮作「蕤」。

062 叔虢公字 淳熙本「字」誤「子」，纂圖本、閩本、監本、毛本作「虢叔公字」，非也。

經二十一年

063 二十一年注薨寢至書之 各本脱「二十一年」四字。 ×

064 八月葬緩慢也 宋本、淳熙本、岳本、足利本「月」下有「乃」字，是也。

傳二十一年

065 鄭虢相命 岳本「命」下有「也」字。

066 闕象魏也 宋本以下正義五節摠入「冬王歸自虢」注下。

067 釋宮云謂觀之闕 宋本作「觀謂」，不誤。 ×

068 鄭衆云 毛本「衆」誤「元」。 ×

069 河南城皋縣 宋本、岳本、纂圖本、閩本、監本、毛本「城」作「成」。案，漢志作「成」。 ×

070 王巡虢守 山井鼎引林唐翁直解作「王巡守虢」，非。釋文云：「守，本或作『狩』。後放此，注同。」

071 諸侯適天子曰述職 閩本、監本、毛本「適」作「朝」，是也。 ×

072 玤虢地 纂圖本、毛本「地」作「也」，誤。

073 鞶帶而以鑑爲飾也 宋本、淳熙本「鑑」作「鏡」，定六年傳注同。

074 今西方羌胡爲然古之遺服 宋本、淳熙本、岳本「爲」作「猶」，是也。

經二十二年

075 經二十二年 石經此處殘闕，宋本、淳熙本、岳本、足利本「十」下有「有」字，是也。

076 蕩滌衆故 宋本、岳本、纂圖本、閩本、監本、毛本「蕩」作「盪」。釋文亦作「盪」，云「本又作『蕩』」。案，正義作「蕩」。「衆」下，山井鼎云足利本有「惡」字。

077 二十二年注赦有至故書 各本脱「二十二年」四字。

078 春陽以煖之 毛本「煖」作「暖」。

079 尚稱夫人 監本、毛本「尚」作「常」，非也。

080 此赦必不爲文姜 宋本「姜」下有「也」字。

081 陳人殺其公子御寇 釋文云：「御，本亦作『禦』。」案，公羊、穀梁皆作「禦」。

082 疏告夏五月 監本、毛本「疏」誤「注」，此本「告」字衍。

083 皆闕繆也 各本作「闕」，此本誤「關」，今訂正。

084 宋公使革元來聘 閩本、監本「革」作「華」，亦非。宋本、毛本作「華」，是也。

085 使公孫壽來納幣 宋本重「納幣」二字，是也。

傳二十二年

086 皆御寇之黨　監本「寇」誤「光」。

087 使爲工正　毛本「正」誤「政」。

088 注齊桓至公酒　宋本以下正義二十二節揔入篇末。

089 敬仲羈旅之臣　宋本「羈」作「羇」，俗字。

090 必不召公臨巳　宋本「巳」作「已」，不誤。

091 據敬仲爲主人辭　宋本「人」下有「之」字。

092 夜淫爲淫樂　宋本、淳熙本、岳本、纂圖本「夜淫」作「夜飲」，是也。

093 其象似玉瓦原之疊鎛　毛本「疊」作「疉」，非也。

094 頌爲繇也　宋本、閩本、監本「爲」作「謂」。

095 此傳鳳凰于飛　宋本作「鳳皇」，是也。

096 哀九年傳稱晉趙鞅上救鄭　宋本、監本、毛本「上」作「卜」，是也。

097 郭璞撰自所卜事謂之辭林　按，隋書經籍志有周易新林、易洞林，皆郭璞撰，此作「辭」誤。

098 是謂鳳皇于飛　監本、毛本「皇」作「凰」，俗字，注同。

099 和鳴鏘鏘　釋文作「將將」，云「本又作『鏘鏘』」。

100 莫宿丹穴　案，說文「丹」作「風」，淮南子作「風穴」。

101 其狀而鶴　宋本、閩本、監本、毛本「而」作

「如」，「此」作「而」，誤。

102 鳳皇雄雌俱飛　毛本「雄雌」二字誤倒。

103 並于正卿　釋文云：「並于，本或作『並爲』，誤。」

104 言己明易能筮　宋本「巳」作「己」，不誤。

105 觀六四爻變而爲否　宋本無「爻」字。

106 爲觀卦之否爻　浦鏜正誤「爲」改作「謂」。

107 得歸妹之睽云　睽，各本作「睽」，非。惟宋本不誤，今訂正。下同。

108 歸妹上六女辭　宋本、閩本、監本、毛本「女」作「爻」，是也。

109 互體有艮　毛本「有」作「爲」，非。

110 艮爲門闕　監本「闕」誤「關」，下同。

111 若乾初九潛龍勿用之類　閩本「用」誤「毋」。

112 當書兩體　宋本、監本、毛本「書」作「畫」，是也。

113 今書有畫卦者　閩本「書」作「畫」，非。

114 聖人隨其義而論之　宋本「論之」下有「或取爻象」四字，是也。

115 諸侯朝王陳贄幣之象　纂圖本、閩本、監本、毛本「贄」作「摯」，釋文亦作「摯」，云「本又作『贄』，同」。

116 陳有百品言物備也　毛本「陳」誤「成」。宋本重「百品」二字，閩本、監本、毛本亦脱。

117 謂執玉帛而致享禮　宋本「禮」下有「也」字。

118 諸侯廟中將幣皆三享　毛本「幣」誤「備」。

119 籩豆之薦　閩本、監本、毛本「籩」作「邊」，非。×

120 所言出於彼也　毛本「於」改「于」。×

121 此奉之以王帛　宋本、閩本、毛本「王」作「玉」，是也。×

122 唯馬受之於門外耳　各本作「馬」，此本誤「焉」，今訂正。×

123 因觀文以傳占　宋本、淳熙本、岳本、纂圖本、足利本「傳」作「博」，是也，正義同。

124 非在巳之言　宋本、岳本「巳」作「己」，不誤，正義同。×

125 姜大嶽之後也　周禮馬質正義引作「大岳」。案，説文「岳，古文『嶽』」。

126 從孫同姓未嗣之孫　宋本作「末」，是也。

127 故名陳必衰也　宋本「名」作「知」，不誤。×

128 桓子敬仲五世孫陳無宇　纂圖本、閩本、監本、毛本「穉」誤「穉」。

129 仲生穉孟夷　閩本、監本、毛本「穉」誤「穉」。

130 聖人所以定猶豫　釋文：「豫，本亦作『預』」。×

131 南蒯卜亂而過元吉　宋本、淳熙本、岳本、纂圖本、閩本、監本、毛本「過」作「遇」，不誤。×

132 臧會卜僭　淳熙本「卜」作「十」，非。

133 及僖子乞乞卒子常代之　各本作

「僖」，此本誤「禧」，今訂正。宋本「常」作「恒」，毛本「代」誤「伐」。

134 成子弒簡公　監本、毛本「弒」作「殺」，非。

135 汝則有大疑　閩本、監本、毛本「有大」二字誤倒。

136 欲使人敬龜筮也　宋本「龜」作「卜」，是也。

137 當記其忠之善者　監本、毛本「忠」作「志」。

附釋音春秋左傳注疏卷第九　止

附釋音春秋左傳注疏卷第十　莊二十三年盡三十二年

經二十三年

138 二十三年注穀梁至使聘　各本脱「二十三年」四字。 ×

139 虞叔子虞公之弟　宋本「子」作「是」，不誤。

140 傳稱楚了使薳啟疆如齊　宋本「疆」作「彊」。案，傳文作「彊」。

141 皆但書如不言其事　監本、毛本「如」作「而」，非也。 ×

142 未閑周之典禮　毛本「閑」作「閒」，非。 ×

143 告命之辭自生同異　毛本「辭」作「禮」，非。 ×

144 扈鄭地在滎陽　纂圖本、閩本、監本、毛本「滎」誤「榮」。淳熙本作「荥」，亦俗字。足利本作「熒」，从火，是也。説詳隱元年。❶

傳二十三年

145 夫禮至不然　宋本此節正義在「後嗣何觀」之下。

146 王有巡守　纂圖本、毛本「守」作「狩」。

147 桓叔莊伯之子孫强盛　閩本、毛本「强」作「彊」，監本誤「疆」。 ×

經二十四年

148 將逆夫人故爲盛飾　纂圖本、閩本、監本、毛本「逆」作「迎」，非。

149 二十四年注刻鏤至盛飾　各本脱「二十四年」四字。 ×

150 何以書親迎禮也　案，公羊作「迎」，閩本、監本、毛本誤「逆」。 ×

151 且譏僭爲失禮故書之　閩本、毛本「僭」作「譖」，非。

* 侯歸于鄭　補：各本「侯」作「突」，此本「侯」字誤，今訂正。

152 稱蓋爲疑辭　閩本、監本、毛本脱「稱」字。

153 言郭公名赤　毛本「赤」誤「亦」。

傳二十四年

154 注并非丹楹故言皆　宋本此節正義在注文「以不丹楹刻桷爲共」之下。

155 大夫蒼　案，穀梁傳作「倉」。

156 注云黝堊黑色　閩本、監本、毛本「堊」誤「楹」。 ×

157 御孫諫曰　釋文：「御，本亦作『禦』。」漢書古今人表同。

158 儉德之共也　案，弘明集引作「儉者德之恭」。

159 注傳不至非常　宋本以下正義四節揔入「無乃不可乎」之下。

160 天下大夫相見以鴈　閩本、監本、毛本「天」作「夫」，並衍文。

161 始見於君執摯　閩本、監本、毛本「摯」作「贄」。

162 以禽作六摯　閩本、監本、毛本「摯」作「贄」，下並同。

163 典瑞注云瑞節信也　浦鏜正誤「節」作「符」。案，周禮注亦作「符」。然説文云「卩，瑞信也」，瑞以玉爲信也，古「瑞」、「卩」二字互訓。正義所據鄭注爲古本，而今本作「符」，不必從也。

164 凡贄皆以爵不以命數也　閩本、監本、毛本「命」作「名」。

165 今邳郯之東食之榛實似栗而小　案，禮記注亦作「郯」，宋本作「剡」，非也。毛本「栗」誤「力」。

166 捶之而施薑桂曰鍛脩　閩本、監本、毛本「捶」作「棰」，非也。

經二十五年

167 二十五年注伐至常也　各本脱「二十五年」四字。宋本「伐」上有「鼓」字，是也。

168 七月用鼓非常月也　宋本作「七月」，是也。

169 而母弟得稱公子　閩本、監本、毛本「得」作「獨」，非。

170 存弟則示兄曲也　襄廿七年正義引作「書弟」，非。

傳二十五年

171 故女來聘　宋本、淳熙本、岳本、閩本、監本、毛本「女」下有「叔」字，此本脱。

172 注非常至月錯　宋本以下正義三節揔入「日有食之」節注下。

173 非若是五月　宋本、監本、毛本「非」作

「此」，是也。若，毛本誤「日」。

174 故謂陰爲惡故云慝陰氣也　宋本「謂」誤「爲」。「云」字毛本作「曰」。

175 皆以爲一百七十三日有餘而日一食　宋本、監本、毛本「三」作「二」。元和李鋭云「作『三』是也。宋書景初術會通七十九萬一百一十，以日法四千五百五十九除之，得一百七十三日餘一千四百三之類」。

176 責躬罪巳之法　宋本「巳」作「己」，不誤。

177 陽氣尤盛於此尤盛之月　毛本「盛」並誤「甚」。

178 凡天災有幣無牲　監本「天」誤「大」。

179 注天災至牲也　宋本以下正義二節揔入「非日月之眚不鼓」注下。

180 幽禜祭星也雩禜祭水旱也　禮記「禜」作「宗」，鄭注云「『宗』當爲『禜』之誤」，正義遂改爲「禜」。

181 非日月之眚不鼓　閩本、監本、毛本「眚」作「靑」，非，注及正義同。

經二十六年

182 例在文七年　監本「文」作「支」，是也。

183 二十六年注不稱至七年　各本脱「二十六年」四字。宋本此節正義在「日有食之」注下。

傳二十六年

184 注大司空卿官　宋本此節正義在「以深其宮」注下。

經二十七年

185 二十七年注伯姬莊公女　各本脱「二

十七年」四字。

186 夏六月公會齊侯宋公陳侯鄭伯同盟于幽　纂圖本、閩本、監本、毛本「六月」下脱「公」字。

187 原氏仲字也　監本、毛本「氏」作「是」，非也。

188 注杞稱至所黜　宋本此節正義在「公會齊侯于城濮」注下。

傳二十七年

189 鄭文公之四年　各本作「四」，此本誤「日」，今訂正。

190 二月壬戌爲齊侵蔡　監本「戌」誤「成」。

191 凡諸至于某　閩本、監本、毛本「諸」下有「侯」字。

192 此杞伯姬寧也　宋本「姬」下有「來」字。

193 故與出同文　閩本、監本、毛本「同文」誤倒。

194 夫禮至用也　宋本此節正義在「虢弗畜也」節注下。

195 士蔿既言其目更以其義覆之　宋本「目」作「白」字。按，「目」字是也。目謂禮樂慈愛四者，下以讓事、樂和、愛親、哀喪分釋之。

196 然後可用以戰　毛本「用以」誤倒。

197 注召伯至侯伯　宋本此節正義在「且請伐衛」節注下。

198 稱王命尹氏王子虎策命晉侯爲侯伯　宋本「氏」下有「及」字，與傳文合。

199 彼主説齊桓之事　監本、毛本「主」誤「上」。

經二十八年

200 二十八年注齊侯至失之　各本脱「二十八年」四字。×

201 此舍罪受賂故以受之爲恥　重脩監本「舍」作「會」，非也。

202 左無此義　宋本「左」下有「氏」字。

203 被伐爲主　毛本「伐」作「代」，誤。×

204 麥孰於夏　閩本、監本、毛本「孰」作「熟」，下「不熟」同。

傳二十八年

205 大戎狐姬生重耳　毛本「重」作「仲」，誤。

206 注大戎至狄者　宋本以下正義二節揔入「晉人謂之二五耦」注下。

207 即謂蒲子北屈也　浦鏜正誤「子」作「與」，是也。「北」，毛本誤「比」。

208 鄙邊邑　山井鼎云「足利本『邊』上後人補『在』字」。

*晉人謂之二耦　補：各本「二耦」作「二五耦」，此本誤脱「五」字。

209 蠱文夫人　宋本以下正義三節揔入「諜告曰」節注下。

210 子元鬬御彊鬬梧耿之不比爲旆　釋文云：「御，本亦作『禦』。」纂圖本、閩本、監本、毛本「彊」誤「疆」。閩本、監本、毛本「旆」作「斾」，非也。

211 緇廣充幅　宋本、淳熙本、岳本、足利本無「緇」字。❷

212 釋文云緇廣充幅　宋本「文」作「天」，是也。

213 旆帛續旐末爲燕尾者　閩本、監本「旐」作「旄」，非也。

214 許昌縣東北有桐邱城　足利本「桐」作「同」，非。案，水經注廿二引注「許昌」上有「潁川」二字。

215 而潁氏唯繫於有無君之廟　宋本、監本、毛本「無」作「先」，不誤。

216 是使魯人尊邾之廢廟　宋本「是」作「曩」。

217 非經傳意也　毛本「意」改「義」。

經二十九年

218 新延廐　石經、宋本、岳本、毛本「廐」作「廄」，釋文作「廄」，後同。

219 更造之辭　淳熙本「辭」下有「廄」字。案，「廄」字當在「○」下，因釋文而誤衍於此。

220 二十九年注傳例至之辭　各本脱「二十九年」四字。

221 而比獨無作　宋本、閩本、監本、毛本「比」作「此」，是也。

222 通謂興起功役之事也　宋本無「也」字。

223 此稱經文而以不時爲譏　監本、毛本「譏」作「饑」，非也。

224 無鍾鼓曰侵　宋本、岳本、閩本「鍾」作「鐘」。

225 傳例曰爲災　毛本脱「曰」字。

226 諸今城陽縣　宋本、淳熙本、岳本、足利本「城陽」下有「諸」字，是也。按，上「諸」謂經文之「諸」，下「諸」謂晉時縣名之「諸」。

227 定十四年城莒父及宵　監本、毛本「宵」作「齊」，非也。

228 以及小也　宋本、毛本以下有「大」字，不誤，監本「及」字闕。

傳二十九年

229 因馬向入而脩之　釋文「向」作「嚮」，云「本或作『向』」。

230 凡師有鍾鼓曰伐　石經、宋本、岳本、閩本「鍾」作「鐘」，下注同。

231 若披衣然　閩本、監本、毛本「披」作「被」。

232 暴内陵外則壇之　監本、毛本「陵」作「淩」，非。

233 犯令陵政則社之　宋本「社」作「杜」，不誤。

234 内外亂鳥獸行則滅之　案，周禮作「外内亂」。

235 凡土至而畢　毛本「而畢」作「畢務」。宋本以下正義四節揔入「日至而畢」注下。

236 百姓之保鄣　閩本、監本、毛本「鄣」作「障」，是也。

237 於是樹板榦而興作焉　宋本、閩本「榦」作「榦」，監本、毛本作「幹」，並非。

238 而書時書不時各重發者　閩本、監本、毛本「各」作「名」，非也。

239 謂板榦畚梮　閩本、監本、毛本「榦」作「幹」。宋本作「榦」，下同。梮，宋本作「挶」字。按，「梮」字説文所無，乃周禮「輂」字之俗體，此處當用「梮」。

240 水昏正而栽　蔡氏月令章句引傳「栽」下有「築」字。

241 周語云　宋本「云」作「曰」。

242 爲土功之大候　毛本「候」作「侯」，誤。

243 然則榦在牆之兩端樹立之　宋本

「端」下有「當」字。

* 因親連言耳　補：各本「親」作「類」，此「親」字誤也，今訂正。

經三十年

244 三十年注將卑至設備　各本脫「三十年」三字。 ×

245 秋七月齊人降鄣　淳熙本「鄣」誤「彰」。

246 以爲鄣紀之遺邑　宋本、監本、毛本「紀」作「杞」，非也。

傳三十年

247 注射師至曰梏　宋本此節正義在注「紓緩也」之下。

248 下罪梏梏拳兵文　監本、毛本「梏梏」作「梏牿」，非也。宋本「兵」作「共」，不誤；毛本作「異」，亦非；監本初作「異」，後改「兵」。

249 申楚縣　宋本、淳熙本、足利本「縣」下有「也」字。

250 毁減　案，毁訓滅，與說文「缺也壞也」義合。閩本、監本、毛本「減」作「滅」，非也。

251 冬遇于魯濟謀山戎也　石經初刻「謀」下無「伐」字，重刻增入，非是。

經三十一年

252 齊侯來獻戎捷　說文引作「齊人」。

253 三十一年注傳例至示過　各本脫「三十一年」四字。宋本此節正義在「冬不雨」注之下。

254 獻其獲　宋本「其」上有「所」字。

255 鄭公孫舍之帥師入陳　監本「帥師」二字誤倒。

傳三十一年

經三十二年

256 濟地穀城縣城中有管仲井　各本「地」

作「北」。

257 三十二年注小穀至繫國　各本脱「三十二年」四字。

258 知大都以名通者　各本作「大」，此本誤「天」，今訂正。

259 飲酖而死　釋文：「酖，本亦作『鴆』。」正義云「以其因酒毒人，故字或爲『酖』字」。按，據説文「酖，樂酒也，丁含切」，然則於六書爲同音假借。

260 君夫人卒于路寢　毛本「于」作「於」，非。

261 冬十月己未　閩本、監本、毛本「己」作「巳」，非。

262 不書殺諱之也　閩本、監本、毛本「書」作「言」，非也。

263 既葬則嗣君諒闇　閩本、監本、毛本「葬」作「喪」，非也。

264 既葬則嗣子成君以理而卒　閩本、監本、毛本「理」作「禮」。

傳三十二年

265 春城小穀爲管仲也　顧炎武日知録據范甯穀梁解以小穀爲魯邑，而疑左氏之誤。孫志祖云：春秋之言「穀」者，除炎武所引外，尚有宣十四年公孫歸父會齊侯于穀，襄十九年晉士匄侵齊至穀，又成十七年傳齊國殺慶克以穀叛，則齊地之名「穀」而不名「小穀」灼然矣。小穀應屬魯邑，左氏不應謬誤若此。後讀公羊疏云「二傳作『小穀』，與左氏異」，始悟左氏經本作「城穀」，此與申無宇所言「齊桓公城穀而寘管仲焉」語正合，故杜注以爲齊邑，又引「濟北穀城縣中有管仲井」以實之。今經、傳及注俱作「小穀」者，乃後人據二傳之文而誤加之左氏也，惜杜氏手定本已亡，無從是正。

266 注有神至虢地　宋本以下正義五節摠入「虢多涼德」注下。

267 監其德也　釋文：「監，本又作『鑑』。」案，古「鑑」字多作「監」。

268 其亡也回祿信於黔遂　案，後漢書楊賜傳注引作「黔」。今國語周語作「聆」，與説文同。回，毛本誤「向」。

269 必有傳會尚書以爲得神以興　閩本、監本、毛本「傳」作「傳」，非也。 ×

270 注引甲乙所用　各本作「引」，此本誤「弓」，今訂正。 ×

271 年表惠王五年是魯莊公之十八年　宋本「五」作「元」，與年表合。

272 上云七月神降　閩本、監本、毛本「神降」二字誤倒。

273 從之閟　宋本以下正義六節揔入「立閔公」注下。

274 講肆也　案，「肆」當爲「肄」字之誤。宋本、纂圖本、閩本、監本、毛本作「肄」，正義同。閩本正義「故講爲肄」仍作「肆」。

275 接其屋之桷　閩本、監本「桷」誤「捔」，毛本作「⿰牜角」，亦非。

276 説文云酖毒鳥也　段玉裁校改「酖」作「鴆」。

277 廣志曰　監本、毛本「曰」作「云」。

09—278 司隷傳祗於愷家得此鳥奏之　閩本、監本「傳」誤「傅」。

附釋音春秋左傳注疏卷第十

校記

❶ 南昌本末增「○後凡誤從水并改定，挍不悉出」。

❷ 此條南昌本作「廣充幅：宋本、淳熙本、岳本、足利本同。閩本、明監本、毛本『廣』上有『緇』字，與正義合」。

春秋左傳注疏校勘記卷十

10—001 附釋音春秋左傳注疏卷第十一 閔元年盡二年　宋本春秋正義卷十，後並同。石經春秋經傳集解閔公第四盡二年。

閔公

經元年

002 元年注季子至曰歸　宋本無「元年」二字。

003 還使齊侯務寧魯亂故嘉而字之　宋本、淳熙本、纂圖本、足利本「亂」作「難」，是也。×

傳元年

004 宴安酖毒　釋文：「宴，本又作『晏』。」×

005 詩小雅美　宋本、淳熙本、岳本、足利本「美」作「也」。

006 戎狄至簡書　宋本以下正義三節摠入「齊人救邢」句下。

007 傳稱勤則不匱　監本「勤」作「勒」，誤。×

008 狼牡貛牝狼　山井鼎云「宋板『牝』作『牡』，下同」。按，作「牡狼」非也。

009 陸機毛詩義疏云　閩本、監本、毛本作「機」，宋本作「璣」，非。×

010 善爲小兒喑聲　閩本、監本、毛本作「暗」，宋本作「啼」，是也。

011 其猛健者　宋本作「健」，閩本、監本、毛本作「揵」。

012 夷吾名　宋本「名」下有「也」字。

013 故書次　宋本、淳熙本、岳本、足利本「故」下有「不」字。

014 時慶父亦還魯　宋本、淳熙本、足利本「亦」下有「已」字。

015 大伯周大王之適子　釋文云「適，本又作『嫡』」，淳熙本作「嫡」。

016 乃奔荆蠻以辟季歷　宋本「辟」作「辟」，不誤。❶

017 是巍爲高大之名　宋本作「是魏」，「巍」、「魏」二字，一正一俗，今人分别其音，古人則字形、字音皆不别。

018 又以晉國不得有姓辛　毛本「又」作「文」，誤也。

019 坤彖云　毛本「云」作「曰」。

020 畢萬公高之後　宋本、淳熙本、足利本作「萬畢」，是也。

經二年

021 廟成而吉祭　纂圖本、毛本「吉」作「言」，誤。

傳二年

022 言即位者亦謂初位之年也　監本、毛本「年」誤「命」。

023 宫中之門謂之衛　宋本、監本、毛本「衛」作「闈」，不誤。

024 小閨謂之閤　毛本「閤」作「閣」，非也。

025 外欲固齊以居厚　淳熙本「以」作「已」。按，「以」、「已」古通用。

026 分左右廟也　宋本「廟」作「廂」，不誤。

027 鄭元考校禮文　毛本「考」誤「者」。

028 季氏亡則魯不昌　宋本無此七字。

029 衛懿公好鶴　宋本無此五字。

030 **陸璣毛詩義疏云**　閩本、監本「璣」作「機」。×

031 **及狄人戰于熒澤**　監本、毛本「熒」作「滎」，非。案，宋、監本、毛本注亦作「熒」，正義誤「滎」。

032 **故但以人爲文**　宋本、淳熙本、岳本、足利本「人」作「入」，是也。

033 **是熒在河南**　宋本無「是熒」二字，非也。

034 **桓十二年卒**　毛本「桓」誤「桓」。×

035 **即位之後乃納急子之妻**　監本、毛本「乃」作「及」，非也。×

036 **宋桓夫人**　各本作「桓」，此本誤「恒」，今訂正。×

037 **立戴公以廬于曹**　釋文云「曹，詩作『漕』，音同」。案，詩鄭箋引亦作「漕」。惠棟云「詩序『曹』字從水旁曹，傳作『曹』，古文省也」。按，説文「漕」者，「水轉穀也」，地名字不必从水，今本毛詩、鄭箋恐非。

038 **戴公名申**　宋本「申」作「甲」。案，史記衛世家作「申」。

039 **立其年卒**　正義云「今定本作『以其年卒』」。按，其年卒，據正義則孔本作「一年卒」，故發明之，今本作「其」，誤。

040 **掌道路宿息**　監本、毛本「道」誤「掌」，脱「路」字。

041 **此年之末**　毛本「末」誤「木」。×

042 **言立一年卒者**　宋本無「立」字。

043 **載馳詩衛風也**　淳熙本「詩」誤「許」。×

044 **衣單複具曰稱**　案，儀禮士喪禮釋文引「單」作「禪」，正義本作「禪」。

045 **使先立門户**　淳熙本「立」誤「生」。×

046 袍必有表不禪　監本、毛本「襌」誤「禪」，下同。

047 陸機毛詩義疏云　宋本「機」作「璣」。

048 魚獸似豬　閩本、監本、毛本「豬」改「猪」。

049 其皮雖乾燥爲弓鞬矢服　浦鏜據詩正義「雖」改「難」，「爲」上增「以」字。

050 自相感也　浦鏜據詩正義「自」上增「氣」字。

051 重錦錦之熟細者　宋本「重」作「以」，非也。

052 故以爲錦之熟細者　宋本「熟」作「孰」。

053 晉侯使大子申生　纂圖本、毛本「侯」誤「晉」。

054 從曰撫軍　顧炎武云「石經『軍』誤『國』」。案，石經此處闕，炎武所據乃繆刻也。

055 故君之嗣適　釋文：「適，本又作『嫡』。下『配適』同。」

056 不共是懼　釋文云：「共，本又作『供』。」

057 脩已而不責人　石經、宋本、岳本「已」作「己」，不誤。石經「人」字上有「於」字，似後人所增。

058 威權在已　宋本、岳本「已」作「己」。

059 時以閟之　淳熙本「閟」誤「也」。❷

060 尨涼　案，惠棟云「說文引作『牻㹁』，云『牻白黑雜毛牛』，『㹁牻牛也』。古文省少，或借『涼』爲『㹁』。」沈彤云：「案，廣韻『㹁牻牛，駁色』，蓋說文脫『駁色』二字。牻㹁謂牻服色駁也，否則冬與金玦皆有義而牻獨無乎？上文『偏衣』即牻服，蓋分織牻牛白黑毛爲之，下所謂『奇無常』也。」

061 受脤於社　詩大明、緜鄭箋云「春秋傳曰『蜃宜社之肉』」，正義曰「左傳無此文，而言『傳曰』，衍字也。閔二年左傳曰『帥師者受命於廟，受蜃於社也』」。按，據說文「裖社肉也」，以蜃爲器盛之，則亦可謂肉爲脤，故左傳直云「受蜃於社也」。此云「受脤於社」，「脤」乃「祳」之俗字耳，其古本必作「祳」，或作「蜃」也。

062 盛以脤器　段玉裁挍本「脤」作「蜃」，是也。

063 命可知也　足利本「也」作「矣」，非也。

064 雖盡敵　石經「敵」字上，後人旁增「外」字，非也。

065 諸言某御戎某爲右者　監本「右」誤「石」。×

066 狐突以衆言同巳　宋本「巳」作「己」，是也。×

067 不知其如何也　宋本「如」作「名」，不誤。×

068 以明巳不食　宋本「巳」作「己」，是也。×

069 唯識其舌舌存得免號曰羊舌氏也　毛本「唯」誤「誰」，「氏」誤「是」。

070 言有涼則申上衣之尨服也　宋本「有」作「尨」，不誤。×

071 蜃之器以蜃飾因名焉　監本、毛本「蜃」作「脤」，不誤。案，周禮注作「蜃」。

072 且阻得爲疑也　宋本「且」作「是」，是也。×

073 外寵二政　案，惠棟云「『二』讀爲『王貳于虢』之『貳』，韓非子引此正作『貳』」。

074 故曰亂本成矣　宋本、足利本無「矣」字。

075 注驪姬至本成　此節正義宋本在「立可必乎」之下。

076 衛文公大布之衣　釋文云：「本或作『衣大布之衣』，誤。」×

077 大帛之冠　案，鄭氏注雜記引春秋傳曰「衛文公大布之衣，大白之冠」，正義引傳亦作「大白」。

078 勸農業也　宋本「勸」作「勸」，是也。

079 令貨利往來也　閩本、監本、毛本「令」作「合」，非也。

10—080 葢招懷迸散　監本、毛本「迸」作「逃」，非也。

附釋音春秋左傳注疏卷第十一

校　記

❶ 南昌本末增「〇今訂正」。
❷ 南昌本「閞」作「闕」，爲是。

春秋左傳注疏校勘記卷十一

11—001 附釋音春秋左傳注疏卷第十二僖元年盡五年　宋本春秋正義卷第十一。石經春秋經傳集解僖上第五，岳本、纂圖本「僖」下有「公」字，釋文同，並盡十五年。

002 僖公　史記、漢書五行志、律厤志「僖」並作「釐」。案，史、漢多作「釐」。

經元年

003 齊師宋師曹伯次于聶北救邢　石經「曹伯」作「曹師」，不誤。案，莊三年經「冬公次于滑」正義、襄廿三年傳「八月叔孫豹帥師救晉次于雍榆」正義並作「曹師」。

004 此時狄人尚强　宋本「强」作「彊」。 ×

005 言邢遷于夷儀　毛本「于」誤「干」。 ×

006 許遷于白手者　宋本、監本、毛本「手」作「羽」，不誤。 ×

007 齊人以歸　石經「以」下有「尸」字，似後人依閔二年傳增入，不足爲據。

008 知非後盟也　閩本、監本、毛本「非」作「其」。案，隱十年、襄五年正義並作「非」，是也。

009 注偃邾地　此四字乃「公敗邾師于偃」注，監本、毛本並脱。❶

010 公子友帥師敗莒師于酈獲莒拏　石經、宋本、淳熙本、岳本、足利本「拏」作「挐」，是也。釋文亦作「挐」，傳同。

011 拏莒子之弟　纂圖本、閩本、監本、毛本「挐」作「拏」，非，此本正義不誤。

* 莒釋非卿　補：案，「釋」當作「挐」，各本

皆不誤，今訂正。

012 齊侯既殺哀姜　淳熙本「既」誤「旺」。

013 不稱姜闕文　淳熙本脱「文」字。

014 故其以經無姜字　宋本、閩本、監本、毛本「其」作「杜」，不誤。❷

傳元年

015 義存君親　淳熙本「存」誤「有」。

016 過則稱巳　宋本「巳」作「己」，下「稱己」、「率己」同。

017 故無深淺常準　閩本、監本、毛本「深淺」誤倒。

018 皆是大夫將也　閩本、監本、毛本「皆是」誤倒。

019 但州牧於是竟内　宋本、監本、毛本「是」作「其」。盧文弨挍云「於是」作「是其」，非也。

020 故公要而敗之　纂圖本、閩本、監本、毛本脱「公」字。

021 邾之於魯　宋本、毛本「於」作「與」。

022 故知汶水北地　毛本「汶」作「文」，非也。

023 君子以齊人殺哀姜也　石經、宋本、淳熙本、岳本、足利本「人」下有「之」字。

024 言女子有三從之義　監本、毛本「女」誤「君」。

025 非父母家所宜討也　閩本、監本、毛本脱「家」字。

經元年

026 梁國蒙縣西北有貫城貫與貫字相似　宋本、纂圖本、閩本、監本、毛本作「貰城貰與」，不誤。岳本作「貫」，與「貫」字形相近而誤。水經注引無「與」字，郡國志注引「與」上有「字」字。

027 以其遠國降而稱也　宋本「也」作「人」，是也。×

028 則稱人者　宋本「則」下有「此」字，是也。

傳二年

029 假道於虞　宋本此節正義在「以伐虢」注下。

030 途出於虞故借道　宋本、閩本、纂圖本、監本、毛本「借」作「假」。

031 懦而不能强諫　釋文云：「懦，本又作『燸』。」强，宋本作「彊」。

032 入自顛軨　水經注四引作「巔軨」。

033 言巳弱以示其恥　宋本「巳」作「已」，是也。×

034 保於逆旅　荀子作「御旅」，「御」與「迓」通，尚書「迓」字皆作「御」。

035 虢稍遣人分依客舍以聚衆抄晉邊邑　釋文無「衆」字。

036 舍於逆旅甯嬴氏　閩本、監本、毛本「嬴」作「羸」，非也。

037 知其分依客舍伺候　毛本「候」誤「侯」。×

038 問虢伐巳以何罪　宋本、岳本「巳」作「已」，不誤。×

039 自當有先　宋本「有」作「在」，不誤。❸

040 故知晉猶主兵　閩本、監本、毛本「主兵」誤倒。

041 始來服齊故爲合諸侯　監本、毛本「合」誤「今」。×

042 寺人内奄官豎貂也　淳熙本「内」誤「多」，「豎」誤「豎」，宋本作「豎」，亦非，下同。

經三年

043 三年注一時至爲災　各本脱「三年」二字。×

044 方始追事其事　閩本、監本、毛本作「追敘」，宋本作「追書」，不誤。❹

045 思啓封强　宋本、監本、閩本「强」作「疆」，不誤。毛本作「彊」，亦非。×

046 故曰勝國通以滅爲文也　浦鏜正誤『曰』下疑脱『滅故』二字」。案，浦鏜非。釋例「曰」作「名」。

047 或用小師而不頓兵勞力　浦鏜正誤「小」作「少」。頓，閩本、監本、毛本作「煩」，非也，襄十三年正義引亦作「頓」。

048 秋齊侯宋公江人黄人會于陽穀　淳熙本「齊」誤「徐」。

049 冬公子友如齊涖盟　顧炎武云石經「涖」誤「泣」。案，石經不誤，炎武所據乃謬刻也。

050 往盟乎彼也　閩本、監本、毛本「乎」作「于」，非也。

傳三年

051 夏六月雨　石經「六」作「四」，是也。

052 於播種五稼無損　足利本無「種」字。

053 三年楚侵鄭故　淳熙本、岳本「三」作「二」，不誤。❺

* 祥喜也　補：各本「喜」作「善」，此本誤「喜」，今訂正。

054 未絶之也　石經、宋本、淳熙本作「未之絶也」。

經四年

055 楚强齊欲綏之以德　宋本「强」作「彊」。

056 夏許男新臣卒　毛本「臣」誤「城」。

057 楚子遣完如師以觀齊　閩本、監本、毛本「如」誤「于」。

058 許其不爲君使　監本、毛本「許」誤「詳」。

059 是乃縱羣下以覬覦　宋本「覦」誤「覬」。

060 教强臣以專恣　宋本「强」作「彊」，下同。❻

061 因而求盟　宋本「而」作「則」，非。

062 是共權時之便　宋本「時」作「盟」，「便」作「宜」。

063 自來與齊盟也　宋本「來」作「求」。

064 來者自外之文　宋本「自」作「目」，非也。

065 若以言來即爲罪楚　宋本「若」作「君」。

066 齊人執陳轅濤塗　釋文「轅」作「袁」，云「本多作『轅』」。案，公羊、穀梁作「袁」，宋王應麟云「『轅』與『袁』同」。

067 故不言主師　監本「師」作「帥」，非。

傳四年

068 襄十三年傳　閩本、監本、毛本「三」誤「二」。

069 此言風馬牛　毛本「此」誤「牝」。

070 召康公　宋本以下正義二節揔入「曰五侯

九伯」注下。

071 言巳上世先公　宋本「巳」作「己」，不誤。

072 何當挍計人數　監本、毛本「挍計」誤作「計較」，閩本亦作「較」。

073 西至于河　各本有「至」字，此本脱，今補正。

074 東至于海西至于河　宋本此節正義在「無棣」注下。

075 其大陸則趙地之廣澤也　閩本、監本、毛本脱「地」字。

076 絜七　宋本「絜」作「潔」，俗字。

077 當盡樂安北海之東界也　宋本「海」作「界」，非也。

078 爾貢包茅不入　詩伐木正義、後漢書公孫瓚傳注、李善注藉田賦、册魏公九錫文並作「苞茅不入」，文選六代論作「苞茅不貢」，高誘注淮南子同，「茅」作「茆」。案，作「苞」是也。史記樂書「苞之以虎皮」，字從艸，自石經始去艸頭，後人往往仍之。

079 王祭不共　釋文：「共，本亦作『供』，下及注同。」案，詩伐木篇正義、李善注册魏公九錫文、高誘注淮南子、顔師古注漢書刑法志作「供」，説文引傳亦作「供」。

080 無以縮酒　正義曰「郊特牲云『縮酒用茅』，鄭玄云『泲之以茅縮去滓也』。周禮甸師『祭祀共蕭茅』，鄭興云『蕭字或爲莤，莤讀爲縮』」。臧琳云：説文引春秋作「無以莤酒」，又詩伐木「有酒湑我」，傳「湑莤之也」，箋云「王有酒則泲莤之」，據説文知左傳作「無以莤酒」，據甸師注知周禮作「祭祀共莤茅」，蓋毛詩、周禮、左傳皆古文，故與六書之旨合。

081 包裹束也　宋本、岳本「裹」作「褁」，非。

082 尚書包匭菁茅　釋文「匭，本或作『軌』」；

「包」作「苞」，云「『或』作『包』」。段玉裁云：穀梁傳疏、文選吴都賦劉注引書亦作「苞匭菁茅」，「『匭』訓纏結，讀爲糾，古音同在弟三部也。古音『簋』、『軌』字皆讀如九，『匭』从匚、軌聲，古文『簋』字。簋，黍稷方器也，故從匚，鄭君於其同音得其義也」。

083 泲之以茅縮去滓也　閩本、監本、毛本「泲」作「涑」，誤。

084 昭王南征而不復　石經「征」下旁增「没」字，非唐刻，不足據。陳樹華云：高誘注呂氏春秋音初引作「没而不復」，似本有「没」字也。按，高誘注或自以意增，未可爲典要。

085 王及祭公隕于漢中　各本作「王」，此本誤「三」，今訂正。浦鏜正誤據呂氏春秋音初篇「隕」作「抎」。

086 君其問諸水濱　説文「瀕」字注云「水厓人所賓附，頻蹙不前而止，從頁、從涉」。案，陳樹華云：廣雅「瀕，厓也」，「頻，頻比也」，徐鉉曰「今俗别作『水濱』，非是」。又案，大雅「不云自頻」，傳「頻厓也」，鄭氏云「『頻』當作『濱』」，正義曰「以水厓之濱，其字不應作『頻』，故破之也。傳作『頻』者，蓋以古多假借，或通用故也」。

087 正義曰楚世家　毛本「義」誤「意」。×

088 觀强弱　宋本「强」作「彊」。×

089 言諸侯之附從非爲巳　宋本、岳本「巳」作「己」，不誤。×

090 言諸至謙稱　閩本、監本、毛本「諸」下有「侯」字。×

091 君惠徼福於敝邑之社稷　釋文「徼」作「儌」，是。

092 漢水以爲池　釋文無「水」字，云「或作『漢水以爲池』，『水』字衍」。案，臧琳云：「杜注云『方城山在南陽葉縣南』，『漢水出武都，至江夏南入江』，則方城者山名，漢者水名，傳文漢不云水，猶之方城不言山也。」

093 當有共給之費故　監本、毛本「共」作「供」，非。

* 君將適也　各本「也」作「他」，與少儀合。此本「也」字誤，今訂正。

094 扉麄屨也　宋本「麄」作「麤」，不誤。閩本、監本、毛本作「粗」。❼

095 不借粗者謂之屨　閩本、監本、毛本「不借」二字脱。案，「不借」字詳方言、釋名、儀禮注。

096 是扉用草爲之也　閩本、監本「扉」誤「非」，毛本作「非」，亦誤。

097 注云草屨者　案，「屨」當作「履」，故下云「履屨通言耳，今注文作『屨』，從定本也」。

098 侯伯中等　宋本、淳熙本、纂圖本「中」上有「爲」字。

099 謂以死勤事　宋本「勤」下有「王」字。

100 諸侯薨至二等　宋本此節正義在注「謂加二等」之下。

101 是濆龜筮也　宋本「筮」作「筴」，與鄭注曲禮合。

102 如彼記文　閩本、監本、毛本「文」作「云」，非。 ×

103 龜靈厭之　閩本、監本、毛本「靈」誤「虛」。

104 筮數以上皆十五年傳文　浦鏜正誤「筮」作「有」，不誤。文，閩本、監本、毛本誤作「云」。

105 卦之德方以知　閩本、毛本「知」作「智」。 ×

106 一薰一蕕　案，鄭注内則引作「一薰一莤」，字雖異而音義並同也。

107 此義何所出也　毛本「義」作「意」。×

108 十是數之小成　毛本「十」誤「于」。×

109 歸胙于公　顧炎武云「石經脱『胙』字」。案，石經此處闕，炎武所據乃謬刻也。

110 姬寘諸宮六日　顧炎武云「石經『宮』誤作『公』」。案，石經此處刓闕。

111 明公之惑　纂圖本、監本、毛本「之惑」誤倒。×

112 與犬犬斃　説文引傳「斃」作「獘」，「頓仆也，从犬，敝聲，或作『斃』」。五經文字云「獘」字，注云「見春秋傳，又作『斃』，同」。詳隱元年釋文挍勘記。

* 當如國語也　補：此本「當」上空一字，各本直接上文不空。

113 堇烏頭也　各本作「頭」，此本誤「所」，今訂正。×

114 注毒酒至之惑　毛本「之惑」誤倒。×

115 公殺其傅杜原款　顧炎武云「石經『傅』誤『傳』」。案，石經此處闕。

經五年

116 此傳不言書曰　毛本「曰」誤「日」。×

117 掌養王及后世子　閩本「王」誤「正」。×

118 逃其師而歸之　宋本、淳熙本、岳本、足利本「之」作「也」。

119 注逃其三年　宋本、閩本、監本、毛本「其」下有「至」字，是也。

120 弦國在弋陽軑縣東南　宋本、岳本「軑」作「軑」，葉抄釋文亦作「軑」，是也。案，漢書地里志「江夏郡有軑縣」，後漢書王霸傳「子符徒封軑侯」，即是地也。❽

傳五年

121 而書　釋文云：「本或作『而書雲物』，非。」 ×

122 麻家大率三十二月耳　毛本「二」作「三」。

123 至十九年閏餘盡　毛本「餘」誤「月」。 ×

124 審別陰陽寒暑不失其時也　監本「失」作「夫」，非也。 ×

125 言物謂氣色者　浦鏜正誤「言」作「雲」，「色」下有「災變也」三字，依注增補也。

126 下云必書雲物　閩本、監本、毛本「云」作「文」，非。

127 若今椎木　宋本、監本、毛本「椎」作「椿」，是也。

128 乃復叩頭以至地　宋本「叩」作「申」。

129 拜而後稽顙　宋本「拜」上有「吉拜」二字，與周禮大祝注合。

130 喻垣而走　石經、宋本、淳熙本、岳本、足利本「喻」作「踰」，不誤。❾

131 鄭元玉藻注云　毛本「玉」作「王」，非。 ×

132 夏公孫兹如牟娶焉　釋文「娶」作「取」，云「本又作『娶』」。❿

133 但其母鐘愛其少子　宋本、閩本、監本、毛本「鐘」作「鍾」。 ×

134 陳轅宣仲怨鄭申侯之反巳於召陵　石經、宋本、岳本「巳」作「己」，不誤。

135 秋諸侯盟　釋文云：「本或此下更有『于首止』三字，非。」

136 於是江黃道栢方睦於齊　岳本、足利本「栢」作「柏」。案，六經正誤云「興國本作『柏』」。 ×

137 一之謂甚　纂圖本、閩本、監本、毛本「謂」誤「爲」。

138 爲二年假晉道滅下陽　齊召南云「爲」字訛，當作「謂」。

139 諺所謂輔車相依　案，玉篇引作「酺車相依」。

140 口旁朋之名也　宋本、監本、毛本「朋」作「肌」，不誤。

141 據傳文　閩本、監本、毛本「文」作「云」，非也。

142 各以意斷　閩本、監本、毛本「斷」作「解」。

143 既盟則貳之　毛本「既」作「一」，非也。

144 而得有二號之勳　毛本「二」誤「〇」。

145 注桓叔至五年　宋本此節正義在「況以國乎」之下。

146 以其族行　宋本以下正義二節摠入「虞不臘矣」注下。

147 案禮夏曰嘉平　宋本「夏」上有「傳」字。

148 漢臈臘　監本作「臈」，亦非。宋本作「漢改曰臘」，不誤。

149 言漢改曰臘　浦鏜云「秦」誤「言」。

150 不蜡而爲臘矣　宋本「矣」作「耳」。

151 均服振振　釋文：「均如字，同也，字書『均』作『袀』。」周禮司几筵疏引傳文作「均」。段玉裁云「賈、服、杜君等皆爲『袀』。袀，同也。今本疏『袀』字譌『均』」。

152 振振盛貌　段玉裁云李善注閒居賦「盛」作「威」。

153 焞焞無光耀也　陳樹華云「耀」當作「燿」。

154 童齓之子　岳本、纂圖本作「童齔」，釋文同也。按，今説文作「齔」，从匕，段玉裁云「當从匕，匕音化」。

155 以爲鑒戒以爲將來之驗　纂圖本、閩本、監本、毛本脱「以爲鑒戒」四字。

156 謂夏之九月十月也　纂圖本、閩本、監本、毛本脱「之」字。×

157 爲此謡歌之辭　監本、毛本「謡歌」誤倒。×

158 今時伍伯緹衣　宋本「伍」作「五」。按，段玉裁挍周禮司服注云「玉海引作『伍伯』，賈疏訓伍爲行，疑與宰夫注『五伯』本異」。

159 注虞所命祀　宋本此節正義在「且言易也」之下。

160 公言易也　石經、宋本、淳熙本、岳本、足利本「公」作「且」，不誤。×

附釋音春秋左傳注疏卷第十二

附釋音春秋左傳注疏卷第十三僖六年盡十四年

經六年

161 今滎陽密縣　淳熙本、足利本「滎」作「熒」，是也。

傳六年

162 非不欲校　閩本「校」作「效」，誤。

163 故欲因以求入　岳本「入」誤作「之」。

164 故傳稱新密　閩本、監本、毛本脱「新」字。

165 諸侯救許　石經「救」作「敉」，誤。案，石經自「楚子圍許」至「諸侯救許」十一字皆重刻。

166 故蔡將許君歸楚　宋本「將」上有「侯」字。

167 許男面縛銜璧　閩本作「縛面」，誤倒。

168 以璧爲贄　釋文「贄」作「質」，云「本又作

169 此皆馬遷之妄耳　監本、毛本「耳」作「也」。

170 注祓除凶之禮　宋本此節正義在「楚子從之」之下。

171 稱公臨楚喪　閩本、監本、毛本脱「楚」字。

經七年

172 盟于甯毋　葉抄釋文亦作「毋」，石經、宋本、岳本、纂圖本、監本、毛本皆作「母」。

傳七年

173 競强也　宋本「强」作「彊」，正義同。此本正義亦作「彊」。

174 既不能彊　足利本「彊」作「强」。

175 七年傳心則至於病　各本脱「七年傳」三字。宋本正義入「姑少待我」注下。⑪

176 吾知其所由來矣　宋本此節正義在「心則至於病」疏後。

177 我不以女爲罪釁　宋本、纂圖本、閩本、監本、毛本無「我」字。

178 弗可改也已　顧炎武云「石經『改』誤『故』」。案，石經此處闕，炎武所據乃謬刻也。

179 若君去之以爲成　石經、宋本作「君若」，不誤。

180 即罪人　淳熙本「即」誤「其」。

181 齊史無所不隱　宋本「不」作「可」。

182 雖復齊史隱諱　監本「復」誤「後」。淳熙本「史」作「更」，亦非。

183 襄王惡大叔帶之難　釋文云：「『叔』又作『牀』。」

經八年

184 所以同羿王室　閩本、監本、毛本「羿」作「獎」。

185 天子之臣不與諸侯同盟　宋本「同」作「共」。

186 亦無貶責　閩本、監本、毛本「亦」作「又」。

187 故都無貶書　宋本「書」作「責」，不誤。×

188 於時諸侯輯睦　閩本、監本、毛本「輯」作「新」。按，廿九年杜注作「輯」。

189 而王子虞下盟列國　宋本、閩本、監本、毛本作「子虎」，不誤。×

190 止言乞盟　閩本「乞」作「與」，非也。

傳八年

191 而後王定位　宋本、淳熙本、岳本、足利本作「位定」，不誤。

192 期年狄必至　北宋刻釋文云：「期，本或作『基』，注同也。」按，基，古文假借字，亦見儀禮。

193 明期年之言驗　纂圖本、閩本、監本、毛本脱「驗」字。

194 不祔于姑　釋文亦作「祔」，閩本、監本、毛本作「袝」，非也。⑫

195 則爲殯廟赴同祔姑　淳熙本「則」誤「前」。

196 二年五月始葬　毛本「二」誤「一」。×

經九年

197 十九年于郢　宋本「郢」作「郢」，不誤。⑬

198 宰周公文承其後　監本、毛本「文」作「又」。

199 知此葵邱與彼異者　閩本、監本、毛本脱「知此葵邱」四字。

200 既葬而除之　宋本「除」作「降」，非也。

201 甲子晉侯佹諸卒　纂圖本、監本、閩本、毛本「佹」作「詭」。案，穀梁釋文云「左氏作『佹諸』」，則作「佹」爲是。

202 問崩日以甲寅告　監本、毛本「寅」誤「子」。

203 冬晉里奚克殺其君之子奚齊　各本無上「奚」字，是也。山井鼎引足利本「里」下有「其」字，即「奚」字之誤。

傳九年

204 小童者童蒙幼末之稱　纂圖本、閩本、監本、毛本「末」作「穉」，非，正義同。

205 子者繼父之辭　各本作「繼」。按，正義作「繫」。

206 非諸夏所得書　宋本、岳本、足利本「夏」作「下」，不誤。

207 蒙謂闇昧也　毛本「昧」作「暗」，非也。

208 亦言已未成人也　宋本「巳」作「己」，不誤。×

209 曹羈出奔陳　監本、毛本「羈」作「羇」。按，莊廿四年經作「羈」，閩本作「奇」，非也。

210 非諸下所得書　閩本、毛本「下」作「王」，誤也。

211 不云地祇及礿祠者　宋本「祇」作「祇」，是也。

212 此王曰小童　監本、毛本「曰」誤「者」。×

213 亦言而言之　宋本、監本、毛本上「言」字作「連」，不誤。

214 胙祭肉　案，周禮大宗伯職疏引作「膰肉」。

215 傳稱大子祭于曲沃　閩本「大」誤「天」。

216 注天子至伯舅　宋本以下正義五節摠入「下拜登受」注下。

217 以伯舅耋老　石經、宋本、淳熙本、岳本、纂圖本、毛本「耋」作「耊」，是也，釋文同。

218 涉級聚足　案，禮記曲禮「涉」作「拾」，鄭注「『拾』當爲『涉』，聲之誤」，孔氏因改爲「涉」。

219 是進一等　閩本、監本、毛本「等」作「級」，非。

220 中婦人手長八寸謂之咫　重修監本「中」改「申」，非也。

221 隕越顛墜也　宋本、淳熙本、足利本「墜」作「隊」，是正字，釋文亦作「隊」，下同。

222 月堂下受胙於堂上　纂圖本、閩本、監本、毛本「月」作「自」，亦非。宋本、淳熙本、岳本、足利本作「拜」，不誤。

223 大史述命　宋本、閩本、監本、毛本作「大」，此誤「人」，今訂正。

224 ○秋齊侯盟諸侯于葵邱　監本「○」誤「注」字，毛本誤「傳」字。

225 諸侯欲求會葵邱　宋本、岳本、纂圖本、監本、毛本「諸」作「晉」。求會，宋本、淳熙本、監本、毛本作「來會」，不誤。

226 言或向東　纂圖本、監本、毛本「或」作「復」，非。

227 君務靖亂無勤於行　李注文選三國名臣序贊引「靖」作「静」，「勤」作「懃」。

228 送死事生兩無疑恨　纂圖本、閩本、監本、毛本「疑」作「猜」。

229 能欲復言而愛身乎　宋本此節正義在「將焉辟之」句下。

230 言此言之缺　宋本「缺」作「闕」。陳樹華云「史記正義引作『玷』字」。按，説文「玷，缺也」，引詩「白圭之玷」。

231 高梁晉地在平陽縣西南　案，二十四年注「縣」上有「楊氏」二字。案，釋地作「楊縣」，「氏」亦衍文，晉書地里志楊縣屬平陽郡可證也。

232 令不及魯　釋文云：「令，本又作『命』。」×

233 言國非已之有　宋本、岳本「已」作「己」，不誤。×

經十年

234 卓以免喪　宋本、淳熙本、岳本、足利本「以」作「已」。

235 北伐山戎　宋本、淳熙本、纂圖本、監本、毛本「伐」作「戎」，不誤。

傳十年

236 子弒二君　宋本、纂圖本「弒」作「殺」字。按，宋本是也，實舉其事，故曰「殺二君與一大夫」。

237 言欲加已罪　宋本、岳本「已」作「己」，淳熙本作「以」，非也。

238 欲加至辭乎　宋本此節正義在「臣聞命矣」節注下。

239 晉侯改葬共大子　釋文云：「共，本亦作『恭』。」×

240 注下國曲沃新城　宋本以下正義五節摠入「及期而往」注下。

241 桓叔國之三世　宋本「世」作「七」，非也。×

242 天豈不達此事　閩本、監本、毛本「天」

作「夫」，非也。

243 有時而言　宋本「言」作「信」，不誤。×

244 殄絶也　淳熙本「殄」作「歆」，非。×

245 乏祀爲無主祭也　考文引足利本有此七字，在「君其圖之」句下。盧文弨挍本「爲」疑「謂」。

246 十四年君之冢祀其替乎　閩本、監本、毛本「冢」作「家」，誤也。

247 三子至之幣　宋本以下正義二節揔入「後出君」注下。

248 冬秦伯使泠至報問　毛本「泠」作「冷」，誤，注同。

249 上軍之輿帥七人　陳樹華云：「上」字當作「下」，前「申生將上軍」句「上」亦當作「下」也。按，閔二年傳云「公將上軍，大子申生將下軍」，陳樹華所訂是也。

經十一年

250 晉殺其大夫丕鄭父　公羊疏云「左氏經無『父』字」，然則今諸本有「父」者衍文也。

傳十一年

251 受玉惰　案，説文「憜」字下云「不敬」，引春秋傳曰「執玉憜」。

252 其何繼之有　纂圖本、閩本、監本、毛本「其」誤「而」。

253 孔晁云　毛本「晁」作「鼂」，亦非。

254 伊雒之戎　宋本此節正義在「同伐京師」句下。

經十二年

傳十二年

255 不單言衛楚邱者　宋本「楚」上有「而言

衛」三字。

256 夏楚滅黄　石經初刻「楚人滅黄」，後刊去「人」字。

257 應乃懿德　惠棟云：「應，讀曰膺，言膺受女匡輔之美德也，古人皆以應爲膺。」

258 君子至宜哉　宋本以下正義二節揔入「管氏之世祀也」注下。

259 詩曰愷悌君子　釋文「愷」作「凱」，注同，云「本亦作『愷』。『悌』，本亦作『弟』」。

260 傳稱楚曰公殺齊管脩　宋本「曰」作「白」，是也。

經十三年

傳十三年

261 秋爲戎難故　監本「秋」上「〇」誤「注」，淳熙本「故」誤「致」。

262 致諸侯戍卒于周　葉抄釋文「戍」作「戎」。

263 晉荐饑　宋本以下正義二節揔入篇末。

264 注從水運入河汾　宋本、閩本、監本、毛本「水」上有「渭」字，是也。

經十四年

265 季姬及鄫子遇于防　釋文云「鄫，本或作『繒』」。案，公羊、穀梁作「繒」。

266 鄫國今琅邪鄫縣　毛本「邪」改「琊」，非。

267 平陽元城縣東有沙鹿土山在晉地　案，晉書地里志「元城屬陽平郡」，此本及諸本並誤作「平陽」，二十三年傳「出於五鹿」注亦云「陽平元城縣」。

268 林屬於山爲鹿沙山名也　閩本、監本、毛本「鹿沙」誤倒。

傳十四年

269 公怒止之　顧炎武云「石經『止』誤『上』」。案，石經此處闕，炎武所據乃謬刻，閩本亦誤作「上」。

270 則云山有朽壤而自崩　宋本、閩本、監本、毛本「朽」作「杇」，不誤。壤，閩本、監本、毛本誤作「壞」。

271 爲怨以深　纂圖本「以」作「巳」，宋本同。×

272 猶無皮而施毛　宋本、毛本下有「也」字。

273 適足使秦强　宋本「强」作「彊」。×

附釋音春秋左傳注疏卷第十三　止

附釋音春秋左傳注疏卷第十四　僖十五年盡廿一年

經十五年

274 此仍非禮也　閩本、監本、毛本「非」誤「爲」。

275 八月螽　釋文：「螽，本亦作『蜾』。」案，公羊作「蜾」。

276 又不以今之展氏其人是誰　宋本「以」作「知」，不誤。×

277 説文云震劈歷振物者　宋本亦作「劈歷」，下同。閩本、監本、毛本作「霹靂」，非也。

278 禮書其字也　宋本「禮」下有「當」字。

279 今此晉侯稱獲　監本、毛本「稱」作「生」，非也。

傳十五年

280 注晉侯至女也　宋本以下正義三節揔入「既而皆背之」節注下。

281 晉獻公娶于賈無子　毛本「娶」誤「婆」。×

282 蓋於别有所見也　宋本「於」作「杜」，不誤。×

283 皆馬遷之妄耳　閩本、監本、毛本「耳」作「也」，非。

284 宣三年傳曰　宋本、淳熙本、岳本、足利本「三」作「二」，不誤。×

285 晉侯烝於賈君　纂圖本、閩本、監本、毛本「於」改「于」，非也。

286 注河外至西南　閩本、監本、毛本作「河外河」。×

287 虢之竟界也　監本、毛本「竟」作「境」，俗字。×

288 蓋焦瑕是其二　閩本、監本、毛本脱「焦瑕」二字。

289 言是城之大者　閩本、監本、毛本「是」作「其」，非。

290 卜人當卜而今用筮　毛本「當卜」誤作「當占」。×

291 注秦伯至誥之　宋本以下正義五節入注文「晉侯車三壞」之下。

292 千乘三去　惠士奇云：「上林賦『江河爲陆』，注云『遮禽獸爲陆』，『陆』即『去』，實一字。」

293 秦易隔河　宋本、閩本、監本、毛本「易」作「晉」，不誤。×

294 亦有秦勝晉之卦也　宋本「有」作「是」，不誤。×

295 内卦爲巳身　宋本「巳」作「己」，不誤。×

296 周九月　毛本「周」誤「則」。×

297 變化人意　宋本、岳本「化」作「易」，不誤。⓮

298 狃忕也　淳熙本、岳本、纂圖本、閩本「忕」作

「忕」，非。釋文亦作「忕」。案，毛氏六經正誤云「忕从大小之大，非从犬㲋之犬也」。按，字从心、大聲，說文本有此字，見詩釋文、正義，今說文作「怈」，非也。

299 得因爲幸言必敗 纂圖本、閩本、監本、毛本「爲」作「謂」，非也。

300 九月十三日 宋本此節正義在注文「故隋泥中」之下。

301 輅秦伯 顧炎武云「石經『輅』誤『轄』」。案，石經不誤。

302 反首亂頭髮下垂也 宋本、淳熙本、足利本「下」上有「反」字。

303 登臺而履薪焉 釋文「履」，云「徐本作『屨』」，正義云「俗本作『屨』，定本作『履』」。

304 注罃康至得通 宋本以下正義二節揔入注文「將以恥辱自殺」之下。

305 使以免服衰絰逆 釋文「免」作「絻」，云「又作『免』」。案，當作「免」。

306 寡君之使婢子侍執巾櫛 宋本、閩本、監本、毛本「待」作「侍」，是也。

307 不當舍此而注彼也 閩本、監本、毛本「注」作「往」，非。

308 不煩彼注 宋本「彼」作「此」。

309 曰上天降災使我兩君匪以玉帛相見而以興戎若晉君朝以入則婢子夕以死夕以入則朝以死惟君裁之 案，正義云「左傳本無此言，後人妄增之。今定本亦無」。葉抄釋文云「此凡四十二字，檢古本皆無，尋杜注亦不得有，有是後人加也」。正義作「使我兩君兩見不以玉帛」，與諸本亦異。

310 亦所以杜絶 宋本、淳熙本、岳本、纂圖本、足利本「杜」作「抗」，不誤。

311 自曰上天降災　案，「自曰」以下三十字乃釋文，閩本、監本、毛本誤入注，宋本、淳熙本、岳本所無。

312 若將晉侯入　岳本「若」誤「君」，翻岳本仍改作「若」。

313 祇以成惡　釋文亦作「祇」。石經、宋本、淳熙本、監本、毛本作「祇」，是也。纂圖本誤「秖」。段玉裁云：凡古祇適也，如詩「亦祇以異」、「祇攪我心」之類，皆从衣、从氏，石經、廣韻不誤。

314 恃人亂爲已利　宋本、岳本「已」作「己」，不誤。×

315 且召之　顧炎武云「『且』誤『國』」。案，石經此處闕，炎武所據非唐刻也。

316 作爰田　宋本以下正義二節揔入注文「又使州長各繕甲兵」之下。

317 賞衆以西易其疆畔　宋本、閩本、監本、毛本「西」作「田」，是也。×

318 乃改易與所賞之衆　宋本「乃」作「今」，不誤。

319 羣臣輯睦　案，郭璞爾雅注引作「百姓輯睦」，邢昺云：「案，僖十五年及成十六年皆云『羣臣輯睦』，其是乎？」

320 周禮卿大夫　宋本「卿」作「鄉」，不誤。×

321 辨其可任者　閩本、監本、毛本「辨」作「辯」。按，周禮作「辨」。

322 遇歸妹之睽　宋本以下正義十二節揔入「明年其死于高梁之虚」注下。

323 是嫁妹之象　閩本、監本、毛本「嫁」作「歸」，非。

324 而以血爲衁　宋本「衁」作「㐭」，不誤。⑮

325 以其雷爲火爲此羸敗姬　監本、毛本「其」下衍「爲」字，「此」上脱「爲」字。

326 亦無貺也　釋文：「貺，本亦作『況』。」 ×

327 上爻與二　宋本「二」作「三」，不誤。

328 下文無應　宋本「文」作「又」，是也。 ×

329 始有女承筐之象　監本、毛本「始」誤「如」，宋本「女」作「此」。

330 故車脱輹　案，傳文「脱」作「説」，釋文同，又云「注同」，則此亦當作「説」也。

331 説卦離爲火　宋本「火」下有「也」字。

332 二四上耦爲陰位　閩本、監本、毛本「耦」作「偶」。 ×

333 後説之弧　閩本、監本、毛本「説」作「脱」，非也。

334 匪寇昬媾　閩本、監本、毛本「昬」作「婚」。

335 於火爲姑　諸本作「火」，沈彤云當作「兊」。

336 是謂我姪者我謂之姑　閩本、監本、毛本誤作「是爲」。 ×

337 家謂子圉婦懷嬴　宋本「婦」作「歸」，非。

338 明年其死於高梁之虚　宋本、纂圖本、閩本、監本、毛本「於」作「于」，非。

* 或取于時日旺相　補：各本「旺」作「王」。案，釋文出「王」，「于況反」，是讀作旺，字當作「王」。

339 則搆虚而不經　宋本「構」作「搆」，乃慶元合刻時避宋高宗諱。釋文作「講」，云「本亦作『構』，各依字讀」。⑯

340 他皆放此　監本、毛本「放」改「倣」，正義「至放此」同。

341 若盡皆附會爻象以求其事　閩本、監本、毛本「若」誤「者」。

342 全構虛而不經　監本、毛本「全」誤「今」。宋本「構」作「搆」。

343 陰陽書以爲春則爲木王　宋本「則」下無「爲」字。

344 韓簡至何益　宋本以下正義三節揔入「詩曰」節注下。

345 卜以用龜　宋本「以」作「之」，是也。×

346 已便不及此禍　宋本「已」作「己」，不誤。×

347 龜筮從後而知　閩本、監、毛本「龜筮」誤倒。

348 背則相憎　重修監本「憎」作「僧」。

349 唯此爲深　纂圖本、閩本、監本、毛本「唯」改「惟」。[17]

350 蛾析謂慶鄭曰　釋文「蛾，本或作『蟻』」，「『析』作『晳』，本或作『析』」。案，惠棟云：「婁壽曰『古蛾與蟻通』，漢書『白蛾羣飛』、『扶服蛾伏』，陳球後碑『蜂聚蛾動』，仲秋下旬碑『蛾附』，皆與『蟻』同。」陳樹華云：「禮記『蛾子時術』之『蛾』音蟻，後漢書皇甫嵩傳『時人謂之黃巾，亦名爲蛾賊』，注云『蛾音魚綺反，即蟻字也』。」

351 蛾析晉大夫也　宋本無「也」字。×

11—352 注唐叔至庶兄　宋本此節正義在「姑樹德焉」節注下。

校記

❶ 此條南昌本作「偃郑地：此三字監本、毛本并脱」。

❷南昌本末增「○今依訂正」。
❸南昌本末增「○今訂正」。
❹南昌本末增「○今訂作『書』」。
❺南昌本末增「○今訂作『二』」。
❻南昌本末增「○案，此本『强』宋本皆作『彊』，後不悉出」。
❼南昌本末增「○今訂作『贏』」。
❽後漢書作「子符嗣徙封軑候」，底本「徒」當作「徙」。
❾南昌本末增「○今依訂正」。
❿南昌本末增「○案，此本『娶』、『取』互誤」。
⓫此條與上「既不能彊」條，南昌本位置互換，與南昌本左傳注疏合。
⓬毛本作袝，南昌本作「毛本作附」。
⓭南昌本末增「○今訂作『郪』」。
⓮南昌本末增「○今依訂正」。
⓯南昌本末增「○今依訂正」。
⓰各依字讀，南昌本無「各」字。
⓱南昌本末增「○案，此本『唯』，閩、監、毛本皆改作『惟』」。

春秋左傳注疏校勘記卷十二

12—001 經十六年　宋本春秋正義卷第十二。石經春秋經傳集解僖中第六，岳本「中」上有「公」字，並盡廿六年。

002 隕石于宋五　案，周禮大司樂正義引左傳作「霣石」，説文引作「磒石」。

003 見星之隕而隊於四遠　淳熙本、纂圖本、閩本、監本、毛本「隊」作「墜」，俗字。

004 曷爲先言霣而後言石霣石記聞　宋本、毛本「霣」作「霣」。按，公羊作「霣」。

005 不似雨者即稱隕也　宋本無「也」字。

006 是月六鷁退飛過宋都　石經「月」下旁增「也」字，是後人妄加。案，公羊、穀梁「六鷁」作「六鶂」，釋文云「本或作『鶂』」，説文引傳亦作「鶂」，史記宋微子世家索隱引同，然則三傳經文本皆作「鶂」字。按，説文作「鶃」，引「六鶃退飛」，無「鷁」字。

007 鷁水鳥　李善注文選西都賦引作「鶂水鳥也」。

008 公與小斂　釋文無「小」字，云「本亦作『公與小斂』」。

傳十六年

009 蓋當慮其在巳故問之　宋本「巳」作「已」，不誤。　×

010 魯喪齊亂宋襄公不終　淳熙本脱「宋」字，「襄」誤「喪」，宋本、足利本無「公」字。

011 石鷁不由於人　閩本、監本、毛本「鷁」下衍「所生」二字。　×

012 齊徵諸侯而戍周　石經無「而」字。

經十七年

傳十七年

013 多内寵　案，漢書五行志注、李善注文選范蔚宗後漢書皇后紀論引無「内」字。陳樹華云：「上有『齊后好内』，下有『内嬖如夫人者六人』之文，則此句『内』字似贅，疑涉後『因内寵』之文而衍，且杜氏不應舍此句而注下句也。」

014 雍巫有寵於衛共姬　釋文云：「共，本亦作『恭』。」

015 此人爲雍官　閩本、監本、毛本「官」作「宜」，非也。按，作「雍」者「饔」之省。

016 乙亥月八日　閩本、監本、毛本「亥」下衍「十」字。

經十八年

傳十八年

017 注楚金利　宋本此節正義在「故以鑄三鍾」注下。

018 故以鑄三鍾　石經、宋本、淳熙本、岳本、纂圖本、閩本、監本、毛本「鍾」作「鐘」。

經十九年

019 而從師于訾婁　石經、宋本、淳熙本、岳本、足利本「從」作「後」，是也。

020 重名及不書名皆從赴　宋本、淳熙本、岳本、纂圖本、閩本、監本、毛本「重」作「書」，是也。

021 丙戌卒于鄵　宋本、監本「戌」作「戍」，不誤。

022 注地於至與盟　毛本「於」下衍「齊齊亦」三字。

傳十九年

023 夏宋公使邾文公　石經「宋」下有「襄」字，乃後人所增，非原刊也。

024 用鄫子于次睢之社　淳熙本、纂圖本、監本、毛本「睢」作「雎」，非也。

025 東經陳留　釋文「經」作「徑」。 ×

026 東夷皆社祠之　閩本、纂圖本、監本、毛本作「祀之」，非也。

027 汴水自熒陽受河　宋本、監本、毛本「熒」作「滎」，非也。 ×

028 漢書之例爲然　毛本「例」作「倒」，誤也。 ×

029 雜記言釁廟用羊　毛本「記」作「紀」，非也。

030 皆是不用大牲也　監本、毛本「不」作「以」，誤也。

031 用人其誰饗之　案，風俗通義引作「用人其誰享之」。

032 其月二十二日執鄫子　各本作「鄫」，此誤作「甑」，今訂正。 ×

033 退脩教而復伐之　釋文云：「一本作『而復伐之』，『伐』衍字也。」宋本無。案，襄十一年注引此文有「伐」字，詩皇矣篇正義引同。李善注文選陳琳爲曹洪與魏文帝書引作「退而脩德復伐之」，蓋以意增損也。

034 寡妻嫡妻　釋文「嫡」作「適」，「本或作『嫡』」。 ×

035 溝壍　岳本「壍」作「塹」，釋文亦作「塹」。按，玉篇引注作「塹」。

經二十年

036 改名高門也　案，水經泗水注引作「故名南門也」。

037 言新有故木　監本、毛本「木」誤「在」。

038 言作有新在　宋本「在」作「木」，不誤。

傳二十年

039 失土功之時　各本作「土」，此誤作「士」，今訂正。　×

040 城郭牆壍謂之塞　宋本、淳熙本、岳本「壍」作「塹」，是也。

041 城郭牆塹　閩本、毛本「塹」作「壍」，非，下同。

042 言豈不欲早暮而行　釋文「暮」作「莫」，云「本亦作『暮』」。　×

043 懼多露之濡巳　宋本、岳本「巳」作「已」，不誤。　×

經二十一年

044 故揔見衆國共執之文　淳熙本「見」作「○」，非也。

045 公會諸侯晉大夫盟于扈　監本、毛本「晉」作「及」，非也。

傳二十一年

046 公欲焚巫尫　石經、宋本、岳本「尫」作「尪」，葉抄釋文亦作「尪」，下準此。

047 其面上向　釋文「向」作「嚮」，云「本亦作『向』」。　×

048 穆公召縣子而問焉　宋本「焉」作「然」，案，檀弓作「然」。

049 尪者面鄉天　閩本、監本、毛本「鄉」作「嚮」，檀弓注作「鄉」。

050 又曰然則吾欲暴巫而奚若　宋本、閩本、監本、毛本脱「然則」二字。

051 務穡　案，論衡明雩篇、李善注册魏公九錫文並作「務嗇」。

052 **風姓也** 釋文云：「本或作『皆風姓』。」 ×

053 **實司大皡與有濟之祀** 案，玉篇日部「皡」字注云「大皡，蒼精之君，伏羲氏也」，廣韻亦作「大皡」，五經文字云「皡，古帝號，皆從日月之日，從白者誤」。石經、宋本作「皞」，下同，釋文同。

054 **大皡伏羲** 釋文「羲」作「戲」，云「或作『犧』，又作『羲』」。 ×

055 **叔孫豹曰** 釋文云「『豹』宜爲『婼』，今傳本多作『豹』，恐是傳寫誤也」。案，正義亦云「當云『叔孫婼曰』，偏檢古本皆作『豹』字」。

附釋音春秋左傳注疏卷第十四 止

附釋音春秋左傳注疏卷第十五 僖二十二年盡二十四年

經二十二年

056 **須句雖別國** 山井鼎云「別國，諸本皆然，唯宋板改作『列國』，不知據何本也」。

057 **唯書伐邾取須句** 纂圖本、閩本、監本、毛本「唯」作「惟」。

傳二十二年

058 **周幽王爲犬戎所滅** 毛本「犬」誤「大」。 ×

059 **平王嗣位** 宋本、淳熙本、岳本、足利本「位」作「立」。

060 **婢子婦人之卑稱也** 宋本、淳熙本、足利本無「也」字。

061 **毛傳云洽合** 閩本、監本、毛本「洽」誤「治」。 ×

062 **不設備而禦之** 釋文「禦」作「御」，云「本亦作『禦』」。 ×

063 **戰戰兢兢** 釋文：「兢兢，本或作『矜矜』。」 ×

064 **詩小雅言常戒懼** 宋本「常」作「嘗」。

065 天惟顯思 岳本「惟」作「維」，非。

066 周頌言有國宜敬戒 毛本「國」誤「四」。 ×

067 蠭蠆有毒 釋文：「蠭，本又作『𧖣』，俗作『蜂』。蠆，字林作『𧓍』。」

068 張列反字或作蜇 宋本「張列反」三字作雙行。

069 公及邾師戰于升陘 釋文「升」作「登」，云「本亦作『升陘』」。案，玉篇「𨛭，胡經切，鄉名，在高密」，引傳作「戰於升𨛭」。

070 周禮虎賁氏 監本、毛本「虎」字脱，重脩監本「賁」誤「貴」。 ×

071 隘而不列 李善注魏都賦、辨亡論、顏延年陽給事誄、陸士衡弔魏武帝文引作「隘而不成列」，今諸本無「成」字。

072 前敵無問彊弱 閩本「問」誤「間」，毛本「弱」作「焉」，亦非。

073 還爲巳害 宋本「巳」作「己」，不誤。 ×

074 明設刑戮以恥不果 纂圖本、毛本「設」作「殺」，誤也。 ×

075 言尚能害巳 宋本、岳本「巳」作「己」。 ×

076 書曰此行也 宋本「書」上有「陳」字，是也。

077 書傳所言師曠師曹蠲師觸之類 閩本、毛本「曠」誤「矌」，宋本「曹」下有「師」字。

078 釋詁云 閩本、監本、毛本「云」誤「文」。 ×

079 柣謂之閾 閩本、監本、毛本「柣」誤「秩」。

080 秩門限也 宋本「秩」作「柣」，是也。 ×

081 邇近也 釋文「邇」作「爾」。 ×

082 丁丑楚子入饗于鄭 宋本、淳熙本、足利本

「饗」作「享」，石經此處闕，下「饗畢」作「享畢」，此亦當作「享」也。

083 爲鄭所饗　足利本「饗」作「享」。

084 主人又酌以酹賓　宋本、監本、毛本「酹」作「酬」。

* 楚賓子爵　各本「賓」作「實」。

085 以霸王自許　宋本、閩本、監本、毛本「王」作「主」，不誤。　×

086 庭實旅百　足利本「百」作「伯」，注同。

087 兼燕禮食禮與飱禮略同　毛本「飱」誤「餐」，下「如飱」、「公飱」、「侯伯飱」、「子男飱」、「此飱」並誤作「餐」。案，當作「飧」。

088 鮮魚八　監本「八」作「人」。　×

089 膷鼎一　閩本、監本、毛本「膷」作「腳」，非也。

090 牢引九鼎無陪鼎也　宋本、監本、毛本「引」作「別」字。按，當作「列」。

091 子男八十筥　毛本「十」誤「干」。　×

092 西夾東夾各六　此本誤作「西來」，今訂正。　×

093 茆菹麋臡　宋本「麋」作「麇」，是也。

094 其實葵菹蠃醢　宋本「蠃」作「蠃」，不誤。　×

095 豚拍魚醢　毛本「拍」誤「柏」。

096 箈菹鴈醢　毛本「箈」字墨釘。

097 荀菹魚醢　宋本、監本、毛本作「筍」，此本誤「荀」。

098 楚王其不没乎　釋文「没」作「歿」。　×

099 終爲商臣所弑　釋文「弑」作「殺」，「音弑」。　×

經二十三年

100 春齊侯伐宋圍緡　釋文亦作「緡」，石經經、傳皆作「緍」，避唐太宗諱。

101 而規杜云非也　宋本「云」作「氏」，不誤。

102 楚之君臣最多混錯　監本、毛本「之」誤「人」。

103 莊二十七年絀稱伯　釋文：「絀，本又作『黜』。」

傳二十三年

104 期期而不至　釋文云：「下『期』亦作『朞』。」

105 書巳名於策　宋本「巳」作「己」，不誤。

106 淫刑以逞　釋文「逞」作「呈」，云「本或作『逞』」。按，作「呈」字是古文假借。

107 嫌有異同盟傳重發不書之例　宋本、監本、毛本「盟」作「故」。

108 字季子而爲司空之官　宋本、閩本、監本、毛本作「季」，此本誤「乎」，今訂正。

109 狄人伐廧咎如　石經「廧」作「廧」，釋文亦作「廧」，毛氏六經正誤以作「廧」爲非。案，九經字樣云「廧，音牆，左傳『廧咎如』」。

110 正義曰成二年　宋本「二」作「三」，不誤。

111 生伯儵叔劉　釋文「儵」作「儵」，云「本又作『儵』」。

112 請待子　「請」上石經旁增「然」字，非唐刻也。

113 有馬二十乘　各本作「馬」，此本誤「焉」，今訂正。

114 懷其安實敗名　石經、宋本、岳本「其」作「與」。案，岳珂九經三傳沿革例云「建本及諸俗本多作『懷其安』，今從監本、蜀本及諸善本作『與』字是也」。❶

115 醉而遣之　石經「醉」字上有「飲之酒」三字，乃後人所增也。

116 欲觀其裸　宋本、岳本、纂圖本、毛本「裸」作「裸」，釋文亦作「裸」。

117 諜候也　閩本、監本、毛本「候」作「侯」，非也。×

118 注薄迫也駢脅合幹　宋本作「注薄迫至合幹」。

119 僖負羈之妻曰　纂圖本、閩本、監本、毛本「羈」作「覊」，俗字。

120 乃饋盤飧寘璧焉　諸本作「璧」，此本誤「壁」，下同，今訂正。×

121 臣聞天之所啓　監本「啓」下誤衍「注」字。

122 正義曰天意不可必知　宋本此節正義在「將建諸」句下。

123 辟違禮而取　考文「辟」作「譬」，盧文弨校本亦作「譬」。

124 晉語曰同姓不昏　監本、毛本「昏」作「婚」。

125 犬戎狐姬之子　宋本、淳熙本、岳本、足利本「犬」作「大」。

126 而天下不靖晉國　石經、宋本、淳熙本、岳本、纂圖本、閩本、監本、毛本無「下」字，此本誤衍。

127 國語狐偃趙衰賈佗三人皆卿才　淳熙本「衰」誤「襄」。

128 僖負羈言於曹伯曰　閩本、監本、毛本「羈」作「覊」。×

129 其過子弟　盧文弨校本「過」下增「王」字，非也。

130 三退不得楚止命也　閩本「止」作「王」，非也。

131 晉侯惠公也　岳本脱「也」字。

132 沃謂澆水也　毛本「水」作「手」，非。

133 既而以濕手揮之　毛本「濕」作「溼」。案，經典多以「濕」爲「溼」。

134 自拘囚以謝之　宋本「囚」誤「因」。

135 伸於知已　宋本「伸」作「申」，「已」作「己」。

136 欲言賦詩斷章也　宋本、淳熙本、岳本、足利本「欲」作「故」，是也。

137 杜言全引詩篇首　宋本「首」作「者」，不誤。

經二十四年

138 殊之於別國　閩本、監本、毛本「別」作「列」。

傳二十四年

139 春王正月　石經此行十一字，初刻似脱「王」字。

140 臣負羈絏　案，説文引作「臣負羈紲」，水經注四亦引作「紲」，石經避廟諱偏傍作「絏」。閩本、監本、毛本「羈」作「羇」。

141 馬則執靮　宋本「靮」作「靮」不誤，與少儀合。❷

142 係馬係狗　監本、毛本「狗」誤「駒」。

143 所不與舅氏同心者　禮記檀弓正義引傳「所」下有「反國」二字。案，誓詞多云「所不」，襄二十五年傳「所不與崔慶者」，論語「予所不者」是也，檀弓正義「反國」二字疑後人妄加。

144 有如皦曰　宋本作「皦」，注及正義同。

145 高梁在平陽楊縣西南　監本、毛本「楊」

作「揚」，非也。

146 呂甥郤丙　宋本、岳本、纂圖本、毛本「丙」作「芮」，不誤。淳熙本、監本作「芮」，亦非。❸

147 將焚公宮而弒晉侯　釋文「弒」作「殺」。案，李善幽通賦注引傳作「殺」，後漢書宦者傳論注引同。

148 寺人披請見　釋文「寺」又作「侍」。×

149 蒲城之役　宋本「役」作「伇」，說文云「古文『役』从人」。

150 女中宿至　釋文無「至」字，云「本一作『女中宿至』」。×

151 夫祛猶在　監本、毛本「祛」作「袂」，非也。×

152 彼時斬祛之恨今日猶在　監本、毛本脫「今日猶在」四字。

153 余未事君何有恩義於君焉　毛本「焉」誤「爲」。

154 言若反齊桓　岳本「若」誤「君」。

155 已將自去　宋本、岳本「已」作「己」，不誤。×

156 行者甚衆　釋文：「甚，一本作『其』。」×

157 被奄人　淳熙本、岳本、纂圖本、閩本、監本、毛本「被」作「披」，是也。×

158 豈唯刑臣一人乎　閩本、監本、毛本「唯」作「惟」。×

159 秦穆公女文嬴也　淳熙本「文」作「之」，非。

160 國未輯睦　釋文：「輯，本亦作『集』。」案，「集」、「輯」古多通用。

161 皆秦卒共之　釋文：「共，本亦作『供』。」×

162 懼者甚衆矣　釋文「甚」作「其」，云「本或作『甚衆矣』」。

163 屏括摟嬰　摟，石經、宋本、淳熙本、岳本、足利本作「樓」，不誤，注同。×

164 固請于公以爲嫡子　釋文：「嫡，本亦作『適』，注同。」×

165 而巳下之　宋本、岳本「巳」作「已」，下「已力」同。×

166 入滑在二十一年　宋本、淳熙本、岳本、纂圖本、足利本作「二十年」，是也。

167 而執二子　釋文：「本或作『而執其二子』，『其』衍字也。」×

168 推恩以行義　宋本、淳熙本、岳本、足利本「行」作「成」。

169 以蕃屏周　李善注文選曹子建求通親親表、任彦升齊竟陵文宣王行狀並作「以藩屏周室」。

170 管國在滎陽京縣東北　監本、閩本「滎」誤「榮」，淳熙本、足利本作「熒」，是也。×

171 應國在襄陽城父縣西　宋本、淳熙本、岳本、足利本「西」下有「南」字。段玉裁挍作「襄城父城縣西南」，是也。

172 馬平昌邑縣西有茅鄉　宋本、淳熙本、岳本、纂圖本、監本、毛本「馬」作「高」，不誤。案，惠棟校本「西」下增「南」字，蓋據後漢書郡國志。

173 文武成康之建母弟　監本、毛本「文武」誤「武王」。

* 封康叔于南　補：各本「南」作「衛」，是也，今改正。

174 周當成王即政之後　宋本「周」作「固」，是也。

175 彼叔世爲三代之末世　宋本「爲」作「謂」。

176 非武王時十五而周公加一也　毛本「一」作「之」，誤。

177 周公之允　監本、毛本「允」誤「亂」。

178 隱七年解訖　段玉裁校本「七」作「五」，是也。

179 鄂不韡韡　石經、宋本、淳熙本、岳本、纂圖本、足利本「韡韡」作「韡韡」，注同，釋文亦作「韡韡」。

180 兄弟鬩于牆　釋文亦作「鬩」，宋本、岳本、纂圖本、毛本作「鬩」，是也。

181 鬩訟爭貌　釋文云：「爭鬭之爭，本又作『諍』。」

182 常棣之本　宋本、監本、毛本「本」作「木」，是也。

183 豈不韡韡而光明乎　宋本「韡韡」作「韡韡」，下同。

184 暱近　李善注宣德皇后令引作「昵近」。案，「昵」爲「暱」之或體。

185 庸勳至姦之大　宋本此節正義在注「崇聚也」之下。

186 故於耳目身口之上爲惡名耳　宋本「身」作「心」，不誤。

187 心不則德義之經爲頑　淳熙本「德義」誤倒。

188 使頹叔桃子出狄師　釋文云：「桃，本或作『姚』，亦宜音桃。」

189 王德狄人　宋本此節正義在「將以其女爲后」之下。

190 狄固貪惏　宋本此節正義在「王又啟之」句下。

191 下士十有二人　毛本「下」作「卜」，非也。

192 處于汜　石經作「汜」，岳本作「汜」，釋文亦作「汜」，盧文弨云「當從釋文」，下同。❹

193 郭璞云似燕紺色　閩本、監本、毛本「紺」作「組」，非也。

194 案漢書尉他獻文帝翠鳥毛　閩本、監本、毛本「他」作「佗」，毛，宋本作「千」，與漢書南粤傳合。

195 子臧之服　釋文「服」作「及」，「一本作『之服』」。×

196 天子有事膰焉　釋文云「周禮作『鐇』字，音義皆同」。案，説文「鐇」字下云「宗廟火孰肉，从炙，番聲，春秋傳曰『天子有事鐇焉』」。

197 享宋公有加禮也　釋文「加」字絶句，云「一本無『也』字，讀則揔爲一句」。×

198 得罪于母弟之寵子帶　宋本無「弟」字，考文提要據僖五年正義「弟」作「氏」，是也。

199 一子周大夫　一，各本作「二」，此本誤。×

200 得先君後巳之禮　宋本、岳本「巳」作「己」，不誤。×

201 守謂邢政卿國子　宋本、岳本、足利本「政」作「正」，是也。×

附釋音春秋左傳注疏卷第十五　止

附釋音春秋左傳注疏卷第十六　僖廿五年至廿八年

經二十五年

202 自爲其子來逆　閩本「逆」誤「道」。

203 則此人字蕩也　浦鏜挍云「字」作「氏」。

204 不言遂時一事也　宋本、淳熙本、岳本、纂

圖本、足利本「時」作「明」，不誤。×

205 故但言納不復言歸　宋本重「歸」字，是也。案，「歸」字下屬爲句。

206 納取須兩見　宋本「取」作「不」，是也。×

207 三十一年魯始得曹田　閩本「始」誤「殆」。

208 住誤耳　宋本、閩本、監本、毛本「住」作「注」，不誤。×

傳二十五年

209 掖以赴外　詩衡門篇正義引作「持以赴外」，「謂持其臂而投之城外也」。案，説文「掖，持臂也」，詩正義作「持」，以意改。段玉裁云：「『赴』當『仆』字之誤，謂兩持其臂，脅自城上投諸城下也，作『赴』則義未顯。」

210 遂謂臂下脅上爲掖　閩本實闕「下脅上」三字。

211 繼文之業　宋本此節正義在注「匡輔周室」之下。

212 文公自以爲巳當此兆　宋本、岳本「巳」作「己」，不誤。×

213 睽大有九三變而爲睽　此本「睽」作「睽」，「大」作「太」，並誤。×

214 遇公用亨于天子之卦也　石經、淳化本、岳本、纂圖本、監本、毛本無「也」字。

215 故能爲王所宴饗　岳本「饗」下有「也」字。

216 戰克而王饗　宋本此節正義在注「言卜筮協吉」之下。

217 筮得大有是王享也　閩本、監本、毛本「享」作「饗」。

218 晉侯朝王王饗醴　石經、宋本、淳熙本、足利本「饗」作「享」，釋文亦作「享」，云「注同」，國語晉語作「饗」，詩彤弓正義引同，劉向新序引作「享」。案，作「享」爲正字，作「饗」爲同音假借，左氏多用正字，説詳成十二年。

219 又加之以幣帛以助勸也　宋本、岳本、足利本「勸」作「歡」，是也。

220 闕地通路曰隧　山井鼎云「禮喪大記疏引此注，『闕』作『闞』，誤也」。案，李善思元賦注引作「掘」，亦非，不知古穿地謂之闕地，如「闕地及泉」其一也。❺

221 與之陽樊温原欑茅之田　淳熙本、監本、閩本、毛本「欑」作「攢」，釋文亦作「攢」，非也。

222 晉於是始起南陽　石經、宋本、淳熙本、岳本、足利本「起」作「啟」，不誤。

223 蒼葛呼曰　石經、宋本、淳熙本、岳本「蒼」作「倉」，注同。

224 蒼葛樊陽人　宋本、淳熙本、岳本、足利本「樊陽」作「陽樊」，不誤。

225 稱舊都以爲本耳　宋本、監本、毛本「都」作「都」，是也。

226 秦人過析　釋文云：「析，俗作『枡』。」

227 昬而傳焉　顧炎武云「石經『傳』誤『傳』」。案，石經此處闕，炎武所據乃謬刻也。

228 一名曰科　宋本、岳本、纂圖本、足利本「曰科」作「白羽」，不誤。淳熙本、監本、毛本亦誤「曰」。

229 掘地爲坎　釋文亦作「掘」，云「本又作『闕』字」。按，此「掘」字必淺人所改。

230 乃降秦師囚申公子儀息公子邊以歸　石經、宋本、淳熙本、岳本重「秦師」二字。

231 昔趙衰以壺飧從徑餒而弗食　閩本「壺」誤

「壺」，石經、宋本「飧」作「飱」，注同。岳本作「飱」，閩本、監本、毛本作「餐」。案，「飱」字當從夕、從食，正義曰「劉炫改『徑』爲『經』，謂經歷饑餒下屬爲句」。案，「經」、「徑」古多通用，如楚詞招魂「經堂入奧」注「經，一作『徑』」，史記高祖本紀「夜徑」，索隱曰「舊音經」，隸辨徐氏紀產碑「雖直徑菅」，即「經菅」也。

232 **謂經歷飢餒**　閩本、監本、毛本「飢」作「饑」，非。

經二十六年

233 **公追齊師至酅**　釋文「酅」作「巂」，云「本又作『酅』」。×

234 **不及**　石經、宋本、淳熙本、岳本、纂圖本、監本、毛本「不」作「弗」，不誤。

235 **齊人至弗及**　閩本「弗」作「不」，非也。

236 **而書莒挐也**　閩本、監本、毛本「挐」作「拏」，非也。

237 **公子遂如楚乞師**　案，惠棟云：「遂，世本作『述』，『述』與『遂』古字通。秦大夫西乞術，本亦作『遂』，是也。」

238 **魯卿也**　正義本「卿」作「大夫」，云「今定本爲『魯卿』」。

239 **凡乞者○求過理之辭**　閩本、監本、毛本「○」作「有」，誤，宋本作「深」。❻

240 **執謙以逼成其討**　宋本「討」作「計」，與釋例合，下「合計」同。❼

241 **故皆從與謀之例**　宋本「皆」作「不」，是也。×

傳二十六年

242 **門人從以爲謚**　閩本、監本、毛本「謚」作「惠」，非。宋本「謚」作「諡」。案，當作「謚」。

243 室如縣罄　釋文：「罄，亦作『磬』，盡也。」石經此處闕，諸本作「罄」。程瑶田通藝録云：「左傳『室如縣罄』字从缶，从缶與从石同意。罄有房室中空之象，室無資糧，故曰『如縣罄也』。國語作『縣磬』，韋注『言魯府藏空虛，但有榱梁，如縣磬也』，假借之。凡器中空皆謂之『罄』，如詩云『瓶之罄矣』是也。空則有盡義，故又謂盡爲罄，詩云『罄無不宜』是也。」

244 我敝邑用不敢保聚　案，石經「不」字上後人旁增「是」字，非唐刻也。

245 楚嫡子　釋文「嫡」作「適」。

246 明是嫡子有疾　宋本、閩本、監本、毛本「適」作「嫡」。

247 立其弟熊延　閩本、監本、毛本「延」誤「廷」。

248 左右謂進退在已　宋本、岳本「已」作「己」，不誤，正義同。

249 能左右者謂欲左則左　宋本「謂」作「爲」。

12—250 劉賈許潁既不守例爲斷　閩本、監本、毛本「潁」作「穎」，非也。

校記

❶ 南昌本末增「〇今依訂正」。
❷ 南昌本末增「〇今依訂正」。
❸ 南昌本末增「〇今訂作『芮』」。
❹ 南昌本末增「〇今從釋文」。
❺ 南昌本末增「〇今訂正」。
❻ 南昌本末增「〇今訂從宋本」。
❼ 南昌本末增「〇今依訂正」。

春秋左傳注疏校勘記卷十三

13—001 經二十七年　宋本春秋正義卷第十三。石經春秋經傳集解僖下第七，岳本、纂圖本「僖」下有「公」字，並盡三十三年。

002 杜意當以此爲明年始告　監本、毛本「告」作「來」。

003 然若成十三年公會諸侯伐泰　宋本亦作「若」。閩本、監本、毛本誤作「則」。泰，各本作「秦」，是也。

004 齊人使隰鉏請成　監本、毛本「鉏」誤「鉅」。

005 宋向戌　宋本「戌」作「戍」，不誤。　×

006 此三事者　毛本「此」誤「比」。　×

007 無嫌於與盟　淳熙本「嫌」作「縑」，非。　×

傳二十七年

008 杞不共也　釋文：「共，本亦作『恭』。」　×

009 不廢喪紀　宋本此節正義在「禮也」注下。

010 弔贈之數不有廢　足利本「有」作「可」。

011 欒記曰　監本、毛本「記」作「紀」，非也。

012 諸侯相與　宋本「與」作「於」，是也。　×

013 責無禮也　釋文作「責禮也」，「本或作『責無禮』者，非」。顧炎武云：「石經『責』誤『青』。」案，石經此處闕，炎武所據乃謬刻。

014 蔿楚邑　諸本作「蔿」，此誤「爲」，今改正。　×

015 貫三人耳　宋本以下正義四節在「何後之有」注下。

016 夫有大功而無貴仕　監本、毛本「無」

作「爲」，非也。

017 三百乘三萬二千五百人　宋本、淳熙本、岳本、纂圖本、監本、毛本「三萬」作「二萬」，是也。

018 謀元帥　宋本以下正義二節揔入「德義利之本也」之下。

019 郤縠可　釋文「縠」作「穀」，云「本又作『縠』」，同。顧炎武云「石經誤作『穀』」。案，炎武所據乃謬刻。

020 遵禮樂以布德　「樂」字據宋本、閩本、監本、毛本補。❶

021 取納以言觀其志也　宋本、岳本、足利本「取」作「賦」，不誤。

022 狐毛偃之兄　宋本以下正義二節揔入「未安其居」注下。

＊ 魏犨爲右　補：各本「犨」作「犫」，下並同。❷

023 入務至生矣　宋本以下正義二節揔入「未宣其用」注下。

024 不許以求多　纂圖本「多」下有「也」字，非，下句注同。

025 公曰可矣乎　石經「乎」字旁增，蓋初刊時脱去，覆勘增正也。

026 謂明年戰城濮　纂圖本、閩本、監本、毛本「謂」作「爲」，非也。

經二十八年

027 如此訊之也　宋本「如」作「於」，是也。

＊ 然魯殺之叢　補：毛本「之叢」作「子叢」，是也，今依訂正。

028 比令公子買楚戍衛　宋本「楚」上有「爲」字，毛本脱「爲楚」二字。

029 唯言晉師陳于莘北　毛本「北」作「比」，非，宋本作「此」，屬下句。×

030 稱君以殺罪之　宋本、淳熙本、岳本、足利本「君」作「名」，不誤。

031 王子虎臨盟不同歃　釋文「歃」，云「本又作『喢』」。×

032 時國次也　閩本、監本、毛本「也」誤「之」。

033 則以大小爲序　監本、毛本「爲」作「無」，非也。

034 杜云襄王聞戰勝　宋本「聞」下有「晉」字，與傳注合。

035 雖爲叔武訟訴　釋文：「訴，本又作『愬』。」×

036 傳言司城效節於府人而出　閩本、監本「效」作「効」。案，文八年傳作「效」。

037 令君陷罪　毛本「令」誤「今」。×

038 鄇人秦人于温　石經、岳本「鄇人」作「鄇子」，與穀梁同，公羊作「鄇婁子」。按，石經是也。

039 若宋向戍之後會　宋本「戍」作「戌」，是也，下同。

040 天王狩于河陽　釋文：「狩，本又作『守』。」×

041 許比再會不至　宋本「比」作「此」，非也。

042 故因會共伐之　足利本無「會」字。

043 故從國逆例　宋本、足利本「逆」下有「之」字。

044 注晉感至之例　毛本「之」誤「逆」。此節正義宋本在「遂會諸侯圍許」注下。

傳二十八年

045 謂楚人曰　石經、宋本無「曰」字。

046 謂告楚人言子叢不終戍事而歸　宋本、岳本、足利本「謂」作「詐」。

047 與人至於墓　宋本此節正義在「師還焉」注下。

048 皆韻如詩賦　閩本、監本、毛本「皆」作「音」。

049 今定本作謀　監本、毛本「定」作「先」，非也。

050 言其無德居位者多　淳熙本「居」作「車」，非也。

051 報飧璧之施　毛本「飧」誤「餐」。 ×

052 恨公忘巳而念彼也　宋本「巳」作「己」，不誤。 ×

053 距躍超越也　各本作「躍」，此本誤「踊」，今改正。

054 百猶勵也　宋本、岳本「勵」作「勱」，釋文亦作「勱」字，正義同。按，勵者，厲之俗，說文所無。勱，音邁，百音陌，雙聲也。 ×

055 注距躍至勵也　宋本此節正義在「以徇于師」句下。

056 說文云躍迅也　閩本、監本、毛本「迅」作「退」，非也。

057 報借齊秦　宋本、淳熙本、岳本、足利本「報」作「假」，是也。

058 凡二十六年　宋本、足利本「二」作「三」，是也。

059 則須退避也　宋本「辟」作「避」。

060 言前人弱於巳也　宋本「巳」作「己」，不誤，下「與己」、「彊於己」並同。 ×

061 早自也斂　閩本、監本、毛本「也」作「退」，亦非，宋本作「收」。

062 子玉使伯棼請戰　淳熙本「玉」誤「欲」，石經此處闕。宋本、淳熙本、岳本、纂圖本、足利本「棼」作「棼」，不誤，釋文亦作「棼」，注同。

063 若敖楚武王之祖父　淳熙本「祖」作「租」，非。

064 先軫曰子與之　宋本以下正義三節摠入「退三舍」句下。

065 更別爲之立討　各本「討」作「計」，不誤。

066 豈在久矣　石經、宋本、淳熙本、岳本、足利本「矣」作「乎」，是也。

067 食言之爲　宋本、閩本、監本、毛本「爲」作「僞」。

068 孟武伯惡都重曰　宋本「都」作「郭」，是也。

069 通謂僞言爲食言　宋本「謂」作「爲」，非。

070 素訓爲上　宋本「上」作「空」，是也。

071 酅邱陵險阻名　宋本以下正義二節摠入「吾且柔之矣」注下。

072 前左水澤　浦鏜挍本「左」作「阻」字。按，史記淮陰侯列傳曰「兵法：右倍山陵，前左水澤」。倍，古「背」字，背猶後也。

073 原田每每　案，李善注魏都賦作「莓莓」，賈昌朝羣經音辨引作「畮畮」，實一字也。

074 喻晉君美盛　宋本、淳熙本、足利本「君」作「軍」，是也。

075 姬姓之國在漢北者　山井鼎引足利本

「之」作「諸」。

076 楚子伏巳而盬其腦　石經、宋本、岳本「巳」作「己」，不誤。 ✕

077 晉侯上向　釋文「向」作「嚮」，云「或作『向』」。 ✕

078 子犯審見事宜　淳熙本「子」作「也」，非也。

079 令戒勑子玉子西之屬　宋本、毛本「勑」作「敕」，不誤。案，說文「勑，勞也，從力、來聲」，陸德明云「來，旁作力，俗以爲約，『勑』字是也」。

080 韅靷鞅靽　釋文云「韅，說文作『䪏』」。惠棟云「案，㬎，古文以爲顯，故傳作『韅』，從古文省」。

081 有約脅者　閩本實闕「約」字。

082 靷宏軸也　案，當作「引軸」。❸

083 使若大將稍却　纂圖本、閩本、監本、毛本「却」作「郤」，乃「卻」之譌。

084 是大崩　淳熙本、纂圖本「是」上衍「不」字。

085 今滎陽卷縣　宋本、纂圖本「滎」作「榮」，非也。 ✕

086 鄉役之三月　釋文：「鄉，本又作『曏』。」案，說文引傳作「曏」，今傳作「鄉」，古文假借。

087 鄭伯至而懼　宋本以下正義二節揔入注「子人氏九名」之下。

088 傅相也　纂圖本「相」誤「覘」。

089 命晉侯宥　纂圖本、閩本、監本、毛本「宥」作「侑」。按，周禮多用「宥」爲「侑」，古文假借字也。

090 尹氏王子虎　淳熙本「尹」作「奚」，非也。

091 叔興父大夫也　毛本「大」誤「天」。 ✕

092 注以策至寵晉　宋本以下正義一節入

「戎輅之服」注下。

093 賜之大路之服　石經、宋本、岳本、纂圖本、閩本、監本、毛本作「大輅」。案，後漢書袁紹傳注引作「路」，是也。「輅」乃俗字耳。

094 玈弓矢千　監本、毛本「玈」誤「⿱艹玈」。釋文云「玈，本或作『旅』字，非也」。段玉裁云：「古音『旅』、『盧』無魚模斂侈之别，如盧即盧聲可證，古字假『旅』爲『黸』。魏三體石經遺字之存於洪氏者文侯之命篇，有『旅荒寧』等字，而誤系之春秋傳，其『⿰方翁』『旅』二文，一篆一隸，即盧弓、盧矢之『盧』字也。魏時邯鄲淳、衛敬侯諸家去漢未遠，根據尚精，蓋左氏冣多古文，音義云『玈，本或作旅』，此正古本之善。小雅彤弓音義亦云『玈，或作旅字者，非』，此皆陸之疏爾。『玈』之字，魏人石經隸體不用，則起於魏以後，昧於假『旅』之指而改從玄旁也，説文無『玈』字。」石經「矢千」上後人據别本旁增「十玈」二字。釋文云「本或作『玈弓十玈矢千』，後人專輒加也」。案，詩小雅彤弓正義云「傳文直云『玈弓矢千』，定本亦然，故服虔云矢千則弓十。是本無『十玈』二字，俗本有者誤也」。

095 彤赤弓玈黑弓　段玉裁挍本「弓」並作「也」，是也。

096 注彤赤至征伐　宋本以下正義四節揔入「王慝」注下。

097 以服射甲革椹質者　宋本「服」作「授」，是也

098 以授射豻侯鳥獸者　宋本「豻」作「豻」，是也。毛本「侯」誤「猴」。

099 見諸近射田獵　宋本、毛本「見」作「用」，是也。

100 秬鬯一卣　淳熙本「卣」誤「鹵」，注同。

101 釋草文　閩本、監本、毛本「文」誤「云」。　×

102 掌先後王而趨以卒伍　閩本、監本「伍」作「五」，非也。

103 重耳敢再拜稽首　此本「拜稽」二字誤作小字注，今訂正。

104 出入猶去來也　毛本「猶」誤「相」。　×

105 自襄牛出　監本「自」字上「○」應作「注」。

106 皆獎王室　釋文亦作「獎」。淳熙本、岳本、纂圖本、閩本、監本、毛本作「奬」。

107 明神殛之　釋文「殛」，本又作『極』，誅也，下『是糾是殛』同」。爾雅「殛誅也」，小雅菀柳、魯頌閟宮正義引並作「極」，是「極」與「殛」通也。

108 俾隊其師　釋文「俾」作「卑」，云「本亦作『俾』」。

109 注獎助至能也　宋本此節正義入「能以德攻」注下。

110 餘皆釋言文注　案，「注」字衍，宋本無。

111 及其元孫　石經、宋本、淳熙本、岳本、纂圖本、足利本「其」作「而」是也。

112 初楚子玉自爲瓊弁玉纓　案，説文引作「璿弁玉纓」，張衡集引同。釋文「弁」作「玣」，云「本又作『弁』」。

113 弁以鹿子皮爲之　監本「子」誤「孟」。

114 瓊玉之別名　淳熙本「瓊」作「璚」。案，「璚」與「瓊」同。

115 會弁如星　釋文：「會，本又作『璯』。」　×

116 侯伯七　閩本、監本「侯」誤「諸」。宋本、毛本「侯」上衍「諸」字。

117 衛風淇奧篇也　閩本、監本、毛本「奧」作「澳」，非也。

118 余賜女孟諸之麋　案，禹貢作「孟豬」，正義云「左傳、爾雅作『孟諸』，周禮作『望諸』，聲轉字異，正是一地也」。

119 注孟諸至曰麋　宋本此節正義在「弗致也」之下。

120 導荷澤　宋本「荷」作「菏」。

121 水草交爲湄　監本「水」誤「氷」。

122 則衆意皆阻　宋本「阻」作「沮」。

123 裨竈請用瓘斝瓌火　監本、毛本「斝」作「斚」，非也。閩本作「斝」，謬。

124 無所愛惜爲勁　宋本、淳熙本、岳本、纂圖本、閩本、監本、毛本「勁」作「勤」，不謬。

125 王時別遣追前使　淳熙本「遣」誤「遺」。

126 注夷謚　宋本此節正義在「亡大旆之左旃」注下，非是。

127 武子甯俞也　葉抄釋文「俞」作「渝」。

128 有渝此盟以相及也　監本「有」誤「者」。

129 奄甯子未備　纂圖本、閩本、監本、毛本「奄」作「掩」，是也。

130 聞君至　纂圖本、閩本、監本、毛本「君」作「公」，非也。

131 捉髮走出　淳熙本「髮」誤「髪」。

132 注牛馬至失之　宋本以下正義摠入「亡大旆之左旃」節注「夷謚」疏後。

133 劉炫規過以爲放牛馬於澤　監本、毛本「以爲」誤倒。

134 何得因放牛馬而亡左旃　毛本「旃」誤「旆」。

135 爲別失馬牛　閩本、監本、毛本作「失牛馬」。

136 掌此三事而不脩　宋本、淳熙本、岳本、足利本「三」作「二」，是也。

137 振旅愷以入于晉　釋文「愷」作「凱」。×

138 注愷樂也　宋本此節正義入「討不服也」注下。

139 故使叔鍼莊子爲主　宋本、淳熙本、岳本、足利本無「叔」字，是也。

140 先驗吏卒之義　岳本「義」下有「也」字。

141 爲治獄吏褻尊者也　閩本、監本、毛本「褻」作「藝」，非也。

142 深室別爲囚室　纂圖本、監本、毛本「別」作「則」，非也。

143 故親以衣食爲巳職　宋本、岳本「巳」作「己」，是也。×

144 橐衣囊　宋本「衣」下有「之」字。

145 饘糜也　宋本、岳本、足利本作「糜也」，不誤，正義同。

146 言其忠至所慮者深　宋本「至」作「主」。

147 注甯俞至者深　宋本此節正義在「立公子瑕」注下。

148 注晉侯至之事　宋本以下正義二節揔入「言其非地也」注下。

149 故自嫌彊大　閩本、監本、毛本「彊」作「强」，與注合。

150 顧王居踐土　毛本「土」誤「上」。×

151 此亦假其失地之文　監本、毛本「亦」誤「一」。×

152 趙盾之弒　釋文「弒」作「殺」，「音試」。×

153 泄冶之罪　此處「泄」字宋本、淳熙本、岳本、纂圖本、閩本、監本、毛本並不作「洩」。此本字之僅存者。

154 危疑之理　釋文：「一本『危』作『佹』。」　×

155 故改舊史　閩本、監本、毛本「改」作「解」，非。

156 有日無月　纂圖本、監本、毛本「無」誤「有」。

157 今復增置三行　纂圖本、監本、毛本「今」誤「合」。

附釋音春秋左傳注疏卷第十六　止

附釋音春秋左傳注疏卷第十七僖二十九年盡三十三年

經二十九年

158 玉子虎違禮下盟　宋本、淳熙本、岳本、纂圖本、閩本、監本、毛本「玉」作「王」，是也。

159 會王世子于首正　宋本、閩本、監本、毛本「正」作「止」，不誤。

傳二十九年

160 傳二十九年　監本「二」誤「三」。　×

161 春葛盧來朝　石經、宋本、淳熙本、岳本、纂圖本、監本、毛本「春」下有「介」字，是也。

162 薪芻倍禾　閩本、監本、毛本作「芻薪」。　×

163 若宋向戌之後會　宋本、淳熙本、岳本「戌」作「戍」，是也，正義同。　×

164 及其障　浦鏜正誤「及」作「反」。案，國語作「反」。

165 將亨而舍之　宋本「亨」作「烹」，與國語晉語合。

166 故有貳心也　宋本、監本、毛本「貳」作「二」。

167 兼有此闕　宋本「闕」下有「者」字。

168 案杜上注經云　毛本「上」誤「卜」。　×

169 冬介葛盧來以未見公　閩本、監本「以」下誤增「其」字。

經三十年

170 當據周歃治廛爲文　閩本、監本、毛本「廛」作「廛」，非，下傳、注同。×

傳三十年

171 渝盟先期人　毛本「渝」誤「偷」。×

172 亦不討其使者　毛本「討」誤「計」。×

173 皆十彀　岳本「彀」作「彀」，非。

174 注服卿至受命　宋本此節正義在「辭卿」注下。

175 秦軍氾南　石經「氾」作「氾」，釋文作「氾」，「音凡」，翻岳本同是也。

176 在熒陽中牟縣南　閩本、監本、毛本脱「南」字，「熒」誤「滎」，宋本作「熒」。按，宋本「冣善不應」，亦作「滎陽」，蓋慶元重刻時淺人所改也。

177 僖三十四年氾下云　宋本「三」作「二」，是也。×

178 楚戍鄭師于氾　宋本「戍」作「伐」，不誤。×

179 熒陽中牟縣南氾澤是也　宋本「熒」作「滎」，監本、毛本作「滎」，亦非。×

180 尋討傳文　閩本、監本、毛本「文」作「云」，非也。段玉裁云「此疏有脱誤」。

181 然鄭亡子亦有不利焉　石經「然」上有「雖」字。案，碑文乃唐人重刻，增入必有所據。

182 焉用亡鄭以倍鄰　石經、宋本、淳熙本、岳本、足利本「倍」作「陪」，宋本、釋文亦作「陪」。案，錢大昕云「从自爲正」。

183 陪益也　閩本、監本、毛本「陪」作「倍」，非。

184 *若舍鄰以爲東道主　補：諸本作「舍鄭」，此誤作「鄰」，今訂正。

185 共其乏困　釋文：「共，本亦作『供』。」×

186 注行李使人　宋本此節正義在「君亦無所害」句下。

187 訓之爲吏　監本、毛本「訓」誤「順」。

188 肆申也　宋本「申」作「由」，非。

189 若不闕秦將焉取之　石經作「不闕秦焉取之」，後人于「不」字上旁增「若」字，「焉」字上旁增「將」字，刻本輒據石經續補之，字妄增，唯宋本不誤，考文提要同。案，正義本無「若」、「將」二字。

190 不闕秦焉取之　宋本此節正義在「鄭人盟」句下。

191 使杞子逢孫楊孫戍之　石經、宋本、淳熙本、岳本「楊」作「揚」，下同。

192 微夫人力不及此　石經、宋本、淳熙本、岳本、纂圖本、監本、毛本「力」上有「之」字，是也。

193 秦晉私整　宋本、淳熙本、岳本、纂圖本、監本、毛本「私」作「和」，是也。×

194 昌歜昌蒲葅　葉抄釋文「葅」作「菹」，宋本、正義同，是也。

195 昌本昌蒲根　各本作「根」，此本誤作「相」，今改正。

196 齊有郱歜　閩本「歜」誤「鄙」。

經三十一年

197 取田取邑義亦同也　重脩監本「田」作「曰」，非也。

為之緇衣熏裳　宋本、閩本、監本、毛本「熏」作「纁」，考穀梁傳作「熏裳」。按，據儀禮則「熏」古文，「纁」今文也。

198 免牛亦然　監本「牛」誤「年」。

199 三卜禮也　宋本、閩本、監本、毛本作「三」，此本誤「二」，今改正。

200 皆郊祀望而祭之　宋本、淳熙本、岳本、足利本「皆」下有「因」字。

201 魯廢郊天而脩其小祀　岳本前後並作「脩」，惟此處作「修」。

202 國中山川　監本、毛本「中」誤「之」。

203 因郊祀天而望祭之　監本、毛本「祀」作「祭」，非。

204 蓋有阻險可以避狄難也　閩本、監本、毛本「阻險」作「險阻」。

傳三十一年

205 晉新得諸侯　顧炎武云「石經『新』誤『親』」。案，石經此處闕，所據乃謬刻也。

206 東傳于濟　顧炎武云「石經『傳』誤『傅』」，所據亦謬刻。

207 濟水自熒陽東過魯之西　閩本、監本「熒」誤「榮」，宋本、毛本作「滎」，亦非。

208 重館至曹地也　宋本無「也」字，非也。

209 注諸侯至常祀　宋本以下正義二節揔入「可也」句下。

210 是以魯君孟春乘大路載弧韣　閩本、監本、毛本「路」作「輅」，「韣」作「韣」。按，作「路」、作「韣」是也。

211 卜云卜其牲日　宋本「卜云」作「上云」，是也。

212 然則牛雖卜吉未得稱牲　各本作「卜」，此本誤「十」，今改正。

213 **不可改名爲牲**　閩本、監本、毛本「可改名」三字誤作「吉日不」，此本修板誤同，「牲」誤「性」。

214 **慢瀆龜策**　監本、毛本「慢」作「漫」，非也。

215 **止謂趙衰作五軍**　閩本、監本、毛本「止」誤「正」。　×

216 **卜曰三百年**　釋文曰：「音越，或人實反，非也。」

217 **卜曰三百年**　宋本以下正義二節揔入「相奪予享」注下。　×

218 **相奪予享**　岳本「予」作「子」，翻本仍作「予」，不誤，宋本亦誤「子」。

219 **自當祀相**　各本作「相」，此本誤「伯」，今訂正。　×

220 **非衛所絶**　纂圖本、毛本「絶」作「滅」，非。

經三十二年

221 **故言其謚也**　案，「謚」當作「諡」，宋本多作「謚」者，必是慶元重刻時所改。

222 **而規其謬非也**　宋本「謬」作「繆」。

223 **會狄于欑函**　閩本、監本、毛本「欑」作「攢」，非也。

224 **故不言地也**　閩本、監本、毛本脱「也」字。

225 **以狄俗逐水草**　閩本、監本、毛本「以」作「此」，非也。

226 **同盟踐土狄泉**　宋本、岳本、閩本、監本、毛本「狄」作「翟」，不誤。　×

傳二十二年

227 **殯窆棺也**　釋文：「窆，一本作『塗』字。」按，「塗」是也，殯用塗，不可云「窆」，葬乃云「窆」。

228 **執斧以涖匠師** 閩本、監本、毛本「涖」作「蒞」。

229 **月中而塴** 宋本「月」作「日」，不誤。

230 **封塴窆聲相近而字改易耳** 監本「塴」誤「搠」。

231 **殯則櫝置於西序** 閩本、監本、毛本「櫝」作「攢」字。按，禮記喪大記从木作「櫝」，从手者非也，説文無「攢」。

232 **卜偃聞秦密謀** 各本作「聞」，此本誤「間」，今訂正。

233 **蹇叔哭之曰孟子** 釋文云：「孟子，本或作『孟兮』。」案，石經初刻作「孟子」，改作「孟兮」，非當時勘正，乃後改也。臧琳云：「唐石經今作『孟子』，細驗其剜改之跡，原是『孟兮』字。」非也。按，作「兮」爲勝，兮者語所稽也，子者男子之美稱，蹇叔此語有傷痛之聲，不必以美稱加諸其子也。

234 **中壽** 宋本以下正義四節揔入「余收爾骨焉」節注下。

235 **晉人禦師必於殽** 釋文：「殽，本又作『崤』。」案，後漢書寵參傳云「孟明視喪師於崤」。

236 **殽有二陵焉** 毛本「有」誤「在」。案，李善注西都賦引傳作「崤」。

237 **高平謂上地豐正** 宋本、閩本、監本「上」作「土」，不誤。毛本作「王」，非也。

238 **兩山相嶔** 釋文：「嶔，本或作『嵐』，非也。」

239 **其阸道在兩殽之間** 監本、毛本「阸」作「阨」，誤，應作「陒」。

240 **是文王之所避風雨者也** 閩本、監本、毛本亦作「也」，與公羊合，宋本作「故」，屬下讀。

經三十三年

241 晉侯韓背喪用兵　宋本、岳本、纂圖本、閩本、監本、毛本「韓」作「諱」。案，正義亦作「諱」，淳熙本作「韃」，非也。

242 戎子駒友之先也　宋本、淳熙本、岳本、纂圖本、閩本、監本、毛本「友」作「支」，是也。

243 諸戎掎之　釋文亦作「掎」，纂圖本、毛本「掎」誤「犄」。

244 晉韓而以微人告　浦鏜正誤「人」作「者」。❹

245 又何恥諱而以微者告　浦鏜正誤「又」作「有」。

246 周十一月今九月　纂圖本、監本、毛本「一」作「二」，非。

傳三十三年

247 春晉秦師過周北門　案，「晉」字衍，石經、宋本、淳熙本、岳本、纂圖本、監本、毛本並無。

248 攝叔爲右　監本「右」作「石」，非也。

249 故左右皆下　閩本、監本、毛本「下」誤「不」。

250 入險而脱　顧炎武云「石經『入』誤『人』」。案，碑「入」字右邊闕，炎武所據乃謬刻也。

251 故先韋乃入牛　宋本「牛」下有「也」字。

252 爲從者之淹　顧炎武云「石經『淹』誤『流』」。案，石經此處闕，炎武所據亦謬刻也。

253 注腆厚至菜薪　宋本以下正義二節揔入「且使遽告于鄭」注下。

254 皆視飱牽　毛本「飱」作「餐」，亦非，宋本作「飧」，下同。❺

255 積既得飱　宋本「得」作「視」，是也。

256 駟遽傳也　閩本、監本、毛本「馹」作「驛」，非也。

257 鄭穆公使視客館視秦三大夫之舍　○案，傳文七字、注文七字，此本、閩本並脱，據石經、宋本、淳熙本、岳本、纂圖本、監本、毛本補。

258 則束載厲兵秣馬矣　釋文云「秣，説文作『䬴』，云『食馬穀也』」。閩本、監本誤作「抹」。

259 注資糧至羊豕　宋本以下正義二節摠入「杞子奔齊」節下。

260 歸飱饔餼五牢　毛本「⿰歹食」作「餐」，非。宋本作「飱」，從夕，不從歹。

261 猶秦之有具囿也　山井鼎云「宋本『囿』作『圃』」。考文所謂「宋本」即此本也。此本初刊似作「圃」，後改從「囿」，盧文弨鍾山札記云「宋時本是『具圃』，今本作『具囿』」，引初學記、水經注、高誘呂氏春秋注並作「具圃」，爲是。案，唐石經、宋本、淳熙本、岳本及諸刻本皆作「囿」。

262 以閒敝邑若何　石經初刻「閒」誤「閑」，重勘正。

263 熒陽中牟縣西有圃田澤　宋本、淳熙本、毛本「熒」作「滎」，非。

264 逢孫揚孫奔宋　纂圖本、閩本、監本、毛本「揚」作「楊」。

265 孟明曰　淳熙本「曰」誤「白」。

266 注迎來至於事　宋本此節正義在注文「爲公如齊傳」下。

267 及聘事皆畢乃云　閩本、監本、毛本「云」作「去」。

268 是來有郲勞　宋本、閩本、監本、毛本「郲」作「郊」，是也。

269 言不可謂背君　各本作「背」，此本誤「昔」，今改正。×

270 襄公嫡母　釋文「嫡」作「適」。×

271 曰彼實構吾二君　石經初刻作「構」，是也，後改從扌旁，宋本、監本、毛本作「搆」。

272 〇狄侵齊因晉喪也　監本「〇」誤「注」字。

273 郤缺獲白狄子　宋本以下正義五節揔入「亦未有軍行」注下。

274 耨鋤也　釋文「鋤」作「鉏」，云「本又作『鋤』」。×

275 耨枘尺此其度也　宋本「枘」作「柄」。案，吕氏春秋任地篇作「柄」。[6]

276 欲殺文公　纂圖本、閩本、監本、毛本「殺」作「弒」。

277 舜之罪也殛鯀　石經「鯀」字改刻，初刻似作「鮌」。

278 祇敬　宋本、淳熙本、岳本、纂圖本、閩本、監本、毛本「敬」下有「也」字。

279 詩曰采葑采菲　宋本「曰」作「云」，石經此處闕。

280 陸璣毛詩義疏云　監本、閩本「璣」作「機」，是也。×

281 莖麄葉厚而長　宋本「麄」作「麤」。案，麄，俗「麤」字。

282 三月中烝煮爲茹　宋本「烝」作「蒸」。

283 詩故云上善下惡　閩本「詩」作「時」，是誤字。按，詩故，謂詩之訓故。

284 外僕髡屯禽之以獻　石經、宋本凡「髡」字皆作「髠」，是也。

285 在熒陽密縣東北　宋本、淳熙本、纂圖本、毛本「熒」作「滎」，非。

286 經襄城定陵入汝　釋文「經」作「徑」。

287 注文公至倒錯　宋本此節正義入「非禮也」注下。

288 乙巳非十二月　山井鼎云「宋板無『二』字」。案，此本「二」字擠增。

289 或可編絶之處　宋本「可」作「由」，是也。

290 致使彼此共剩一文耳　宋本「剩」作「乘」。

291 新主既立特祀於寢　宋本、岳本、足利本無「立」字，與正義合。

292 祔之於祖　宋本、閩本、監本、毛本作「祖」，此本誤「相」，今改正。

293 徬徨求索　宋本「徬」作「彷」。

294 文少詳耳　閩本、監本、毛本「少」作「小」，非也。

295 礿祠烝嘗　監本、毛本「祠」作「祀」，非也。

296 釋例云　宋本「云」作「曰」。

297 卒哭明日　浦鏜云「案，士虞禮無『卒哭』二字，當作『既夕』也」。案，浦鏜説大誤，士虞記「明日以其班祔」，注云「卒哭之明日」也。

298 作主致之於寢　閩本、監本、毛本「致」作「置」。

299 則其餘宗廟四時常祀　閩本、監本、毛本「則」誤「而」。

300 冬十二月晉侯周卒　宋本「二」作

「二」,不誤。 ×

301 凡三年喪畢然後禘　閩本、監本、毛本「然」作「而」。 ×

13—302 十日而後行事　宋本「十」作「卜」,不誤。 ×

附釋音春秋左傳注疏卷第十七

校記

❶ 此條南昌本作「遵禮以布德：案,『禮』下脱『樂』字,當據宋本、閩本、監本、毛本補」。

❷ 鞸,南昌本本作「韠」,據左傳注疏傳世本改。

❸ 「有約胸者」與「軥宏軸也」二條,南昌本位置互换,與南昌本左傳注疏合。

❹ 韓,南昌本作「諱」,爲是。

❺ 南昌本末增「〇今并改作『飧』,後不悉出」。

❻ 南昌本末增「〇今訂作『柄』」。

春秋左傳注疏校勘記卷十四

14—001 附釋音春秋左傳注疏卷第十八 文元年盡四年 宋本春秋正義卷第十四，石經春秋經傳集解文上第八，岳本、纂圖本「文」字下增「公」字，並盡十年。

文公

經元年

002 釋例曰 宋本「曰」作「云」。

003 名號即成 毛本「即」誤「既」。

004 九年春毛伯來求金 宋本、閩本、監本、毛本作「金」，此本誤「今」，今改正。✕

005 王使榮叔歸含且贈 宋本、毛本「贈」作「賵」，是也。

006 天子使大夫會葬爲得也 宋本「得」下有「禮」字。

007 本是紀滅 宋本作「本封絶滅」，不誤。❶

008 國名尚存 宋本、閩本、監本、毛本作「存」，此本誤「曰」。✕

009 則賜命立有服 宋本、監本、毛本「立」作「亦」，不誤。✕

010 貶他國之卿已成體例 閩本、監本、毛本「已」作「以」。✕

傳元年

011 食子奉祭祀供養者也 宋本「供」作「共」，釋文「供，俱用反」。陳樹華云：「釋文若本作『供』，無煩音切，且傳、注前後多作『共』，此乃傳寫之誤。」

012 公孫敖奔莒傳 纂圖本「敖」誤「教」。✕

013 歸餘於終　案，史記麻書「餘」作「邪」，注云「邪音餘」。

014 朞之日　釋文作「期之日」，云「朞同」。　×

015 事則不悖　漢書律麻志引傳「悖」作「誖」。

016 擧正於中　毛本「正」誤「止」。　×

017 皆以閏餘減章歲餘　監本「減」作「滅」，誤。　×

018 章有七閏入章三年閏九月　閩本、監本、毛本「入」作「八」，非。

019 則未滿二十二月　宋本「二十」作「三十」，是也。　×

020 必以日月全數爲始　宋本「月」下有「之」字，是也。

021 一歲止少弱十一日　閩本、監本、毛本「止」作「只」。

022 今於餘分三百四十八　毛本「今」作「令」。

023 内取二百三十五　毛本「三十」作「二十」。

024 王使毛伯衛來賜公命　釋文「賜」作「錫」，淳熙本、纂圖本、閩本、監本、毛本同。顧炎武云「石經『錫』誤『賜』」。漢書五行志作「毛伯賜命」。案，經與傳文往往不同，顧炎武以作「賜」爲誤，非是。釋文無「王使」二字，云「一本作『王使』，一本作『天王使』」。

025 注衛毛伯字　宋本此節正義在注「謝賜命」之下。

026 晉襄公既祥　宋本以下正義二節揔入注「身見執辱」之下。

027 而失今事霸王之禮　淳熙本、纂圖本亦誤作「王」，宋本、岳本、閩本、監本、毛本作「主」。　×

028 以謀而濟　監本「濟」作「齊」，非也。

029 大字小小事大　監本、毛本「字」作「事」，非也。

030 所以相保時也　宋本「時」作「持」，是也。

031 則非善計　毛本「計」誤「可」。

032 蠭目而豺聲　釋文：「蠭，本又作『蜂』。」

033 職商臣庶弟也　宋本、淳熙本、岳本、纂圖本、足利本無「也」字。

034 享江芊而勿敬也　淳熙本「芊」作「芉」，亦非。顧炎武云「石經誤作『芉』」，所據乃謬刻。宋本、岳本、纂圖本、毛本作「芊」，不誤，注同。❷

035 宜君王之欲殺女而立職也　案，韓非子作「廢女」，劉知幾史通言語篇引同。陳樹華云：「上云『黜商臣』，似作『廢』字爲是。然江芊怒，故甚其辭，讀者正不必泥也。」

036 大事謂弑君　釋文云：「一本無此注。」

037 王以東宮卒從子玉　纂圖本「子」誤「乎」。

038 言其忍甚　纂圖本「忍」誤「忽」。

039 冤枉之人衆矣　閩本、監本、毛本「冤」作「寃」，非也。

040 爲大子之室　宋本此節正義在注文「列兵而環王宮」之下。

041 商臣令既爲王　宋本、閩本、監本、毛本「令」作「今」，不誤。

042 凡君至並聘　宋本此節正義在注文「皆用吉禮」之下。

043 則國事皆用吉禮　纂圖本、毛本「吉」誤

「古」。

044 言昏亂之君　釋文「昏」作「惛」，云「本亦作『昏』」。×

045 覆俾我悖　釋文「俾」作「卑」，云「本亦作『俾』，注同」。×

經二年

046 馮翊部陽縣西北有彭衙城　宋本、淳熙本、岳本、足利本「部」作「郃」，不誤。❸

047 此年晉士縠堪其事　監本、毛本「年」誤「言」。×

048 左傳唯言祔而作主　閩本、監本、毛本「祔」誤「袝」。

049 論語哀公問主於宰我　宋本「主」作「社」。案，鄭注論語作「主」。×

050 劉炫就所以規杜過　仁和梁履繩云「『所』下脱『見』字」，非。宋本「所」作「此」，是也。❹

051 三月乙巳及晉處父盟　石經初刻「晉」下有「陽」字，後改刊磨去，作「處父盟」。×

052 公孫敖會宋公陳侯鄭伯晉士縠盟于垂隴　釋文：「縠，本又作『穀』。」×

053 熒陽縣東有隴城　宋本、淳熙本、岳本、閩本、監本、毛本「熒」作「滎」，非。×

054 不雨足爲災　毛本「足」誤「是」。

055 五穀猶有收　宋本「收」下有「也」字。

056 時未應吉禘　重脩監本「吉」作「告」，非也。

057 釋詁文　閩本、監本、毛本「文」誤「云」。

058 故貶四國大夫以尊秦伯　宋本、岳本、足利本無「伯」字。

059 **四人至尊秦**　閩本、監本、毛本作「至秦伯」，非也。

060 **令以一義變例**　宋本、閩本、監本、毛本「令」作「今」，不誤。×

061 **納徵始有元纁束帛**　監本、毛本「始」誤「如」。

062 **蓋公爲大子時已行昏禮也**　宋本、岳本、足利本無「也」字。

063 **主人既誇**　監本、毛本「誇」作「諸」，宋本作「許」，不誤。×

064 **不得唯止於納幣逆女**　閩本、監本、毛本「止」作「只」。

065 **君之昏**　宋本「君」上有「魯」字，是也。

066 **此其義**　宋本「義」下有「也」字。

傳二年

067 **狐鞫居爲右**　葉抄釋文「鞫」作「鞠」。

068 **故嗤之**　葉抄釋文「嗤」作「蚩」。

069 **雖有常圓**　宋本、閩本、監本、毛本「圓」作「員」，是也。×

070 **先軫死焉**　宋本「焉」作「爲」，屬下讀。

071 **欲共殺先軫**　纂圖本「共」作「其」，非也。

072 **言上即是不義**　宋本「言」作「害」，不誤。×

073 **屬屬已兵**　宋本、岳本「已」作「己」，不誤。×

074 **例在僖二十三年**　宋本、岳本、閩本、監本、毛本「二」作「三」，不誤。×

075 **經傳必有誤**　宋本「誤」下有「也」字。×

076 **公未至諸侯**　宋本以下正義二節揔入注

文「以苟免也」之下。

077 **士穀士蔿子**　宋本、淳熙本、岳本、纂圖本、閩本、監本、毛本「穀」並作「縠」。

078 **書士縠**　釋文：「本或作『書曰晉士縠』。」　×

079 **令居閔上**　宋本「令」作「今」，非。釋文「一本無『上』字」，陳樹華云「釋文『無上字』，當作『無閔字』，與文義方合」。

080 **注僖是至逆祀**　宋本以下正義三節揔入「故鬼小」注下。

081 **兄弟昭穆故同僖閔不得爲父子**　閩本、監本、毛本「故同」作「同故」。

082 **似閔僖異昭穆者**　宋本「似」作「以」。

083 **知其理必不然**　監本、毛本「理」作「禮」。

084 **明順禮也**　毛本「禮」誤「理」。

085 **各言君子者**　監本、毛本「各」誤「多」。　×

086 **又引彼作詩君子以爲證且**　宋本「且」作「耳」，不誤。　×

087 **昭明生相土相土生昌若**　閩本、監本「土」誤「士」。昭，監本作「相」，亦非。

088 **不欲重文**　監本、毛本「文」誤「耳」。

089 **故特存焉**　宋本「焉」作「爲」，屬下讀。

090 **使祝史徙主祏於周廟**　閩本、監本、毛本「主」誤「王」。

091 **非有懈倦**　宋本「倦」作「惓」。

092 **僖親文公父**　纂圖本「文」誤「父」。

093 **夏父弗忌欲阿時君**　陳樹華云：「欲，一本作『從』。」

094 **故傳以此三詩深責其意**　宋本、淳熙本、岳

本、纂圖本、足利本「三」作「二」，是也。 ×

095 已欲立而立人　宋本、岳本「已」作「己」，不誤。足利本後人記云「『立人』下，異本有『仁』字，非也」。

096 廢六關　顧炎武云「石經『關』誤『闕』」。碑文此處闕，炎武所據乃謬刻。案，家語曰「置六關」，王肅云「六關，關名，魯本無此關，文仲置之，以稅行者，故爲不仁，傳曰『廢六關』，非也」。惠棟云：「『廢』與『置』古字通。公羊傳『去其有聲者，廢其無聲者』，鄭氏荅張逸曰『廢，置也』，以廢爲置，猶以亂爲治、徂爲存，故爲今、曩爲曏、苦爲快、臭爲香、藏爲去，郭璞所謂『詁訓義有反覆，旁通美惡，不嫌同名』，杜注云『六關所以禁絶末遊而廢之』，非也。」陳樹華云：「莊子徐無鬼『於是乎爲之調琴，廢一於堂，廢一於室』，亦廢訓置之明證。」

097 所以禁絶末遊　纂圖本「末」誤「未」。按，依正義則「絶」當作「約」。

098 今歐民而歸之農　閩本、監本、毛本「敺」作「毆」，宋本作「歐」誤。

099 是所以禁絶末遊者　宋本「絶」作「約」，是也。

100 鄭元云節椯也　宋本「椯」作「栭」，不誤。 ×

101 難以言仁曰知矣　宋本「曰」作「且」，是也。 ×

102 海多大風冬暖　宋本作「冬煖」。

103 宋公子成　釋文：「成，本或作『戌』，音恤。」 ×

104 元妃嫡夫人　釋文「嫡」作「適」。 ×

經三年

105 汝南平與縣北有沈亭　釋文「與」作「輿」。案，水經注廿四作「平輿」，史記管蔡世家

正義引同，「沈亭」作「邥亭」。❺

106 周王因以同盟之例爲赴　釋文：「爲赴，本或作『來赴』。」 ×

107 不應貶責　宋本「不」上有「則」字，是也。

108 自上而隋　毛氏六經正誤云：「潭本、釋文作『惰』，古字借用，本作『憧』，作『隋』者後人妄改。」宋本作「隊」，蓋因傳文而誤。案，當作「惰」，爲「憜」之省文。

109 喜而來告故書　閩本、監本、毛本脱「喜」字。

傳三年

110 各以類言之　宋本「言」作「常」，非也。

111 麇子逃歸　宋本「麇」作「麋」，不誤。 ×

112 無下可逃　宋本「下」作「不」。

113 然鄭詹書而高厚不書者　宋本、閩本、監本、毛本作「不」，此本誤「之」，今訂正。 ×

114 王叔又未與文公同盟　宋本「叔」作「子」，非也。

115 封埋藏之　宋本「埋」作「理」，非也。 ×

116 君子是以知秦穆公之爲君也　石經無「公」字，「之爲」二字重刻。足利本亦無「公」字。案，下文云「秦穆有焉」，四年傳「其秦穆之謂矣」，六年傳「秦穆之不爲盟主也宜哉」，皆無「公」字，諸刻本有者疑衍文。

117 壹無二心　閩本、監本、毛本「二」作「貳」。

118 子桑公孫封　宋本、淳熙本、岳本、纂圖本、足利本「封」作「枝」，不誤。 ×

119 夙夜匪解　足利本「解」作「懈」。

120 言子桑有舉善之謀　纂圖本、監本、毛本「舉善」誤倒，淳熙本「舉」誤「小」。

121 釋詁文　閩本、監本、毛本「文」誤「云」。

122 翼者贊成之義故爲成也　監本、毛本「爲」誤「有」。

123 隊而死也　石經「隊」作「墜」，俗字，漢書五行志引傳同。

124 欲令下與處父救江相接故也　閩本、監本、毛本「下」誤「不」。

125 栢公是其子　宋本、閩本、監本、毛本「栢」作「桓」，不誤。×

126 聞晉師起而江兵解　纂圖本「師」作「帥」，非。

127 晉侯辭之禮未成　宋本「侯」下有「降」字，「之」作「以」，不誤。

128 義取其顯顯令德　宋本無「義」字。陳樹華云「以上注例之，不當有也」。

經四年

129 受禄于天　足利本「于」作「於」。×

130 異於常文　宋本、閩本、監本、毛本作「文」，此本誤「又」，今改正。

131 上賤之文也　宋本「上」作「略」，不誤。×

132 滅例在文十五年　宋本無「文」字，是也。

133 赴同祔姑　纂圖本、閩本、監本、毛本「祔」作「袝」，非也。

134 故姒氏之喪　監本「姒」誤「似」。×

135 責以小君不成　閩本、監本、毛本「責」作「貴」。案，隱三年正義所引釋例亦作「責」，「貴」字誤。

傳四年

136 君子曰詩云惟彼二國　石經「云」字闕，正義

云「偏雖諸本，『君子曰』下皆無『詩云』」。此二字自屬衍文，然石經既有，未敢遽刪。❻

137 君子至謂也　宋本、毛本「也」作「矣」，不誤。❼

138 此詩大雅皇矣一篇　宋本「一」作「之」，是也。×

139 爲賦湛露及彤弓　石經「湛」字皆作「湛」，避唐敬宗諱，此「湛」字不缺筆，爲後人妄加也。

140 各以三篇爲斷　宋本「三」作「二」，不誤。

141 臣以爲肄業及之也　釋文作「肆業」，「以二反，習也，注同」。依字作「肄」，石經及宋本皆作「肄」。

142 說文肆訓爲陳　宋本「肆」作「肄」，非。

143 字從長聿聲　監本「字」作「子」，非。×

144 肄訓爲習字從聿豸聲　浦鏜云「『肄』誤『肄』，『聿希』誤『聿豸』」。

145 天子當陽　宋本此節正義在「諸侯用命也」注下。

146 諸侯敵王所愾而獻其功　說文引傳「愾」作「鎎」。

147 玈弓矢千　石經「弓」字下旁有「千玈」二字，諸刻本所無，此後人妄增也。

148 注覺明宴樂　宋本、閩本、監本、毛本「明」下有「至」字，是也。

149 爲明年王使來舍賵專　宋本、淳熙本、岳本、纂圖本、閩本、監本、毛本、足利本「舍」作「含」，「專」作「傳」，不誤。閩本、監本、毛本脱「來」字。×

附釋音春秋左傳注疏卷第十八　止

附釋音春秋左傳注疏卷第十九上　文五年

盡十年

經五年

150 **王使榮叔歸含且賵** 釋文：「含，本亦作『唅』，説文作『琀』。」

151 **含襚賵臨** 此本下文作「隧」，亦非，宋本、閩本作「襚」，不誤。

152 **寧能盡至全無所譏** 宋本「盡至」下有「王歸含賵二事而已宰咺又賵而不含不至」十七字。

153 **既合且賵便青兼之不可** 宋本、閩本、監本、毛本「合」作「含」，「青」作「責」，不誤。×

154 **孝子不忍虛其親之口** 宋本、閩本、監本、毛本作「親」，此本誤「現」，今訂正。×

155 **故以米貝珠玉實之** 各本作「貝」，此本誤「具」，今訂正。×

156 **召伯大子卿也** 宋本、淳熙本、岳本、閩本、監本、毛本「大」作「天」，不誤。×

傳五年

157 **天子以夫人禮賵之** 宋本作「贈之」。案，正義本作「贈」。

158 **冬楚子燮滅蓼** 石經、宋本、岳本、足利本「楚」下有「公」字，釋文同。釋文：「蓼，音了，字或作『鄝』，音同。」

159 **蓼國今委豐蓼縣** 宋本、淳熙本、岳本、纂圖本、閩本、監本、毛本、足利本「委」作「安」，不誤。岳本脱「國」字。❽

160 **沈漸剛克** 案，古文尚書作「沈潛」，段玉裁云「漢書谷永傳曰『忘湛漸之義』，湛漸即沈潛也，蓋今文尚書作「漸」，與左氏合」。

161 **注甯晉至大夫** 宋本以下正義二節揔

入注文「今謂之周書」之下。

162 沈漸猶滯溺也　釋文：「滯溺，一本作『滯弱』，非也。」×

163 不干四時　閩本、監本、毛本「干」誤「于」。

164 爲六年蒐於夷傳　釋文「於」作「于」，與下傳文合。

經六年

165 行父季孫友子　宋本、岳本、監本、足利本作「行父季友孫」，不誤。×

166 閏月不告月　釋文云：「月，或作『朔』，誤也。」

167 諸侯每月必告朔聽政　重脩監本「諸」誤「謂」。

168 故闕不告朔　釋文云：「不告朔，本或作『告月』。」×

169 聽治此月之政　監本「治」作「洽」，非。×

170 則謂之朝正　監本、毛本「謂」作「爲」，非。×

171 釋例曰人君者　毛本「人」誤「入」。×

172 縱諸下以盡知力之用　監本、毛本「縱」作「從」。

073 思効忠善　毛本「効」作「效」。

174 則六鄉六遂之長　閩本、監本、毛本「鄉」誤「卿」。

175 因月朔朝　宋本「朝」下有「廟」字，是也。

176 杜以明堂與祖廟爲一　宋本、閩本、監本、毛本作「杜」，此本誤「柱」，今改正。×

177 朝服以日視朝　毛本「日」誤「月」。

傳六年

178 晉侯將登鄭父先都　宋本「登」下有「箕」字，與下傳合。

179 故蒐以謀軍師　宋本、閩本、監本、毛本「師」作「帥」，不誤。

180 先克代佐中軍耳　監本、毛本脱「耳」字。

181 處父嘗爲趙盾屬大夫　宋本、岳本、足利本「盾」作「衰」，不誤。案，趙衰字成季，非盾字也。

182 輕重當　釋文作「當也」。案上下文注應有「也」字。

183 辟刑獄　石經、宋本、岳本、纂圖本、足利本作「辟獄刑」，考文提要同，與正義合。釋文作「辟獄」，是亦「獄」字在上也。

184 質要眷契也　各本「眷」作「券」，亦非。宋本作「券」字，从刀，非从力，是也，正義同。案，正義「券契」倒作「契券」。

185 治舊洿　釋文：「洿，本又作『汙』，同。」

186 治理洿穢　監本「治」上脱「注」字。

187 令於今理治之也　毛本「今」誤「令」。

188 洿穢不絜　毛本「絜」作「潔」，俗字，下同。

189 質要契券　閩本、監本、毛本作「券契」，非也。❾

190 復有孤一人者　「一」字此本闕，據宋本補。閩本、監本、毛本作「一人」。

191 以子車氏之三子奄息仲行鍼虎爲殉　案，詩黄鳥正義曰「左傳作『子輿』，史記秦本紀亦作『子輿氏』」；今傳文作「車」，與孔氏所據本不同。釋文「仲」作「中」，云「本亦作『仲』」。

192 無善人之謂　纂圖本「人」誤「大」。

193 古之至不長　宋本以下正義十一節揔入「聖王同之」節注下。

194 聖哲是人之儁者　閩本、監本、毛本「儁」作「雋」。

195 故聖王爲教　毛本「教」作「政」，非也。

196 此言唯樹以聲　閩本、監本、毛本「唯」作「惟」。×

197 注鐘律至明時　閩本、監本、毛本「鐘」作「鍾」，下同。

198 一黍之廣度之九十黃鐘之長一黍爲一分　毛本「十」下有「分」字，「爲」上無「黍」字，據漢書律厤志改也。案，隋志引此文作「度之九十黍爲黃鍾之長一黍爲一分」，毛本依漢志删「黍」字，亦非。

199 重十二銖　毛本「十」誤「卜」。×

200 各自討律　宋本、監本、毛本「討」作「計」，不誤。×

201 利者務生此利　毛本「者」誤「故」。

202 道之以禮則使毋失其土宜　宋本、淳熙本、岳本、纂圖本、閩本、監本、毛本並衍「以」字。石經「以」字乃後人據別本旁增，「則」字屬下句，非是。

203 注季文至疾故　宋本此節正義在注「所謂文子三思」之下。

204 考其情氣有異尋常　宋本「氣」作「事」。

205 難必抒矣　葉抄釋文「抒」作「杼」，正義引服虔本作「紓」字。按，說文「紓緩也」，「紓」爲正字，「抒」爲假借字。

206 注抒除也　宋本以下正義二節揔入注文「郫晉地」之下。

207 服虔作紓紓緩也　閩本、監本、毛本

「紓」作「舒」。

208 辟也　釋文：「辟，又作『僻』。」 ×

209 讓季隗而已次之　石經、宋本、岳本「已」作「己」，不誤。

210 注帑妻子也　宋本以下正義二節揔入注「扞衛也」之下。

211 父祖受人之惠　宋本「祖父」上有「是」字。⑩

212 子孫或時不知　監本、毛本「時」作「有」。

213 言以蒙宣子寵位　監本、毛本「以」作「已」，亦非。宋本、岳本作「己」，不誤。

214 宣子將復怨已是益仇　宋本、岳本「已」作「己」，不誤。岳本「仇」下有「也」字。 ×

215 何以事夫子　石經磨去「夫子」二字，重刊「子」字，似未足據。

216 時以作事　隋書經籍志引作「時以序事」。

217 生民之道　鄭氏注周禮大史引作「生民之本」。

經七年

218 因伐邾師以城郜　監本「師」作「帥」。

219 夏四月宋公王臣卒　釋文云「王臣，本或作『壬臣』」。案，穀梁作「壬臣」，石經仍作「王臣」，係改刻。

220 趙盾廢嫡而外求君　釋文「廢」誤「殷」，「嫡」作「適」，「本亦作『嫡』」。

221 滎陽卷縣西北有扈亭　足利本「滎」作「熒」，是也。 ×

222 公後會而分其盟　宋本、淳熙本、岳本、纂圖本、毛本「分」作「及」，不誤。

傳七年

223 寘文公子焉　顧炎武云「石經『焉』誤『曰』」。案，碑「焉」字全存，所據乃謬刻也。

224 絶大皡之祀　釋文「皡」作「皥」，各本從白，非也。

225 桓公孫　宋本「孫」下有「矔」字。

226 注戴公元孫鱗矔桓公孫　宋本此節正義在注「所以致亂」之下。

227 華御事爲司寇　釋文「御」作「禦」，云「本又作『御』」。

228 若去之則本根無所庇陰矣　石經、宋本、淳熙本、岳本、纂圖本、監本、毛本「陰」作「廕」。釋文亦作「廕」，云「本又作『蔭』」。

229 葛藟猶能庇其本根　釋文：「藟，本或作『虆』。」×

230 葛之能藟蔓繁滋者　釋文「藟」作「虆」，「類龜反」。×

231 以本枝廕庥之多　釋文：「庥，本又作『庇』。」×

232 葛藟至爲比　宋本以下正義三節揔入「非其罪也」之下。

233 且春秋之時不必如禮　監本、毛本「如」誤「知」。×

234 若爲賊者衆因亂而殺　宋本「衆」作「多」。

235 公孫輒是也　閩本、監本「輒」誤「輔」。

236 舍適嗣不立而外求君　釋文「適」作「嫡」，「本亦作『適』，同」。×

237 畏國人以大義來偪巳　宋本、岳本「巳」作「己」，不誤。×

238 卒然變計立靈公　毛本「計」作「討」，非。×

239 楚令尹子重爲楊橋之役　監本、毛本「楊」作「揚」，宋本作「陽」，是也。

240 先人有奪人之心　釋文：「本或此下有『後人待其反』，誤。」×

241 訓卒利兵　論語「必先利其器」，漢書梅福傳作「厲其器」，陳樹華云「古『利』、『厲』通用」。

242 蓐是早食於寢蓐也　宋本、淳熙本、岳本、纂圖本、足利本「是」作「食」，不誤。×

243 至于剳首　顧炎武云：「水經注引闞駰曰『令狐即猗氏，剳首在西三十里』。後漢衛敬侯碑陰文『城惟解梁，地即郇首，山封靈足，谷當猗口』，『剳』字作『郇』。玉篇『郇，口孤切，秦地，在河東』。」

244 同官爲寮　釋文「寮，本又作『僚』」。案，作「僚」用假借字。

245 狄侵我西鄙　監本「狄」上誤衍「注」字，下「秋八月」上同。

*齊侯宋公衛侯鄭伯許男曹伯　補：各本「衛侯」下有「陳侯」，此本誤脱。

246 十七年諸侯會于扈　毛本「七」作「六」，非也。

247 穆伯娶于莒曰戴巳　石經、宋本、岳本「巳」作「己」，不誤，下「聲巳」同。×

248 夏書至三事　宋本以下正義三節揔入「宣子説之」注下。

249 義而行之謂之德禮　纂圖本、閩本、監本、毛本「德」誤「得」。

250 匡本衛邑中蜀鄭令鄭還衛是也　各本作「中屬」，此本作「蜀」，非。宋本「令」字下有「今晉」二字，與八年傳注合。

251 劉炫以爲歸鄭及歸衛田　宋本「以」作「謂」。

經八年

252 公子遂會雒戎盟于暴　釋文「本或作『伊雒之戎』，此後人妄取傳文加耳」。案，公羊作「伊雒戎」。

253 故暈溺皆去其族　閩本、監本、毛本「族」下增「也」字。

254 司城奉身而退　宋本、閩本、監本、毛本作「司」，此本誤「可」，今改正。

傳八年

255 且復致公壻池之封　釋文「壻，音細」，云「俗作『婿』」。

256 女子子之夫爲壻　閩本、監本、毛本脱「子」字。

257 專之可也　岳本、足利本無「也」字。案，六經正誤引興國本同。此本疏作「珍貴至之可」，各本作「至可也」，是也。

258 從巳氏焉　石經、宋本、淳熙本、岳本「巳」作「己」，不誤，注同。

259 己氏莒氏　宋本、岳本、足利本「莒氏」作「莒女」，不誤。

260 握之以死示不廢命　毛本「示」上有「人」字，衍文也。[11]

261 弔璋以起軍旅　宋本「弔璋」作「牙璋」，是也。

262 使於土國之等　毛本「土」作「上」，非也。

263 今之爲官授以此節　毛本「今」作「令」。

264 不稱名無罪故也　監本「名」作「人」。

265 知司城官屬悉與皆復也　宋本「屬」下有「悉與來奔還」五字。

266 注登之至六年　宋本此節正義在注文「爲明年殺先克張本」之下。

267 二人先爲卿矣　監本「矣」作「也」，非。

268 箕鄭守其故職蓋以此而恨也　宋本「職蓋」作「磯整」，誤也。

269 之年晉禦秦師於堇陰　宋本、淳熙本、岳本、監本、毛本「之」作「七」，不誤。

經九年

270 求金以共葬事　釋文：「共，本亦作『供』，下同。」

271 封發之守至重　宋本、閩本、監本、毛本「發」作「疆」，不誤。

272 魯侯無故而穆伯如周弔爲　宋本「爲」作「焉」，不誤。

273 鄭游告云　宋本、閩本、監本、毛本「告」作「吉」，不誤。

274 似不在楚　宋本「似」作「以」，是也。

275 即當親行　監本「即」作「卿」，非也。

276 言君當親行也　宋本「言」上有「非」字。

277 夏狄侵齊　石經「齊」字初刊誤「鄭」，後即改正。

278 何休云　宋本「云」作「曰」。

279 椒亦宜書其某氏　宋本無「某」字，是也。

280 智是史辭自略　閩本、監本、毛本「智」

作「皆」，非；宋本作「知」，是也。⑫

281 或時有詳畧也　浦鏜正誤「時」作「辭」。

282 亦不足以明時史之同異　宋本無「不」字，與隱四年、莊十二年正義合。

283 秦人來歸僖公成風之隧　宋本、岳本、纂圖本、毛本「隧」作「襚」。石經此處闕。釋文亦作「襚」，云「衣服曰『襚』，說文作『裞』，云『贈終者衣被曰裞』，以此襚爲衣死人衣」。

284 注衣服至者辭　宋本此節正義在「葬曹共公」注下。

285 故云衣服曰襚曰　宋本下「曰」字作「也」，是也。

286 來者不言夫人從者之辭也　「從」字下，宋本、閩本、監本、毛本有「來」字。辭，毛本誤「引」。

287 先言僖公　毛本「先」誤「元」。

288 不言及并致之者　毛本「致」作「來」，非。宋本「者」作「也」。

傳九年

289 經書二月從告　監本「二」誤「三」，毛本「從」誤「役」。

290 則是位之次也　宋本「則」作「即」。

291 楚子師于狼淵以伐鄭　石經凡「淵」字皆作「渁」，避唐高祖諱。

292 公子尨　纂圖本「尨」誤「厖」。

293 冬楚子越椒來聘　石經每行十字，此行九字，「越椒來」三字改刻，初刊「子」下似有「使」字。漢書五行志引傳文作「楚使越椒來聘」。今諸本皆無「使」字，無「使」者是也。五行志「使」字疑「子」字之譌。又按，「子越椒」三字連讀，宣四年傳云「楚司馬子良生子越椒」，下文雖或言「子越」，或言「椒」，或言「伯棼」，要之，「伯棼」是字，則合「子越椒」三字爲名，傳文非「楚子」連讀也。

294 **執幣傲**　惠棟云「石經初刻作『敖』，後改從人旁，下『傲其先君』同」。各本作「傲」，宋本、釋文同，云「本又作傲」。

295 **送死不及尸**　纂圖本「尸」作「户」。

296 **主爲秦人發傳**　監本「主」誤「王」。

297 **是言此傳主爲秦也**　宋本、閩本、監本、毛本作「此」，此本誤「比」，今改正。

經十年

298 **公與小斂**　釋文作「公與斂」。

傳十年

299 **皆將强死**　宋本以下正義三節揔入注文「不書非卿」之下。

300 **正義曰强徤也**　宋本、監本「徤」作「健」，是也。

301 **無病而死**　山井鼎云「宋板『無』作『不』」，非也。

302 **曰毋死**　石經此處闕，淳熙本、閩本、監本、毛本「毋」誤「母」。

303 **今上維商縣**　宋本、淳熙本、岳本、足利本「維」作「雒」，不誤。

304 **臣歸死於司敗也王使爲工尹**　石經「也王使」三字重刊，蓋初刻脱去「王」字也。

305 **子西畏讒言**　纂圖本「讒」作「士」，非。

306 **言歸死於司敗**　宋本「司敗」下有「知司敗」三字。

307 **掌百工之官**　各本作「工」，此本誤「二」，今

改正。×

308 陳鄭及宋麇子不書者　重脩監本「陳」誤「東」。

309 注陳鄭至同也　宋本以下正義三節揔入「以亂官乎」注之下。

310 宋公逆楚子間宋公亦在也　宋本「間」作「則」，不誤。×

311 故特爲此解　宋本「特」作「杜」，是也。

312 劉炫有以告文略以規杜氏非也　閩本、監本、毛本「亦」誤作「有」，宋本作「直」，是也。

313 今弋陽期思縣　纂圖本「弋」誤「戈」。

314 而誅宋公之僕　宋本「誅」作「抶」，是也。

315 命夙駕載燧　釋文：「燧，本又作『遂』，音遂。」×

316 無從此詭人隨人無正心者　宋本「從」作「縱」，不誤。

14—317 麇子逃歸　案，惠棟云：「『麇』亦作『磨』，注不釋其地所在。案，盛弘之荆州記云『當陽本楚之舊。左氏傳云：楚潘崇伐麇至于錫穴。潁容釋例云：麇在當陽』。」

附釋音春秋左傳注疏卷第十九上　止

校　記

❶ 南昌本末增「〇今依訂正」。
❷ 南昌本末增「〇今訂正」。
❸ 南昌本末增「〇今訂正」。
❹ 南昌本末增「〇今正」。
❺ 此條南昌本作「汝南平輿縣北有沈亭：案，史記管蔡世家正義引『沈亭』作『郝亭』」。
❻ 偏雖，南昌本作「偏撿」。案，南昌本左傳注疏此處

作「徧檢」，當以「徧檢」爲是。

❼ 南昌本末增「○今改正」。

❽ 南昌本無「岳本脱國字」五字。

❾ 南昌本此條上僅空一格，誤爲注文出挍例。

❿ 校語「祖父」二字爲誤倒，既與出校文字不合，亦與沈中賓本不合。當作「父祖」。

⓫ 死，南昌本作「使」。

⓬ 南昌本末增「○今訂從宋本」。

春秋左傳注疏校勘記卷十五

15—001 附釋音春秋左傳注疏卷第十九下 文十一年盡十五年　宋本春秋正義卷第十五。石經春秋經傳集解「文」下「第九」，岳本、纂圖本「文」字下增「公」字，並盡十八年。

經十一年

002 夏叔仲彭生會晉郤缺于承筐　釋文作「叔彭生」，「叔，又作『尗』。本或作『叔仲彭生』，『仲』衍字」。石經、宋本無「仲」字。案，漢書五行志、水經陰溝水注並引作「夏叔彭生會晉郤缺于承匡」，石經、宋本、岳本「筐」作「匡」，傳文同，即襄三十年傳「會郤成子于承匡之歲也」，是也。

003 承筐宋地　宋本、岳本「筐」作「匡」。

傳十一年

004 成大心子玉之子　重脩監本「子玉」作「于玉」，非也。

005 至于錫穴　石經、岳本、纂圖本「錫」作「鍚」，與釋文合。案，漢書地理志錫縣屬漢中郡，應劭曰「音陽」，師古曰「即春秋所謂『錫穴』」，而後漢書郡國志又云沔阳有鐵，安陽有錫，春秋時曰『錫穴』」。釋文又曰「錫，本或作『鍚』，星歷反」。劉昭郡國志補注引傳文亦作「錫穴」，似作「錫」字爲當。

006 注八年至失之　宋本此節正義在「因賀楚師之不害也」注下。

007 未有禮義在可諱之竟　閩本、監本、毛本「竟」作「意」。

008 鄋瞞侵齊　釋文云：「鄋，説文作『𨜒』。」　×

009 防風之後漆姓　案，史記孔子世家「漆」作「釐」，説苑亦作「釐」。世本無漆姓，此「漆」字當爲「淶」之譌。襄二十一年「邾庶其以漆、閭邱來奔」，釋文云「漆，本或作『淶』，『淶』、『鼇』聲相近」。

010 注鄋瞞至漆姓　宋本此節正義在注「駟乘四人共車」之下。

011 昔禹致羣臣於會稽之山　盧文弨校本「臣」作「神」，依國語、史記改。案，説苑、家語、博物志並作「羣臣」。

012 憔僥氏　宋本、閩本、監本、毛本「憔」作「僬」，不誤。閩本、監本「僥」誤「堯」。

013 長者不過十之　閩本、監本「之」作「尺」。山井鼎云「當作『尺』」，非也。案，宋本、國語無「之」字，非，下正義云「魯語言不過十之」，是也。

014 駟乘四人共車　纂圖本「車」作「乘」，非。

015 獲長狄僑如　釋文：「僑，本又作『喬』。」×

016 故云蓋長三丈　宋本、閩本、監本、毛本作「云」，此本誤「一」，今訂正。

017 魯語言不過十之　閩本、監本「之」作「尺」，非也。

018 搚其喉以戈殺之　宋本以下正義二節揔入「以命宣伯」句注下。

019 恐後世怪之故詳其處　纂圖本、閩本、監本、毛本「怪」作「恠」，俗體也。淳熙本作「㤥」，尤謬。

020 傳稱魯苦越生子　宋本、毛本「苦」作「若」，與定八年傳合。

021 故名之曰陽州　浦鏜云「故」衍字。按，定八年傳無『故』字。

022 注在春秋前　宋本以下正義四節揔入「皇父之二子死焉」注下。

023 司徒皇父帥師禦之　釋文「禦」作「御」，「本

亦作『禦』」。 ×

024 祊班御皇父充石　閩本、監本、毛本「班」作「斑」，非，下同。 ×

025 司寇牛父駟乘　監本「牛」誤「中」。 ×

026 皇父與穀甥牛父三子皆死　宋本、閩本、監本、毛本作「甥」，此本誤「生」，下同，今訂正。

027 如今皆死　宋本、毛本「今」作「令」。

028 班爲皇父御而有賞　毛本「御」作「禦」，非。 ×

029 注門關門征稅也　毛本「門征」二字作「至」，非也。宋本此節正義在「謂之祊門」之下。

030 禮惟關門有征　宋本「惟」作「唯」。

031 征廛者貨賄之稅　宋本、閩本、監本、毛本「稅」誤「移」。 ×

032 關幾而不征　閩本、監本、毛本「關」下衍「市」字。諸本「幾」作「譏」。

033 欲其兄弟伯季相次　足利本「伯」作「仲」。

034 至宣十五年一百三歲　此本「一」作「〇」，非也。 ×

035 但迸居夷狄　宋本、閩本、監本、毛本「夷狄」作「四夷」。

036 郕大子宋儒自安於夫鍾　石經、宋本、淳熙本、岳本、纂圖本、毛本「宋」作「朱」，是也。 ×

經十二年

037 此實大子公以諸侯禮迎之　宋本「迎」作「逆」。

038 其禮不爲降　宋本「爲」作「用」。

039 謂同母姊妹　宋本脱「妹」字。

040 術不稱氏史略文　毛本、足利本「術」誤「衛」。足利本「文」作「之」，亦非。

041 城陽姑幕縣南有員亭　釋文：「員，本又作『鄖』。」　×

傳十二年

042 大子以夫鍾與郕邽來奔　顧炎武云「石經『邽』誤『封』」。案，石經此處缺，炎武所據乃謬刻也。又按，惠士奇曰「服虔以郕邽爲郕邦之家寶圭，太子以其國寶與地夫鍾來奔也，然則邽不从邑」。服説見太平御覽一百四十六。

043 傳始朝公也　宋本、毛本無「傳」字。

044 劉元云　宋本、監本、毛本「元」作「炫」，是也。　×

045 魯公往朝　閩本、監本、毛本亦作「公」，宋本作「君」，是也。

046 不書大歸未笄而卒　閩本、監本、毛本「大」作「來」。宋本、岳本「笄」作「歸」，不誤。案，閩本、監本、毛本此注下載釋文「笄古兮反」四字。正義曰「傳例出曰來歸，不書來歸，未歸而卒也」。陳樹華云：「據此則『大歸』可作『來歸』，『未笄』作『未歸』爲順。初未敢遽定，復取釋文閲之，始悟『笄古兮反』四字乃爲下注『中女未笄而卒』『笄』字作音。設無釋文單行之本，何以正？一字之差，貽誤匪淺。采摘分附，此弊起於南宋。」

047 注不絶至而卒　毛本「絶」下衍「昏」字，「至」下衍「笄」字。　×

048 故知立其娣爲夫人也　毛本脱「立」字。

049 周之法積叔也　宋本、閩本、監本、毛本

「積」作「稱」，是也。 ×

050 一人卒一人出　閩本、監本、毛本「卒出」二字互倒。

051 女未嫁而卒不書　宋本、岳本「嫁」作「笄」，是也。 ×

052 注羣舒至龍舒　宋本此節正義在注文「羣舒之屬」下。

053 大器圭璋也　釋文「圭」作「珪」。 ×

054 凡四器者　宋本「者」作「圭」。案，作「者」與聘禮記合。

055 於天子曰朝　閩本、監本、毛本亦作「朝」，與鄭注聘禮記合。宋本作「聘」。

056 其意欲致與主國但主之且　宋本「但主」下有「國謙退禮終還」六字。閩本、監本、毛本亦誤在「爲不欲與秦爲好」句之下。浦鏜云「『且』當『耳』字誤」，非也。

057 賓客曰　石經、宋本、淳熙本、岳本、足利本「客」作「荅」，是也。

058 寡君願徼福于周公魯公以事君　釋文「徼」作「儌」，是也，注同。

059 代步昭　宋本、淳熙本、岳本、足利本「昭」作「招」，釋文亦作「招」，是也。

060 深壘固軍　宋本此節正義在「上從之」句下。

061 趙施趙勝邯鄲午是其後也　宋本「施」作「旃」，不誤。 ×

062 將何俟焉　石經初刻「焉」，誤矣，後勘正。纂圖本「俟」誤「侯」。

063 裹糧坐甲　宋本此節正義在「將何俟焉」句下。 ×

064 僖三十二年　宋本、淳熙本、岳本、纂圖本、足利本「二」作「三」。案，當作「三」。

065 不有軍帥之數　宋本、淳熙本、岳本、足利本「有」作「在」，是也。

066 司馬法曰　岳本「法」作「灋」。

067 逐奔不遠　纂圖本、毛本「逐」誤「遂」。

068 短兵未至爭而兩退　宋本、岳本、足利本「至」作「致」。

069 舊説綏部也　宋本「部」作「郤」，是也。按，李善注文選奏彈曹景宗引司馬法作「郤」。

070 但未至大崩　宋本「未」作「不」。

071 故爲皆未缺耳　閩本、監本、毛本「耳」作「也」。

經十三年

072 邾子蘧蒢卒　釋文亦作「蘧蒢」，石經初刻作「蘧蒢」，後磨去艹頭，未知所據。公羊、穀梁二字並從竹。

073 蘧蒢邾子瑣之子也　宋本「瑣」作「瑣」，是也。

074 而下當其室中　閩本、監本、毛本作「室當其中」。

075 天子之廟飾　宋本同，與禮記明堂位合。閩本、監本、毛本「飾」誤「飭」。

076 公羊作世室　宋本「公羊」下有「經」字。

077 世室猶世世不毀也　宋本同，與公羊合。閩本、監本、毛本脱「世室」二字。

078 言此室是室之最大者　宋本「言」作「則」，是也。

079 案左氏經爲大室　宋本「案」作「且」，閩本、監本、毛本「氏」作「傳」，非也。×

080 皆以爲大廟之室也　閩本、監本脱「大」字。×

081 十有二月巳丑　石經、宋本、岳本「巳」作「己」，不誤。×

傳十三年

082 欲斷其來往也　宋本「往」下有「故」字。

083 六卿相見於諸浮　毛本「相見於」三字改作「至」字。×

084 有狐偃之舊勳　監本脱「勳」字。

085 能賤而有恥　宋本此節正義在「能賤而有恥」句下。

086 帑壽餘子　足利本「子」上有「妻」字，非。

087 注魏壽至之後　宋本「至」字作「餘畢萬」。×

088 請東人之能與夫二三有司言者　石經、宋本、淳熙本、岳本、閩本、監本亦作「請」，纂圖本、毛本誤作「謂」。

089 言身拘死於晉　監本、毛本「拘」誤「徇」。

090 妻爲戮於秦　宋本「妻」下有「子」字。

091 繞朝贈之以策　釋文「策」作「筴」，云「本又作『策』」。

092 策馬檛　釋文云：「檛，字林作『簻』。」×

093 注策馬檛　宋本以下正義三節揔入注文「別族復累之姓」下。

094 漢高祖之祖爲豐公　宋本「漢」上有「又」字。

095 故高祖爲沛人 宋本「人」下有「也」字。

096 魯國鄒縣北有繹山 今本水經注廿五引作「嶧山」，非也。

097 注繹邾至繹山 宋本以下正義三節揔入「君子曰知命」句下。

098 但邾是卜國 宋本「卜」作「小」，是也。×

099 左右勸君勿遷 閩本、監本、毛本「勿」改「弗」。

100 謂其由遷而死 閩本、監本、毛本脱「其」字。

102 注子家至恤之 宋本以下正義四節揔入「公荅拜」句下。

103 至六月往暑矣 閩本、監本、毛本「往」作「徂」，非。

104 我之先祖非人乎 監本、毛本「非」作「匪」。

105 王者何當施忍於我 監本「施」誤「於」。×

106 文子言巳思歸祭祀 宋本「巳」作「己」，是。×

107 三者謂侵也伐也戰也 閩本、監本、毛本「謂」作「爲」，非也。×

經十四年

108 十有四年 纂圖本、毛本脱「有」字。

109 惟言卒日 宋本「惟」作「唯」。×

110 既見而移入北斗 岳本「移」作「後」，非也。

111 言其形孛孛似帚彗也 宋本、閩本、監本「埽」作「掃」，是，毛本誤作「星」。

112 入于北斗杓中　監本「入」作「人」，非也。 ×

113 晉人納捷菑于邾　晉人，左傳以爲趙盾，公羊以爲郤缺，穀梁以爲郤克。陳樹華云：「下十五年至宣九年『郤缺』兩見，穀梁作『郤克』，乃傳寫之誤。」

114 經無納文　毛本「經」誤「納」。 ×

115 不以君禮成其葬也　宋本「葬」作「喪」，是也。

116 舍巳即位　宋本「巳」作「己」，不誤。 ×

117 晉侯詭諸卒　毛本「詭」作「佹」，與僖九年經合。

118 經書里克弑其君卓　閩本、監本、毛本「弑」作「殺」。

119 後君葬訖即成成君　閩本、監本脱一「成」字。

120 是葬速成君之文也　監本、毛本「速」作「惠」，非也。

121 此言未踰年者　宋本、毛本「未」誤「末」。 ×

122 例書名氏　纂圖本脱「氏」字。

123 書其字云　閩本、監本、毛本亦作「云」，非也，宋本作「者」。

124 傳稱子叔姬妃齊昭公　毛本「傳」誤「使」。 ×

125 知舍之母也　毛本「舍」誤「至」。 ×

126 魯是其父母家　宋本、毛本「父」誤「文」。 ×

127 巳被杞絶　毛本「杞」作「起」。 ×

傳十四年

128 注奔亡至福也　宋本此節正義在「懲不敬也」注下。

129 相次之物　毛本「次」誤「大」。

130 欲使怠慢者戒　宋本、淳熙本、岳本、足利本「者」下有「自」字，是也。

131 子叔姬齊昭公　石經、宋本、淳熙本、岳本、纂圖本、閩本、監本、毛本「姬」下並有「妃」字，是也。釋文同，「音配」，云「本亦作『配』」。

132 從楚者陳鄭宋　重脩監本「宋」誤「米」。

133 齊商人弑舍而讓元　釋文「弑」作「殺」，「音試」。按，傳文直書其事作「殺」，是也。

134 爾不可使多蓄憾　石經作「畜」，後加艹頭，釋文作「畜」，云「本亦作『蓄』」，「憾，本又作『感』」。按，作「感」者古字。

135 宋弑昭公　釋文「弑」作「殺」，「音試」。

136 非末學所得詳言　纂圖本「末」誤「未」。

137 復使和親　纂圖本、閩本、監本、毛本「復使」誤倒。

138 王子燮爲傳　宋本、岳本、纂圖本、閩本、監本、毛本作「爲傳」，正義同，是也。

139 王子父爲傳　閩本、監本亦誤作「父」，毛本作「燮」，是也。

140 廬戢黎及叔麇誘之　岳本、足利本「黎」作「梨」，注同。案，石經此處缺，下十六年傳作「使廬戢梨侵庸」，則此處亦當作「梨」也。

141 二年而盡室以復適莒　石經、宋本、淳熙本、岳本、足利本「二」作「三」，是也。

142 年尚少　宋本「少」作「幼」。

143 注蕭宋至爲卿　宋本此節正義在「書曰」節注下。

144 附屬宋國　宋本「屬」作「庸」，是也。×

145 升爲未卿　宋本、閩本、監本、毛本「未」作「宋」，不誤。×

146 辟禍速也　宋本「速」作「遠」。

147 注齊人至從赴　宋本以下正義二節揔入「公曰夫己氏」注下。

148 曰夫巳氏　石經、宋本、岳本、纂圖本「巳」作「己」，是也。×

149 凡與人言　毛本「人」作「夫」，非也。

150 夫己氏斤懿公之名也　宋本、閩本、監本「斤」作「斥」，是也。

151 甲巳俱是名　宋本「巳」作「己」，是也。×

152 焉用其母　閩本、監本脱「其」字。

經十五年

153 故書司馬　閩本、監本、毛本「書」誤「稱」。

154 故書盟未稱使也　宋本「未」作「不」，是也。

155 故辭有詳略　宋本「略」下有「也」字。

156 公孫敖縱情棄命　毛本「命」誤「也」。×

157 命歸之無指使　案，哀八年經、注「指」作「旨」，浦鏜正誤作「官」，非也。

158 齊人侵我西鄙　石經、宋本、淳熙本、岳本、足利本「齊人」上有「秋」字。

傳十五年

159 賓主以成禮爲敬　宋本「主」作「空」，非也。

160 所以敬事而自重　纂圖本「而」作「互」，非也。

161 使重而事敬　宋本、淳熙本、岳本、纂圖本、閩本、監本、足利本作「事」，毛本誤「自」。

162 注古之至不名　宋本以下正義三節揔入「魯人以爲敏」注下。

163 知古人盟會　宋本「人」作「之」，是也。

164 故傳每言一个行李是也　宋本「个」作「箇」，毛本作「介」。

165 是言善惡兩舉之事也　閩本、監本「言」誤「故」。

166 善惡章於其篇　監本、毛本「章」作「彰」。

167 臧否示於來世　宋本、閩本、監本、毛本作「世」，此本誤「出」，今訂正。

168 故不敢屈辱魯君　閩本、監本、毛本「君」誤「公」。

169 候正亞旅　監本「候」作「侯」，非也。

170 但禮文殘缺　監本「文」誤「父」。

171 鄭元云古者據今而述前代之言　宋本、閩本、監本、毛本作「述」，此本誤「迷」，今訂正。

172 自不必皆道前代　宋本「自」作「耳」，屬上句。

173 是事霸主之法　監本、毛本「事」誤「時」。

174 而屈巳以朝之也　宋本「巳」作「己」，是也。

175 即是古之聖王　宋本「即」作「則」。

176 豈慮世衰　宋本「衰」作「事」。

177 踈闊太甚　宋本「踈」作「疏」。

178 其餘閒暇之年　毛本「暇」誤「天」。

179 周禮文不具耳　宋本「文」作「之」。

180 或率舊章　宋本「率」作「奉」。

181 歲聘以志業　案，釋例亦作「歲」，與左傳正文合。宋本作「朝」，誤也。

182 是再朝而會周之正禮也　宋本「而」作「旬」，非。

183 注孟氏至孟氏　宋本以下正義四節揔入「葬視共仲」注之下。

184 杜以慶父與莊公異母　毛本「莊」誤「孟」。

185 雖强同於適　宋本「强」作「彊」。

186 不欲使衆惡其親也　按，今本喪大記注脱「使」字。

187 荒家也　閩本、監本、毛本「家」作「蒙」，不誤。

188 乃加帷荒於其上　閩本、監本「乃」作「又」，非也。

189 唯有此耳　監本、毛本「唯」作「惟」。

190 故爲下殯　宋本、閩本、監本、毛本「下」作「不」，是也。

191 注下人魯卞邑大夫　毛本「魯卞邑」三字改作「至」。

192 據月未币　閩本、監本、毛本「币」作「匝」，非也。

193 聲巳不視　石經、宋本、岳本「巳」作「己」，注同。釋文亦作「己」，「音紀」。

194 帷堂　宋本此節正義在「善終可也」句下。

195 尸未毁飾　宋本「毁」作「設」，是也。×

196 小斂而徹帷　宋本「帷」作「作」，非也。

197 自敬姜之哭穆伯始也　宋本「敬」作「徹」，非也。×

198 各盡其美義乃紀　閩本、監本、毛本「紀」作「繼」，非。宋本、淳熙本、岳本、足利本作「終」，是也。❶

199 祭敬至道也　宋本此節正義在「帥兄弟以哭之」句下。

200 仲叔蔑　宋本、淳熙本、岳本、足利本「叔」作「孫」，釋文亦作「孫」，是也。×

201 一人門于句鼆　釋文云：「鼆，本又作『黽』。」×

202 君南鄉於北墉下　監本、毛本「墉」誤「牖」，閩本作「牖」，亦非。

203 故既而告廟　宋本、淳熙本、岳本、纂圖本、足利本「既」作「貫」，是也。×

204 晉侯宋公衛侯蔡侯鄭伯許男曹伯盟于扈　石經、宋本、淳熙本、岳本、纂圖本、足利本「蔡侯」下有「陳侯」二字。

205 惡受其賂　宋本、淳熙本、岳本作「惡其受賂」，不誤。

206 不會議事　宋本、淳熙本、岳本、毛本「議」作「義」，是也。

207 今貶諸侯以爲公諱　宋本、岳本、足利本「以」作「似」，是也。×

208 凡諸侯至後也　毛本脱「侯」字。×

209 彼乃議事而公後期　宋本、毛本「議」作「義」，下同。而公，閩本、監本、毛本誤「而君」。

210 **傳辯諸嫌**　宋本「諸」作「其」，是也。×

211 **若公實與會**　閩本、監本「與」作「預」，非也。×

212 **此魯公雖不與非公惡也**　宋本「魯」作「會」，是也。×

213 **不能討巳**　宋本、岳本「巳」作「己」，是也。×

214 **巳則無禮**　石經、宋本、岳本「巳」作「己」，下同。×

215 **女何故行禮**　足利本「女」作「汝」。

216 **疏曰女至道也**　宋本此節正義在「天之道也」句下。

217 **○詩云至于天**　此節正義宋本在注文「詩小雅」句下。閩本、監本、毛本作「○」，宋本作「疏」字。

218 **弗能在矣**　山井鼎云「謹案，足利本後人記云『在，異本作存字』」。按，異本非也。在者，存也，古經典二字通用。

附釋音春秋左傳注疏卷第十九下　止

附釋音春秋左傳注疏卷第二十　文十六年盡十八年

經十六年

219 **十有六年春**　石經脱「春」字，後旁增。

220 **不得視二月三月四月五月朔也**　足利本無「得」字。

221 **非許齊**　宋本、淳熙本、岳本、纂圖本、閩本、監本、毛本「許」作「詐」，不誤。❷

222 **注諸侯至許齊**　宋本、閩本、監本、毛本「許」作「詐」，是也。

223 **比猶釋不朝正之義**　閩本、監本「比」作「此」，宋本「正」作「王」，是也。

224 **故須言有疾以辯之**　監本、毛本「言」

作「書」。

225 唯有候耳　宋本「候」作「疾」，不誤。❸

傳十六年

226 閒疾瘳　釋文「瘳」下有「也」字。

227 注伯禽至七君　宋本以下正義三節揔入「秋八月」節注後。

228 魯公伯禽子耆公　宋本「耆」作「考」，是也。

229 子幽公圉　史記魯世家「圉」作「宰」，索隱云「系本作『圉』」。

230 魯公以爲蛇妖所出而聲姜薨　宋本、淳熙本、岳本、足利本「公」作「人」，是也。

231 入於國　宋本、閩本、監本、毛本「入」誤「人」。

232 以示義者　監本「者」誤「曰」。

233 楚大饑　釋文云「亦作『飢』，音機」。案，穀不熟謂之饑，『飢』乃飢餓字。

234 至于阜山　纂圖本「阜」誤「鳥」。

235 注戎山夷也　宋本以下正義五節揔入「遂滅庸」注下。

236 有寇比從北來　宋本「比」作「必」。

237 楚西界地　宋本、岳本「地」作「也」，是也。

238 使廬戢黎侵庸　石經、宋本、岳本、纂圖本、閩本、監本、毛本作「棃侵」。

239 而後可克　釋文：「本或作『可擊』」。

240 蚡冒楚武王父　釋文引注「父」下有「也」字，又引史記楚世家云「蚡冒卒，弟熊達殺蚡冒子而代立，是爲楚武王」，與杜異。

241 服潁川之邑疑非也　宋本「服」上有「遠」字。

242 唯裨鯈魚人實逐之　淳熙本「鯈」作「儵」，注亦作「儵」，釋文同。

243 輕楚故但使三邑人逐之　監本「輕」作「陘」，非。×

244 楚子乘馹會師于臨品　閩本、監本、毛本「馹」作「驛」。案，馹訓傳車，當从日，正義同。

245 馹傳車也　宋本、閩本、監本、毛本「馹」誤「驛」。

246 子越自石溪　釋文云：「溪，本又作『谿』。」×

247 子貝自仞　釋文云：「貝，今俗本多作『員』，音云。」×

248 蠻見楚强故　宋本「强」作「彊」。×

249 宋公至恤也　宋本以下正義三節揔入注文「虺意諸之弟」之下。

250 以禮防閑　宋本、淳熙本、岳本、足利本「禮」下有「自」字，是也。

251 夫人助之施　石經、宋本、淳熙本、岳本、纂圖本、足利本作「乃助之施」，不誤。×

252 華元督曾孫　宋本、淳熙本、岳本、足利本作「元華督曾孫」，此本「曾」誤「魯」，今訂正。×

253 代公子卬　岳本「卬」作「印」，纂圖本作「卯」，非也。×

254 鱗鱹爲司徒　石經、宋本、岳本「鱹」作「矔」，釋文同，是也。

255 禍及巳　宋本、岳本「巳」作「已」，是也，下注「已在」、「故也」同。×

256 公知之盡以寶行蕩意諸曰　案，石經此行自「知」至「諸」只九字，陳樹華云「蓋初刻『以』字下有『其』字也」。

257 不能其大夫　毛本「其」誤「具」。

258 盡以其寶賜左右以使行　石經、宋本、淳熙本、岳本、足利本「右以」作「右而」，是也。

259 周襄王姊　閩本、監本、毛本「姊」作「妹」，非。案，八年傳云「宋襄夫人，襄王之姊也」，是也。

260 郊甸之帥　淳熙本、纂圖本、足利本「帥」作「師」。

261 注襄夫至之帥　宋本以下正義二節揔接上疏「注君祖至夫人」之下。

262 以宅田士田賈田任近郊之地　監本「近」誤「道」，諸本作「士」，此本誤「十」，今訂正。

263 以大都之田任彊地　宋本、閩本「彊」作「疆」。案，周禮作「畺」。

264 天子之甸　毛本「甸」誤「旬」。

經十七年

265 自閔僖巳下　閩本、監本、毛本「巳」作「以」。

266 而爲三恪之宮　監本、毛本「宮」作「官」，亦非。宋本作「客」，與莊十六年注合。

267 此傳具歷序大夫之名　監本「具」誤「其」。

*諱國惡地　補：毛本「地」作「也」，今訂正。

268 昭公雖以無道見弑　釋文「弑」作「殺」，云「本或作『弑』，下同」。

傳十七年

269 遂復合諸侯于扈　此本脱「于扈」二字，依石經、宋本、淳熙本、岳本、閩本、監本、毛本補。

270 使執訊而與之書　宋本以下正義六節摠入注文「晉侯女壻」之下。

271 令持以告宣子　閩本、監本、毛本「持」誤「特」。

272 言汲汲于晉朝　宋本、淳熙本、岳本、足利本作「朝晉」，不誤。×

273 十二年六月歸生佐寡君之嫡夷　釋文「嫡」作「適」。×

274 蕆勑也勑成前好　纂圖本、毛本「勑」作「敕」。按，玉篇引作「敕」，方言云「蕆敕」，廣雅釋詁亦云「蕆敕也」。釋文云「好，一本作『事』」。

275 將夷往晉朝　宋本、淳熙本、岳本作「朝晉」，是也。×

276 昭十九年　閩本、監本脱「年」字。×

277 言急則欲蔭茠於楚　閩本、監本、毛本「茠」作「芘」，從釋文改也。釋文又云「本或作『茠』字」。按，説文「休，息止也，从人依木」，或作「庥」。凡作「茠」者，俗字。

278 謂不擇音聲而出之而難杜　閩本、監本無下「而」字。❹

279 以待於鯈　釋文「鯈」作「儵」。×

280 魯莊二十三年六月二十四日　宋本無「四」字。纂圖本「魯」誤「曾」。

281 而從於强令　宋本、岳本「强」作「彊」。

經十八年

282 夷靈公也　監本「夷」上脱「注」字。×

283 注不稱盜罪商人　宋本以下正義四節摠入「莒弑其君庶其」句下。

284 此弑商人者　監本「此」作「比」，非

也。✕

285 邴商人今從弒君稱君之例也　宋本、毛本「邴」作「罪」。浦鏜云「今，當『令』字誤」。✕

286 書不遂不書辰　宋本、閩本、監本、毛本無上「不」字，此本衍。✕

287 魯人諱弒　釋文作「殺」，云「本或作『弒』」。✕

288 襄仲舒倚齊而弒之　宋本無「舒」字，是也。

289 楚世子商臣弒君言臣子　宋本、閩本、監本、毛本下「臣」字作「世」。

290 而稱君者　監本、毛本「君」誤「臣」。❺

291 劉賈許頴以爲君惡及國朝　監本、毛本「頴」作「穎」，亦非。宋本作「潁」，是也。❻

傳十八年

292 注以卜事告龜　宋本此節正義在「二月丁丑公薨」句下。

293 僕御也　纂圖本「僕御」二字誤倒。✕

294 歜以扑抶職　釋文亦作「扑」，云「字宜從手，作木邊非也」。段玉裁云：「扑者，說文『攴』字之變『扌』，即『又』也，擊之曰扑，因名其器亦曰扑。」

295 扑箠也　葉抄釋文「箠」作「菙」，非。

296 襄仲至許之　宋本以下正義二節揔入「謂之哀姜」注下。

297 詐以子惡命　閩本、監本、毛本「以子」二字改作「至」。✕

298 故云入必死耳　監本作「入必死云耳」，非也。✕

*不允放魯　補：毛本「放」作「於」，今依訂正。✕

299 莒紀公子生大子僕　上「子」字衍文，石經、宋本、淳熙本、岳本、纂圖本、閩本、監本、毛本不誤。

300 弗敢失隊　石經凡「隊」字皆作「墜」，此處獨作「隊」。

301 如鷹鸇之逐鳥雀　宋本自此節正義至注「史克至宜也」共卅二節，揔入注「蓋事宜也」之下。

302 鸇摯鳥名　監本、毛本「摯」作「鷙」。按，「摯」爲「鷙」之假借字。

303 無赦在九刑不忘行父　石經此行計九字，「行父」二字疏。陳樹華云「蓋『行』字上多『今』字，改刊去也」。

304 王刑一議刑八　宋本、閩本、監本、毛本「王」作「正」，不誤。❼

305 但所議八等之人　宋本「但」作「且」，是也。

306 檮戭大臨尨降　監本「檮」作「擣」，與今本説文引傳合。纂圖本「尨」誤「厖」。案，釋文云「漢書『戭』作『敳』」。

307 六年傳臧文仲聞六與蓼滅　陳樹華云「當作『五年』」。各本作「臧」，此本誤「贓」，今訂正。

308 不杞忽諸　宋本、閩本、監本、毛本「杞」作「祀」，是也。❽

309 並不出其名　案，「不」字衍文。

310 明允篤誠　石經「篤」作「䔫」，非。

311 伊尹聖人之和者也　案，「伊尹」當作「柳下惠」。

312 允信篤厚釋註文　宋本「註」作「詁」，是也。

313 此即稷契朱虎熊羆之倫　釋文云：「『契』依字當作『偰』，古文作『卨』。」

314 尚書有宋虎熊羆　宋本、監本、毛本「宋」作「朱」，是也。

315 不知與誰爲可　宋本「可」作「一」，是也。

316 有大德之弟　宋本「德」作「賢」。

317 保巳精粹　宋本「巳」作「己」，是也。

318 天下之民爲之美目　閩本、監本、毛本「之美」作「其美」。

319 以至於堯　石經、淳熙本「於」作「于」。

320 即土地之官　宋本、淳熙本、岳本、纂圖本、足利本「土」作「主」，正義同，是也。

321 注揆度至平也　宋本作「揆度也成亦平也」。

322 何者是契耳　閩本、監本「耳」作「矣」，非。

323 尊卑有五品　宋本「卑」作「平」，非也。

324 愛同巳者也　宋本「巳」作「己」。

325 謂共工驩兜三苗鯀也　閩本、監本、毛本「謂」作「爲」，非也。

326 更無異說　監本、毛本「更」作「蓋」，非也。

327 其名爲倐　宋本「倐」作「儵」，下同。監本、毛本作「儵」，是也。

328 其名爲忽　宋本「忽」作「怱」，非。

329 虎足猪牙　宋本「猪」作「豬」，是正字。

330 身如千人面　閩本、監本、毛本「千」作

「牛」，亦非，宋本作「羊」。

331 少皞氏有不才子　石經、宋本「皞」作「皡」，釋文亦作「皡」，是也。

332 靖譖庸回　案，尚書撰異云：「即靖言庸違也。回，邪也，古『回』、『違』通用。」

333 以誣盛德　正義引定本「成德」爲「盛德」，服虔云「成德謂成就之德」，是服虔所見本「盛」作「成」也。陳樹華云「『成』、『盛』古字通，公羊皆以『盛』爲『成』」。

334 顓頊有不才子　石經、宋本、淳熙本、岳本、纂圖本「項」下有「氏」字。

335 傲很明德　石經、宋本、淳熙本、岳本、纂圖本、監本、毛本作「傲很」，釋文同。

336 檮杌　案，説文引傳作「檮柮」。

337 謂鯀　葉抄釋文「鯀」作「鮌」。

338 頑凶無儔匹之貌　案，孟子離婁疏引注「頑」誤「嚚」，「儔」作「疇」，足利本亦作「疇」。

339 故言堯亦不能去須賢臣而除之　監本「去」誤「立」。

340 以見帝之知人　毛本「人」誤「入」。

341 注縉雲至官名　宋本「至」字作「黄帝時」三字。

342 非帝王子孫故别以比三凶　岳本作「非帝者子孫」，足利本無「王」字，宋本同。

343 達四聰　釋文「聰」作「窻」，云「本亦作『聰』」。段玉裁云：「或疑不應作『窻』。考風俗通十反篇云『蓋人君者，闢門開窻，號咷博求』，此亦用堯典也。蓋古文尚書本作『囱』。『窗』者，『囱』之或字。『窻』又『窗』之俗體。『聰』又『囱』之同音字，作『囱』，而或如字，或讀爲聰，猶之『台』可讀爲『怡』，『尼』可讀爲『昵』，『庸』可讀爲『鏞』也。」

344 以禦螭魅　釋文引説文「魅」作「鬽」，云「老精物也，『彪』或從未」。案，詩菀柳正義、爾雅釋詁疏引作「以禦魑魅」。

345 使當螭魅之災　岳本「螭」作「魑」。

346 投者鄭去　宋本、閩本、監本、毛本「鄭」作「擲」，是也。

347 流共工于幽洲　閩本、監本、毛本「洲」作「州」。

348 竄三苗于三危　孟子「竄」作「殺」。案，殺非殺戮，即「竄」之假借也。

349 以辯宣公之惑　岳本、纂圖本、閩本、監本、毛本「辯」作「辨」，正義同。

350 繹行父之志　宋本、淳熙本、岳本、纂圖本、閩本、監本、毛本「繹」作「釋」，是也。

＊四凶歷數千歲　補：案，「千」當「十」字之譌。

351 宋武氏之族　釋文云：「本或作『武穆之族』者，後人取下文妄改也。」

15—352 爲宣三年宋師圍曹傳　纂圖本「圍」誤「圉」。

附釋音春秋左傳注疏卷第二十　止

校　記

❶ 南昌本末增「○今訂作『終』」。

❷ 南昌本末增「○今依訂正」。

❸ 南昌本末增「○今依訂正」。

❹「言急則欲庥蔭於楚」與「謂不擇音聲而出之難難杜」二條，南昌本位置互換，與南昌本左傳注疏合。

❺ 南昌本作「而稱臣者：監本、毛本同。○『臣』當『君』字之訛」。

❻ 南昌本末增「○今依訂正」。

❼ 南昌本末增「○今依訂正」。

❽ 南昌本末增「○今依訂正」。

春秋左傳注疏校勘記卷十六

16—001 附釋音春秋左傳注疏卷第二十一 宣元年盡四年　宋本春秋正義卷第十六。石經春秋經傳集解宣上第十，岳本「宣」字下增「公」字，並盡十一年。

002 宣公　宋本、閩本、監本、毛本作「宣公」，此本「宣」字上有「春秋經傳集解」六字，從單注本誤增也。顧炎武云：「石經文公、宣公卷字更濫惡，而『成』、『城』字皆缺末筆。」案，「成」、「城」字文公卷不缺筆，字亦有法，炎武誤。唯宣公卷字迹甚劣，乃朱梁所補。全忠祖名信，父名誠，故「信」作「信」，「成」、「城」作「成」、「城」，避嫌名也，所存唐刻僅三之一，凡唐諱皆如前卷。

經元年

003 不譏喪娶者　釋文「娶」作「取」，云「本亦作『娶』」。

004 不貶絶以見罪　宋本「罪」下有「惡」字，與昭元年公羊傳合。　×

005 傳言新作延廏　監本「廏」作「廐」，是俗字。

006 知其本史先闕　宋本「其」作「是」，是也。　×

007 内無貶于公之道　閩本、監本、毛本「道」下有「也」字，從公羊傳增也。　×

008 拒逆昬姻之命　毛本「昬」作「婚」。　×

009 逃死四隣　宋本「隣」作「鄰」，是正字。　×

*楚人執陳公子紹　補：案，各本「紹」作「招」，與昭八年經、傳合。

010 六月齊人取濟西田　朱梁補刊石經「濟」誤「齊」。

011 晉趙盾帥師救陳　補刊石經「盾」誤「盾」，傳文同。

012 滎陽宛陵縣東南有林鄉　岳本、纂圖本、監本、毛本「滎」作「榮」，非也。×

013 冬晉趙穿帥師侵崇　補刊石經「宗」作「穿」誤。崇，公羊傳作「柳」，釋文作「密」，云「本亦作『崇』」。

傳元年

014 注諸侯至釋之　宋本以下正義二節揔入注文「釋例論之備矣」之下。

015 遂不言公子替其尊稱　淳熙本「公」誤「君」。替，宋本、岳本作「朁」，正義同。

016 與彼亦不異也　宋本「不」作「使」，是也。

017 不肯薄秦於險　重脩監本「秦」誤「奏」。×

018 注胥甲至於險　宋本此節正義在「先辛奔齊」注下。

019 常畏魯人討已　宋本「已」作「己」，是也。×

020 皆取賂而還　正義云「取賂而還書，本或云『取齊賂而還』，檢勘古本及杜注，意並無『齊』字」。按，「或云」非是。

021 注文十至受賂　宋本此節正義在「遂受盟於楚」下。

022 檢經傳今無魯討齊之事　宋本「魯」上有「爲」字，是也。

023 晉不足與也　補刊石經「與」誤「与」。

024 楚人不禮焉　補刊石經「禮」改作「礼」。

025 卒在文十二年　宋本、岳本、足利本「二」作「三」，是也。❶

026 楚蔿賈救鄭　補刊石經「救」作「枚」，謬。

027 熒陽中牟縣西南有林亭　岳本、纂圖本、監本「熒」作「滎」，非也。×

028 囚晉解揚　補刊石經誤作「解楊」。

029 秦急崇必救之　釋文「崇」作「密」，「秦急密」絶句，云「本或作『崇急秦必救之』，是後人改耳」。×

030 秦急崇　宋本此節正義在「吾以求成焉」節之下。

031 吾以求成焉　補刊石經誤作「以求」。

032 以報北林之役　補刊石經「役」作「伇」。

033 故不競於楚　補刊石經「競」誤「竸」。

經二年

034 得大夫生死皆曰獲例在昭二十三年　案，僖元年注無「得」字，「例」上有「獲」字，餘並同。

035 宋華至生帥師　監本「生」誤「主」。×

036 大起其衆　此本「起」誤「趙」，今訂正。×

037 趙盾弑其君夷皋　顧炎武云「石經『弑』誤作『殺』」。案，石經此處乃朱梁補刻，不足依據。

傳二年

038 春鄭公子歸生受命于楚　補刊石經脱「春」字。釋文作「命於楚云」，「本或作『受命于楚』，非也」。案，高注吕覽察微篇引作「受命于楚」，釋文「于」作「於」。臧琳云：「陸氏非之是也。傳本無『受』字，故注云『受楚命』，若傳本作『受命于楚』，則文義已明，杜可無庸注矣。」

039 故傳特護之曰囚　纂圖本、毛本「特」誤「時」。

040 馘百人　補刊石經「馘」誤「䤋」，釋文云「本或作『馘百人者』，『人』衍字」。

041 宜其爲禽也　釋文無「爲」字，云「一本作『宜其爲禽也』」。

042 戎昭果毅以聽之之謂禮　補刊石經「毅」誤作「殺」，下文不誤。

043 致果爲毅　補刊石經「致」誤「殺」。

044 君子至戮也　宋本以下正義八節揔入「役人曰」節注下。

045 致謂達之於赦殺彊也　宋本、閩本、監本、毛本「赦殺」作「敵毅」，是也。

046 乃謂彊人　宋本「謂」作「爲」。

047 爾尚輔于一人　宋本、毛本「于」作「予」，不誤。

048 與入鄭師　閩本、監本「與」作「輿」，非也。

049 以其私憾　石經此處缺，釋文「憾」作「感」，云「本又作『憾』，注同」。按，釋文作「感」，是也。

050 文馬百駟　案，今本說文引傳作「駮馬百駟」。

051 叔牂如前言以顯　宋本、淳熙本、岳本、足利本「如」作「知」，不誤。浦鏜正誤「以」作「已」，案，「已」、「以」古多通用。

052 言是巳爲之　宋本「巳」作「已」，是也。

053 謂歸國而來奔　宋本「而」下有「言」字，是也。盧文弨挍本作「而曰來奔」。

054 周禮大司馬　毛本「周」誤「同」。

055 是植謂將領主帥監作者也　宋本、閩本、監本、毛本「謂」作「爲」。

056 于思多鬢之貌　釋文：「鬢，又作『鬚』。」案，惠棟云：「賈逵曰『頭白貌』，毛詩瓠葉云『有兔斯首』，鄭箋云『斯白也，今俗語斯白之字作鮮，齊、魯之間聲近斯』，正義曰『服虔以于思爲白頭貌，字雖異，蓋亦以思聲近鮮，故爲白頭也』。後漢書朱儁傳『賊多髭者號于氏根』，注引杜注爲證。案，此則于爲須，思爲白，于思爲白須也。」

057 **庳腳腳有三蹄** 閩本、監本、毛本「庳」作「痺」。腳腳，毛本作「脚脚」，乃俗字。

058 **黑色三角** 監本「三」誤「二」。

059 **劉歆期交州記曰** 宋本「歆」作「欣」。記，杭世駿改作「志」。

060 **武陵阮南縣以南** 監本、毛本「阮」作「沅」，是也。 ×

061 **去之夫其口衆我寡** 陳樹華云「林堯叟注云『言此役夫』，然夫讀如字，似未安。一以『去之』二字爲句，『夫』字屬下，亦未妥。不如三字連文，『夫』作助語辭爲允也」。按，以下六字爲句者是，左傳凡云「夫己氏」、「夫先自敗也已」，言「夫」者皆指其人言也。

062 **世爲號令尹** 宋本、淳熙本、岳本、纂圖本、足利本作「世爲令尹」，無「號」字，是也。

063 **失君道也** 案，後漢書王符傳注引注文「失」字上有「不君」二字，以意增。

064 **以明於例應稱國以弑** 釋文「弑」作「殺」，「申志反」。 ×

065 **厚歛以彫牆** 釋文亦作「彫」，云「本亦作『雕』」。閩本、監本、毛本同，注同。案，亦作「雕」，用假借字。

066 **宰夫胹熊蹯不熟** 案，吕覽過理篇作「臑熊蹯」，李善注魏文帝名都篇亦引作「臑」，枚乘七發云「熊蹯之臑」，注引傳文亦同。然説文云「洏，煑孰也」，則作「胹」者俗字，作「臑」則更俗矣。内則作「濡」，亦是「洏」之誤。熟，岳本作「孰」，宋本正義亦作「孰」，是也。

067 筥屬　宋本、淳熙本、翻岳本、纂圖本、閩本、監本、毛本、岳本「筥」作「莒」，非也。

068 宰夫胹熊蹯　宋本以下正義十八節揔入「爲公族大夫」注下。

069 不至於熟　宋本「不」字上有「其蹯」二字，「熟」作「孰」，是正字。　×

070 令衆懼巳　宋本「巳」作「己」，閩本、監本、毛本作「也」，非也。　×

071 趙盾士季見其手　釋文云：「手，一本作『首』。」　×

072 言迫於公之前也　監本、毛本脱「也」字。　×

073 豈惟羣臣賴之　補刊石經、宋本、淳熙本、岳本、足利本「惟」作「唯」。　×

074 寢門闢矣　補刊石經、閩本、監本、毛本「寢」作「寑」，非也。

075 盛服將朝　釋文云：「盛，本或作『成』。」　×

076 不忘恭敬民之主也　補刊石經「恭」作「共」，「民」仍避唐諱缺筆。

077 其右提彌明知之　釋文「提」作「祇」，云「本又作『提』」。後漢書郡國志引同。案，史記晉世家作「示眯明」，索隱曰「鄒誕生音示眯爲祁彌，即左傳之提彌明」，蓋字異而音同。

078 遂扶以下　釋文云：「舊本皆作『扶』，房孚反，服虔注作『跣』，先典反，云『徒跣也』，今杜注本往往有作『跣』者。」正義亦云：「服虔本『扶』作『跣』，注云『趙盾徒跣而下走』，杜本作『扶』，言扶盾下階也。」盧文弨云：「服本是也。襄三年傳晉悼公懼魏絳之死，亦『跣而出』，皆是急迫不及納屨使然。趙盾飲未至醉，何假於扶，明『扶』字誤也。」

079 公嗾夫獒焉　釋文云「嗾，服本作『㖩』」，正義曰「服虔云『嗾㖩也』」。臧琳云：「依正義則服本亦作『嗾』，但訓嗾爲㖩耳。『㖩』字，説文、玉篇皆無，至集韻始收。毛本注疏作『取』，不從口，非也。」獒，史記作「敖」。

080 趨登至非禮也　宋本無「也」字。 ✕

081 言扶盾下階也　閩本、監本、毛本「盾」上衍「趙」字。監本、毛本「也」誤「跣」。

082 服虔云嗾㖩也　閩本、監本、毛本「㖩」作「取」。段玉裁云：「此段宋本誤，正義當云『服虔本嗾作取，注云取嗾也，公乃嗾夫獒使之噬盾也』。」

083 公乃㖩夫獒使之噬盾也　監本、毛本「㖩」作「嗾」，不誤。

084 而更以犬爲巳用　宋本、岳本、纂圖本「巳」作「己」，不誤。 ✕

085 初宣子田於首山　案，李善注叔元爲幽州牧與彭寵書引傳「田」作「畋」。

086 舍于翳桑見靈輒餓　閩本、監本、毛本「于」作「於」，「餓」作「饑」，並非。

087 以此爲異耳　閩本、監本「耳」作「矣」，非。 ✕

088 今近焉　淳熙本「今」誤「令」。

089 翳桑之餓人也　閩本、監本「餓」誤「饑」。

090 趙穿攻靈公於桃園　釋文云：「攻，本或作『弑』。」 ✕

091 以示於朝　纂圖本、閩本、監本、毛本「示」作「視」，合於古文。

092 烏呼我之懷矣　纂圖本、閩本、監本、毛本、足利本「烏」作「嗚」，非也。

093 自詒伊慼　惠棟云：「王肅曰『此邶風雄雉之詩』。案，今詩『慼』作『阻』，惟小明詩作『慼』，而上句又異。王子雍或見三家之詩，據以爲衛詩。」伊，段玉裁校本作「繄」。

094 書法不隱　宋本「法」作「灋」，下「爲法受惡」同。

095 公山不猫云　宋本「猫」作「狃」，是也。❷

096 襄三十年鄭人殺良霄　監本、毛本「三十」誤倒。×

097 不稱大夫　閩本、監本「大夫」作「夫人」，非也。×

098 今君欲殺巳　宋本「巳」作「己」，是也。×

099 杖君之威　監本、毛本「杖」作「仗」，俗字。

100 不猫之言　宋本「猫」作「狃」。×

101 謂巳以他故出奔　宋本「巳」作「已」。×

102 僕責於野以喪莊公　閩本、監本「責」作「貴」，亦非，宋本、毛本作「賃」，是也。❸

103 其母夢神規其臀以黑曰　案，宋本、國語「黑」作「墨」。

104 初麗姬之亂　釋文亦作「麗」，閩本、監本、毛本作「驪」。案，「麗」、「驪」字一耳。

105 初驪至公子　宋本作「麗」，下並同。×

106 唯有悼公之弟揚干　毛本「干」作「于」，非也。

107 鄭人救火　閩本「火」誤「大」。×

108 良由偪於六卿　毛本「偪」作「逼」。案，「偪」與「逼」同。

109 子屬餘子之官　宋本「子」上有「餘」字。

110 乃宦卿之適子而爲之田　此本初刊無「子」

字，後剜擠，補刊石經、宋本、岳本亦無。案，昭廿八年正義、詩汾沮洳正義並引作「宦卿之適以爲公族」，亦無「子」字。適，釋文云「又作『嫡』」。

111 **餘子嫡子之母弟也** 宋本、淳熙本、岳本「嫡」作「適」。

112 **下庶子無妾子** 宋本「無」作「爲」，是也。 ×

113 **知餘子則是適子之母弟** 閩本、監本、毛本「適」作「嫡」。 ×

114 **下句趙盾** 浦鏜正誤「句」作「文」。

115 **爲旄車之族則旄車之族即公行也** 閩本、監本、毛本「則旄車之族」五字並脱。

116 **其實正是一官** 閩本、毛本「正」作「止」，非也。 ×

117 **無餘子同者** 宋本「無」下有「與」字。

118 **姬氏逆之以爲適** 閩本、監本「適」作「嫡」。 ×

119 **冬趙盾爲旄車之族** 釋文亦作「旄」，云「一本作『毦』」。案，詩汾沮洳箋作「毦」，詩正義引傳亦作「毦」字。按，説文無「毦」字，正義説以「孑孑干旄」、「建旐設旄」，則知孔本未嘗作「毦」也。

120 **孑孑干旄** 毛本「干」誤「于」。 ×

經三年

傳三年

121 **當更改卜** 淳熙本「卜」誤作「小」。 ×

122 **自啓至于反哭** 纂圖本、監本、毛本「啓」作「啟」。 ×

123 **言牛至而祭** 宋本此節正義在「望郊之屬也」節注下。

124 **舉動輕以明重也** 宋本、監本、毛本無

「動」字，是也。

125 郊之屬也　補刊石經「屬」作「属」，非。

126 及郔鄭及晉平　補刊石經、宋本「郔」作「延」。案，說文「郔」字注云「鄭地」，顧炎武云「石經誤作『延』」，是也。

127 郔鄭地　宋本「郔」作「延」，非也。

128 雒水出上雒冢領山　毛氏六經正誤引建本亦作「上雒」，是也，又云注疏及興國本作「上洛」，足利本同。按，作「洛」者非古本也。

129 楚子問鼎之大小輕重焉　補刊石經「輕」誤「輊」。

130 不逢不若　惠棟云：「張平子西京賦云『禁禦不若』，爾雅釋詁云『若善也』，郭景純注引左傳曰『禁禦不若』，今左傳作『不逢不若』。案，下傳云『莫能逢之』，杜云『逢遇也』，既云不逢，又云莫逢，文既重出，且杜氏不應舍上句注下句，此晉以後傳寫之譌。」案，惠棟說是也。

131 螭魅罔兩　釋文「魅，本又作『鬽』」，「兩，本又作『蜽』」。鄭氏注周禮家宗人引作「螭鬽魍魎」，說文「鼎」字下引作「螭魅蛧蜽」，段玉裁云「螭者，轉寫之譌字，說文此字在厹部作『离』，云『山神獸形』」。

132 螭山至水神　宋本以下正義三節揔入「未可問也」之下。

133 莫能逢之　李善西京賦注引「之」作「旃」。

134 民無災害　淳熙本「災」作「灾」。

135 載祀皆年　釋文引注「年」下有「也」字。

136 釋文云　宋本、閩本、監本、毛本「文」作「天」，是也。

137 年取年穀一熟　宋本「熟」作「孰」。

138 商紂暴虐　顧炎武云「石經『紂』誤『討』」。案，此乃明王堯惠謬刻也。

139 有所厎止　補刊石經此處缺，纂圖本、閩本、監本、毛本「厎」作「底」。顧炎武云：「五經無『底』字，皆是『厎』字。今説文本作『厎』字，下有一畫，誤字，當從氏。」段玉裁云：「此説非也。凡氏聲之字在古音弟十六支佳部，凡氐聲之字在古音弟十五脂微皆灰部。厎本訓柔，石經傳多借訓爲致，凡字書、韻書皆無作厎少下畫者，惟唐開成石經、五經文字广部『厎』誤作『底』，厂部『厎致也』不誤。」❹

140 武王遷之　「武」字上，史記正義、後漢書逸民傳注引杜注並有「河南縣西有郟鄏陌」八字。又案，水經注十五引杜氏釋地曰「縣西南有郟鄏陌」。

141 武氏謀奉母弟須　宋本脱「母」字。

142 夢天使與巳蘭　宋本以下正義二節揔入「刈蘭而卒」注下，「巳」作「已」，下同。

143 晉趙嬰夢天使謂己祭余　閩本、監本「謂」作「爲」，非也。×

144 余爲伯鯈　宋本「鯈」作「儵」，釋文亦作「儵」，非也。案，説文「姞」字注引作「百鯈」，云「黄帝之後姞姓」。

145 將不信　補刊石經此處「信」字未缺筆，蓋書丹時偶忘避也。

146 故欲討所賜蘭　宋本、淳熙本、岳本、纂圖本、毛本「討」作「計」，是也。閩本、監本作「訨」，亦誤。❺

147 文公報鄭子之妃曰陳嬀　淳熙本「文」誤「艾」。×

148 生子瑕　陳樹華云：「瑕，史記作『溉』，徐廣云『一作瑕』，索隱曰『音蔇，左傳作瑕』。」

經四年

149 東海承縣東南有向城　段玉裁依釋文

「承」改「丞」。

150 秋公如齊　顧炎武云：「『秋』誤作『利』。」案，此處「如齊」下石經係補刊，宋本、岳本、足利本有注文「無傳」二字，諸本皆脱。

151 在桓三年　宋本、淳熙本、岳本、足利本「三」作「二」，不誤。❻

傳四年

152 第二指　宋本以下正義三節揔入「皆爲大夫」之下。

153 相視而笑　岳本、纂圖本、閩本、監本、毛本「笑」作「笑」。案，石經凡「笑」字俱从竹、从犬。

154 權不足也　補刊石經「權」誤「攉」。

155 子家權不足以禦亂　釋文「禦」作「御」。　×

156 取有漸也　足利本「有」作「其」。　×

157 未無家人習翫之愛　宋本、閩本、毛本「未」作「末」，是也。❼

158 謂書弒者主名　臧禮堂據注及隱四年正義改「主」作「之」，是也。

159 蔡人殺陳佗　宋本「佗」作「他」。　×

160 傳持見仲尼曰　宋本、閩本、監本、毛本「持」作「特」，是也。　×

161 藥物之齊非所習也　閩本、監本、毛本「齊」作「劑」。　×

162 故以比爲弒王也　段玉裁校本「王」作「主」。　×

163 劉賈許潁　宋本「潁」作「潁」，是也。　×

164 既不碎別國之與人　閩本、監本、毛本「碎」作「辭」。

165 而傳云莒杞公多行無禮於國　宋

本「杞」作「紀」，是也。❽

166 是説逐君無罪臣之丈意也　宋本、閩本、監本、毛本「丈」作「文」，是也。

167 般子文之子子揚　閩本「揚」作「楊」，非也。

168 賈爲椒譖子揚　閩本、監本「爲」作「蔿」，非也。

169 注漳澨漳水邊　宋本以下正義五節摠入注文「易其名也」之下。

170 唯有涯涘岸滸　宋本「涯」作「厓」，是也。×

171 成十五年六　宋本「六」作「云」，是也。×

172 汰輈及鼓跗　補刊石經、宋本、岳本作「汏」，下同。釋文亦作「汏」，是也。鼓，毛本作「皷」字，正義同。按，汲古閣作「鼓」字，皆从攴，與説文「『豉』與『鼓』同意」者合，今本説文篆體譌誤，詳段玉裁説文讀。

173 其形圓如碓頭　閩本、監本、毛本「碓」作「確」，誤也。

174 形如小鍾　宋本「鍾」作「鐘」，是也。×

175 又射汰輈以貫笠轂　六經正誤云「『汰』作『汏』，『轂』作『轂』，誤」。案，「汏」字亦誤，説見上。轂，説文云「輻所湊也，從車、㱿聲」，釋文及石經各本並從隸省。

176 尊者則邊人執笠　纂圖本、閩本、監本、毛本「邊」作「籩」，誤。

177 差於人情爲允耳　閩本、監本、毛本「允」作「近」。

178 初若敖娶於䢵　釋文云：「䢵，本又作『鄖』。」×

179 從其母畜於䢵　釋文「於」作「于」。

180 鄖夫人使弃諸夢中　案，漢書班固敘傳作「瞢中」，師古曰「瞢，雲瞢澤也」，引左傳作「瞢中」，又云「『瞢』與『夢』同」。

181 江下安陸縣城東南有雲夢城　宋本、岳本、纂圖本、閩本、監本、毛本「下」作「夏」，是也。案，後漢書郡國志注引注文「縣」下無「城」字。❾

182 楚人謂乳穀謂虎於菟　閩本、監本、毛本「謂」作「爲」，非。補刊石經誤作「楚人謂乳爲穀謂虎爲於菟」，惠棟以爲唐石經，非也。云：漢書敘傳「菟」作「檡」，如淳曰「穀音構，牛羊乳汁曰構」，師古曰「穀讀如本字，又音乃苟反。檡，或作『菟』，並音『塗』」。廣雅作「於䖘」。案，「穀」當作「㝅」，說文子部云「㝅乳也」，說詳莊卅年釋文挍勘記。

附釋音春秋左傳注疏卷第二十一　止

附釋音春秋左傳注疏卷第二十二宣公五年盡十一年

經五年

183 以先公遺體許人　宋本「公」下有「之」字。

184 叔孫得臣卒　淳熙本「得」誤「傳」。

185 而且相隨行耳　宋本無「且」字。

186 而言猶子淑姬者　宋本「言猶」作「猶言」，是也。×

187 以其新歸於夫　毛本「新」誤「所」。×

傳五年

188 連昏於鄰國之臣　纂圖本、毛本「鄰」作「隣」，俗字，正義同。

189 當以耻而不告　宋本「耻」作「恥」，是正字。×

190 必以嘉會昭告祖故　宋本、閩本、監

本、毛本「故」作「稱」，是也。×

191 故當克躬罪巳 宋本「巳」作「己」，是也。×

192 故書曰逆叔姬即自逆也 補刊石經、宋本、岳本、纂圖本、閩本、監本、毛本「即」作「卿」，是也。

193 嫌見逼而成昏 宋本、淳熙本「逼」作「迫」。

194 莊三十七年 宋本、閩本、監本、毛本「三」作「二」，不誤。×

195 不於彼發例者 閩本缺「於」字。

196 三月廟見 淳熙本作「庿」，古「廟」字。

197 注禮送至示譏 閩本脱「注」字。×

198 其禮無反馬 毛本「禮」誤「經」。×

199 鄭元荅之云 盧文弨「荅」作「箴」，是也。

200 緇衣 浦鏜正誤「衣」作「袘」。案，儀禮作「袘」。

201 乃奠菜鄭元云 閩本、監本、毛本「乃奠菜鄭」作「然後祭行」，非也。

202 擇日而祭於禰 毛本「於」作「于」。案，曾子問作「於」。

經六年

傳六年

203 注殰盡至習也 宋本以下正義二節揔入「此類之謂也」注下。

204 冬召桓公逆王后于齊 補刊石經「桓」誤「蘇」。

205 九年十一年傳所稱屬之役 纂圖本、閩本、監本、毛本「屬」作「屬」，亦非；宋本、淳熙本、岳本、足利本作「厲」，是也。

206 二子鄭大夫 纂圖本、毛本「二」誤「王」。

207 其在周易豐之離 顧炎武云：「石經離卦誤畫作同人。」案，碑乃朱梁補刊，非唐刻也。

208 注豐上至滅亡 宋本此節正義在「鄭人殺之」句下。

209 杜以筮得比卦 宋本、閩本、監本、毛本「比」作「此」，是也。

210 故窺其户 宋本、閩本、監本、毛本「窺」作「闚」，不誤。

經七年

211 衛侯至來盟 宋本此節正義在「衛侯使孫良夫來盟」句下。

212 使陽處父父盟公以恥之 宋本、閩本、監本、毛本「父」字不重。

傳七年

213 衛孫桓子來盟 毛本「孫」誤「宋」。

214 厲公篡大子忽之位 閩本「大」作「太」。案，古「太子」字皆作「大」。

215 故諱不與謀之例 宋本「諱」下有「從」字，是也。

216 晉士燮來聘 宋本「燮」作「爕」。

217 凡乞師者深求過理之辭 毛本「理」作「禮」，非也。

218 臧宣叔郤錡是也 閩本、監本「臧」誤「滅」，下同。毛本「郤」作「卻」，亦非，下同。

219 所以多相錯伐也 閩本、監本、毛本「伐」作「亂」。案，「伐」疑「代」字之誤。

220 我不與彼謀 閩本、監本「我彼」二字誤倒。

221 公會劉子晉侯云于平邱　宋本重「云」字，山井鼎云「當作『云云』」，是也。

222 非國之恥　閩本、監本、毛本「恥」作「耻」。×

經八年

223 若賓死未將命　毛本「賓」作「賔」，誤。

224 有事至書地　宋本以下正義二節揔入「去籥」注下。

225 止是一事　閩本、監本、毛本「止」作「只」。×

226 既不書公子而稱仲遂者　宋本、閩本、監本、毛本「書」作「稱」。

227 陳昨昨之禮　宋本、淳熙本、岳本、纂圖本、閩本、監本、毛本作「昨日」，是也。×

228 釋天文　閩本、監本、毛本「天」誤「祭」。×

229 萬者何干舞也　監本、毛本「干」誤「于」。×

230 朱干王戚　宋本、毛本「王」作「玉」，是也。×

231 以注隱五年亦直云萬舞也　宋本「以」作「又」，不誤。×

232 敬謚　宋本、岳本、毛本「謚」作「諡」，注、正義同。案，當作「謚」，說見前。

233 敬謚　宋本此條正義在注文「克成也」之下。

234 謚法夙夜敬事曰敬　宋本「敬事」作「勤事」，是也。

235 戊午日下昊乃克葬　宋本「昊」作「吳」，是也。閩本、監本作「㫰」，毛本作「昃」，下並同。⑩

傳八年

236 晉人獲秦諜殺諸絳市　顧炎武云：「『絳』誤

『終』。」案，石經此處乃朱梁補刊。

237 有事于太廟　補刊石經、宋本、淳熙本、岳本、足利本「太」作「大」，是也。石經空「于」字，書丹時失寫也。

238 舒蓼二國名　諸本作「二」。陸粲云：「羅泌曰：蓼與舒蓼別，舒蓼皐陶之後，偃姓。若舒又是一國，僖之三年滅矣。杜氏分舒、蓼爲二國名，孔氏遂以爲即文五年楚所滅之蓼，皆臆説也。」按，陸粲云是。

239 舒蓼二國名　宋本以下正義二節揔入「盟吴越而還」注下。

240 羣舒舒蓼　閩本、監本、毛本「羣舒」下空一字，非也。

241 劉炫以杜爲一國而規之非也　宋本「一」作「二」。

242 傳言楚疆　宋本、淳熙本、岳本、纂圖本、毛本「疆」作「彊」，不誤。×

243 郤缺爲政　毛本「郤」作「卻」，非，下同。

244 朔盾之子代胥克　監本「代」作「伐」，誤。

245 注記禮至下柩　宋本以下正義二節揔入注文「懷忌也」之下。

246 禮或作紼　監本「紼」作「茀」，非。

247 繩之别名也　毛本「繩」作「絕」，是俗字。×

經九年

248 夏仲孫蔑如京師　宋本、淳熙本、岳本、纂圖本「蔑」作「蔑」，不誤；補刊石經作「薎」，非。

249 九月晉侯宋公衛侯鄭伯曹伯會于扈　補刊石經「九月」下有「公會」二字，衍文。

250 注卒於至日誤　閩本脱「注」字。×

251 皆從起　宋本、監本、毛本「起」作「赴」，不誤。

252 晉侯實在竟外卒　宋本「晉」上有「據」字。

253 下有十月　監本「十」誤「卜」。

254 臣之盡忠之爭　宋本「爭」作「事」，是也。

255 孔子沭浴而朝　宋本「沭」作「沐」，是也。

256 是與比干諫死同　閩本「干」誤「于」。

257 則少師忠款之心　閩本、監本、毛本「款」作「欵」，是俗字。

傳九年

258 言周徵也　淳熙本「周」作「問」，非。

259 夏孟獻子聘於周　石經、宋本「於」作「于」。

260 厚賄之　閩本、監本「賄」誤「賂」。

261 謀齊也　宋本、淳熙本、岳本、足利本「也」作「陳」，是也。

262 前年與楚成故　宋本、淳熙本、岳本、纂圖本、閩本、監本、毛本作「成」，此本誤「故」，今改正。

263 不書至將帥　宋本此節正義在「乃還」句下。

264 秦小子慭　宋本「慭」作「憖」，與説文合。此本「子」誤「七」，今訂正。

265 仍存大夫帥之　宋本「存」作「有」，是也。

266 陳靈公與孔寧儀行父通於夏姬　案，鄭氏注禮運、賈氏疏士喪禮引傳「寧」作「甯」。補刊石經、宋本「於」並作「于」，是也。下「以戲于朝」字唯纂圖本、毛本作「於」。

267 民無効焉　補刊石經、宋本、淳熙本、岳本「効」作「效」，是也。釋文作「傚」。

268 民之多辟　釋文云：「辟，本又作『僻』。」

269 六年伐楚鄭　宋本、淳熙本、岳本、足利本作「楚伐鄭」，是也。

270 事見十二年　宋本、淳熙本、岳本、足利本「二」作「一」，不誤。

271 十二年卒有楚子入鄭之禍　淳熙本「十二」誤「土」字。

經十年

272 巳巳齊侯元卒　石經、宋本、淳熙本、岳本、纂圖本「巳巳」作「己巳」，是也。⑪

273 靈公惡不加民　淳熙本「民」作「氏」。

274 今魯伐取之　監本、毛本「伐」作「仍」，非也。

傳十年

275 不皆改舊史　宋本無「史」字。案，正義摘注作「典策至改舊」，是無「史」字之明證。

276 注典策至改舊　宋本以下正義四節摠入「不然則否」注下。

277 若乃稱司城　監本作「乃若」。

278 仲尼新褒之實　宋本「新」作「所」，是也。

279 何休膏肓　毛本誤作「膏育」。

280 凡諸侯之大夫違　石經、宋本、淳熙本、岳本、監本、毛本並作「侯」，此本、閩本誤作「使」，今訂正。

281 上某氏者姓下某名　宋本「氏」作「出」，下「某」下有「出者」二字。案，正義曰「故云上某出者姓」，似從宋本爲得也。

282 豈天子命者出奔　閩本、監本、毛本「豈」作「蓋」，非也。

283 如守臣謂守宗廟之臣　宋本「如」作「知」，是也。盧文弨挍本作「則」，依考文改。

284 飲酒於夏氏　補刊石經、宋本「於」作「于」。

285 公出自其廄　纂圖本、監本、毛本「廄」作「廐」，俗字。

286 潁水出河南陽城　宋本、淳熙本、岳本作「潁水」，是也，後同。×

287 注潁水至入淮　宋本此節正義在「諸侯之師戍鄭」句下。

288 諸侯之師戍鄭鄭子家卒　毛本空上七字，纂圖本同。何焯云「宋本無『諸侯之師戍鄭』句」，今宋本皆有，何焯所據似纂圖本也。

289 注以四至卿禮　宋本此節正義在「改葬幽公謚之曰靈」句下。

290 然則子家上大夫　各本作「大」，此本誤作「夫」，今訂正。×

291 改葬幽公謚之曰靈　宋本、岳本、毛本「謚」作「諡」，非，注同。×

經十一年

292 潁川長平縣東南有辰亭　案，惠棟云：酈氏曰「今此亭在長平城西北，長平縣在東南，或杜氏不謬，傳寫誤耳」。

293 故以狄爲會主　淳熙本「狄」誤「秋」。

294 櫝函狄地　毛本「櫝」作「攢」，非也。

295 皆歷序諸國　宋本、毛本「歷」作「列」。

296 序列亦然　閩本、監本、毛本「列」作「例」，非也。×

297 郤成子勸其勤 毛本「郤」誤「卻」。 ×

298 故書入在殺徵舒之後 閩本、監本、毛本「在」誤「陳」。 ×

299 傳云書曰入陳 閩本、監本、毛本「云」作「言」。

300 殺陳孔奂 宋本、閩本、監本、毛本作「孔」，此本誤「札」，今訂正。 ×

301 因入乃討陳賊 宋本、閩本作「乃」，監本、毛本作「方」，非。

302 定亡君之嗣 淳熙本「亡」作「二」，非也。

303 計應罪楚子 宋本、閩本、監本、毛本「計」作「例」，是也。 ×

傳十一年

304 楚盟于辰陵 釋文云：「本或作『楚子』。」 ×

305 傳言楚與晉狎主盟 纂圖本、監本、毛本「主」誤「王」。

306 注艾獵孫叔敖 宋本以下正義四節揔入「不愆于素」注下。

307 本不必然 閩本、監本、毛本「不必」作「必不」。

308 慮事謀慮計功 宋本、岳本、足利本「謀」作「無」。按，正義當作「無」。

309 封其四彊 宋本、閩本、監本、毛本「彊」作「疆」，是也。 ×

310 鄭元云 監本、毛本誤作「云云」。 ×

311 財用築作具 閩本、監本「作」作「用」。

312 平板榦 釋文「榦」作「幹」，云「本亦作『榦』」，是也。

313 楨幹楨也　宋本「幹楨」作「翰榦」，是也。案，莊廿九年、成二年皆作「翰榦」。[12]

314 榦所以當墻兩邊鄣上者也　宋本「榦」作「翰」，「墻」作「牆」，「上」作「土」，是也。

315 卧鄣土者　宋本作「卧」，是也。此本作「邸」，謬。閩本、監本、毛本作「即」，亦非。[13]

316 即彼文榦也　宋本、毛本作「文」，閩本、監本誤「丈」。榦，宋本作「翰」。

317 餱乾食也　釋文云：「本或作『乾飯』。」

318 謀監主　宋本「主」作「正」。

319 晉郤成子求成于衆狄　毛本「郤」作「卻」，非，下同。

320 注少西至之名　宋本以下正義四節揔入「書有禮也」注下。

321 夏徵舒爲不道弑其君　監本、毛本改「殺其」。

322 時有楚之屬國從行也　毛本「屬」誤「辱」。

323 反之可乎對曰可哉　閩本、監本、毛本脱「對」字。[14]

324 全以討亂存國爲大　宋本、淳熙本、岳本、監本、毛本「大」作「文」，是也。

325 善其復禮　岳本、監本、毛本「復」作「得」，與正義合。

326 注没其至復禮　監本、毛本「復」作「得」。

327 言陳國見存入而納此人耳　監本「入」誤「人」。

328 又徵事于晉　釋文「徵」作「儆」。

329 鄭南北無屬　宋本、淳熙本、岳本、足利本「無」

作「兩」，是也。閩本、監本「北」誤「比」。×

16—330
上指厲　宋本「厲」下有「役」字。×

附釋音春秋左傳注疏卷第二十二　止

校記

❶南昌本末增「〇今訂正」。
❷南昌本末增「〇今訂正」。
❸南昌本末增「〇今訂正」。
❹毛本厎作底，南昌本誤「厎」爲「底」。校語所引顧炎武説「皆是『厎』字」之「厎」，底本原作「底」，據顧氏與潘次耕書改。校語所引段玉裁説「誤作『底』」之「底」字，底本原作「厎」，據段氏古文尚書撰異改。
❺南昌本末增「〇今訂正」。
❻南昌本末增「〇今訂正」。
❼南昌本末增「〇今訂正」。
❽南昌本末增「〇今依訂正」。
❾此條南昌本作「江夏安陸縣城東南：案，後漢書郡國志注因注文『縣』下無『城』字」。
❿南昌本末增「〇今訂作『吳』」。
⓫南昌本末增「〇今訂正」。
⓬南昌本末增「〇今訂正」。
⓭南昌本末增「〇今從宋本」。
⓮可哉，南昌本作「吾儕小人」。

春秋左傳注疏校勘記卷十七

17—001 附釋音春秋左傳注疏卷第二十三宣十二年 宋本春秋正義卷第十七。石經春秋經傳集解宣下第十一，岳本「宣」字下增「公」字，並盡十八年。

經十二年

002 二十二月 宋本、岳本、足利本「二」作「一」，不誤。×

003 而又徼事晉故 釋文「徼」作「傲」。

004 雞父之戰 監本、毛本「雞」作「鷄」。×

005 蕭叔人心者 宋本、監本、毛本「人」作「大」，是也。

006 戊寅乃是十一月九日 閩本、監本、毛本脱「戊寅」二字。

007 傳稱師定多寒 宋本、監本、毛本「定」作「人」，是也。×

008 今在濮陽縣東南 宋本、淳熙本、足利本「今在」作「在今」。×

傳十二年

009 臨哭至祖廟 宋本以下正義六節摠入「子良出質」注下。

010 象其尊貌 毛本「尊貌」作「宗廟」，非也。

011 陴城上僻倪 宋本「僻」作「俾」，是也。案，説文云「陴，城上女牆，俾倪也」，釋名作「睥睨言於其孔中睥睨非常也」，廣雅作「埤堄」，云「女牆也」。❶

012 注陴城上僻倪 宋本作「俾倪」。×

013 傳於堞 宋本「傳」作「傅」，與傳文合。×

014 巢牛臣隱於短牆以射之　宋本、毛本「臣」誤「城」。

015 盧蒲獘攻崔氏　宋本、監本、毛本「獘」作「嫳」，是也。×

016 陴倪女牆也　宋本作「陴俾倪女牆也」。案，今本廣雅作「埤堄」。×

017 杜以三月克之　宋本「三」作「二」，非。×

018 不應此至六月而晉人不聞　宋本、閩本、監本、毛本「此」作「比」。

019 閏三月　宋本「閏」上有「進」字。

020 至于逵路　釋文云：「爾雅『九達謂之逵』，說文作『馗』，『逵』或『馗』字。」×

021 不泯其社稷　各本作「泯」，補刊石經作「汦」，依石經避唐太宗嫌名。

022 願楚要福于此四君　纂圖本、毛本「于」作「於」，與傳文同。

023 皆厲宣並言之　閩本「並」誤「竝」。×

024 代郤缺　淳熙本、纂圖本、毛本「郤」誤「卻」，正義同。×

025 先穀佐之　補刊石經此處缺，釋文云「穀，本又作『穀』」。

026 注彘季代林父　宋本自此以下至注「鯨鯢大魚名」正義揔入「告成事而還」句注下。

027 傳無其代　毛本「代」誤「伐」。×

028 郤克佐之　纂圖本、毛本「郤」誤「卻」，注同。×

029 郤克之子代臾駢　宋本、淳熙本、岳本、足利本「克」作「缺」，是也。×

030 鞏朔趙穿　補刊石經、宋本、淳熙本、岳本「趙」

作「韓」，是也。　×

031 隋武子曰善　石經、宋本、淳熙本、岳本、纂圖本「随」作「隨」。

032 觀釁而動　李善注班孟堅述高帝紀引傳文「釁」作「舋」，俗字也。

033 不易行征伐也　宋本「不易」下有「者」字。

034 楚軍討鄭　石經、宋本、淳熙本、足利本「軍」作「君」，是也。

035 服而舍之　李善注文選辨亡論引作「赦之」。

036 彼四民謂士農工商　閩本、監本、毛本「謂」作「爲」，非也。　×

037 傳稱大宰伯州犁是也　宋本「犂」作「黎」。

038 追求草蓐爲宿備　淳熙本「草」誤「早」。　×

039 不共碎役　閩本、監本、毛本「碎」作「卒」，非也。　×

040 步卒被分在右者　閩本、監本、毛本「在」誤「左」。　×

041 蓐謂卧止之草　監本、毛本「止」誤「上」。　×

042 故云爲宿衛也　宋本「衛」作「備」，是也。　×

043 前有斥候蹹伏　案，爾雅釋言疏引亦作「蹹」，岳本、足利本作「蹋」，是也，釋文同。案，説文無「蹹」字。❷

044 前有車騎則載飛鳩　宋本「鳩」作「鴻」，是也。

045 前有摯獸則載貔貅　監本「貅」作

「貀」，無此字，形相近而誤。×

046 戒勑令 毛本「勑」作「勅」，正義同。×

047 而自備辨也 宋本「辨」作「辦」。❸

048 百官卿大夫也 毛本「卿」作「鄉」，非也。×

049 以其屬衛王也 閩本、監本、毛本「王」作「士」，誤也。

050 斿車建旌 閩本、監本、毛本「斿」作「游」。案，周禮作「斿」。×

051 言親踈並同 宋本、淳熙本、岳本「踈」作「疏」。×

052 内姓謂内姓也 宋本、閩本、監本、毛本下「内」字作「同」，是也。

053 言唯賢是任 宋本「言」上有「於舊内選賢」五字。

054 便即用之 監本「用」作「周」，非也。×

055 老有恩惠 浦鏜正誤「恩」作「加」，是也。×

056 行威苦其不行 毛本「其」誤「莫」。×

057 皆不易之事 宋本「皆」下有「是」字。

058 副上德 閩本、監本「副」誤「嗣」。

059 序云言能汋先祖之道以養天下故以汋爲名焉 案，詩序「汋」作「酌」。

060 於歎辭也 閩本、監本、毛本「歎」作「嘆」。×

061 耆音指指致聲相近 閩本、監本、毛本「指指」改「亘亘」。

062 言養之使時然後可討之 宋本「時」作「昧」，是也。×

063 故成無彊之業　宋本、淳熙本、岳本、閩本、監本、足利本「彊」作「疆」，是也，釋文同。×

064 實爲疆也　閩本、監本、毛本「爲」作「無」，是也。×

065 於鑠王師　諸本作「王」，此本誤「上」，今訂正。×

066 聞敵彊而退　閩本、監本「彊」作「疆」。

*命有軍師　補：各本「有」作「以」，「師」作「帥」，與釋文、正義合，此本誤也。

067 言晉之所以得爲霸王者　宋本、監本、毛本「王」作「主」，是也。閩本此處模糊。×

068 必當有禍　監本、毛本「禍」誤「過」。

069 令者師出乃以律從人　宋本「令」作「今」，是也。×

070 故云且律竭　毛本「且」誤「見」。×

071 似法當嚴整　閩本、監本、毛本「似」作「以」，非。

072 必大咎也　宋本「必」下有「有」字，是也。

073 坎下坤上師　淳熙本「師」誤「帥」。×

074 故應否臧之凶　宋本、岳本、足利本「否」作「不」。

075 衆聚則彊　閩本、監本「彊」作「疆」，非也。×

076 川壅爲澤　釋文云：「壅，本又作『雍』，注皆同。」案，説文「巛」字注引作「雝」，「澤」字下多「凶」字。

077 有律以如巳也　補刊石經、宋本、岳本、纂圖本「巳」作「己」，是也。×

078 乘法不用　閩本、監本、毛本「乘」作「乖」，

亦非；宋本作「棄」，是也。❹

079 法從人也　宋本「法」上有「是」字，是也。

080 故曰律否臧　補刊石經「否」作「不」。

081 則爲法不行　宋本「則」上有「水不流」三字。

082 澤不行之物　纂圖本、監本、毛本「澤」誤「釋」。

083 此禍也　宋本「此」上有「主」字，是也。

084 弟子輿尸　毛本「尸」誤「師」。

085 故杜略去之　毛本「去」誤「用」。

086 爲明年晉殺先穀傳　宋本、淳熙本「晉」下有「人」字。

087 今鄭屬楚　宋本、淳熙本「今」作「令」。

088 六人同之　補刊石經「六」誤作「立」，改刊加兩點，遂成「亦」字，謬。

089 三軍皆敗　毛本「皆」作「既」。

090 楚子北師次於郔　釋文亦作「郔」，監本、毛本誤作「𨛬」，注同。

091 令尹叔孫敖弗欲曰　補刊石經、宋本、淳熙本、岳本「叔孫」作「孫叔」，是也。❺

092 令尹南轅反旆　補刊石經、宋本、岳本「旆」作「旆」，不誤，注同。❻

093 廻車南鄉　宋本、纂圖本、毛本「廻」作「迴」。釋文云：「鄉，本又作『嚮』。」案，後漢書袁紹傳注引作「回軍南向」。按，「鄉」是正字。

094 愎恨也　淳熙本、岳本、纂圖本、毛本「恨」作「很」，是也。

095 次于管以待之　釋文「于」作「於」，又云「管，本或作『菅』」。案，「管」字是也，管即管叔所封之國，見僖二十四年，杜於彼注亦云「管國在熒陽京縣東北」。

096 晉師在敖鄗之閒　顧炎武云：「石經『師』誤『帥』。」案，石經不誤，所據乃王堯惠刻也。

097 熒陽京縣東北有管城　岳本、纂圖本「熒」作「滎」，非；閩本、監本作「榮」，亦誤。 ×

098 次于管　毛本「管」作「菅」。 ×

099 鄭皇戍使如晉師曰　宋本、岳本、閩本、監本「戍」作「戌」，是也。釋文亦作「戌」。浦鏜云「凡人名除定十三年公叔戍外，並從戌亥之『戌』」。❼

100 在軍　宋本「軍」誤「君」。

101 子熊煦立　浦鏜正誤「煦」作「眴」。按，浦鏜挍亦非。玉篇口部「呴」字云「史記曰『楚先有熊呴』，是爲蚡冒」，則「呴」當从口。

102 凡人貧衣破醜敝爲藍縷　考文「破」作「被」，非。

103 注十五至承副　毛本「承」誤「乘」。 ×

104 十五卒爲偏習司馬法之文　宋本「卒」作「乘」，「習」作「皆」，不誤。 ×

105 多少皆望文也　宋本「望」作「妄」字。按，疏謂三處「偏」字皆各望文爲訓耳，「望」是也。 ×

106 舊於穰苴前已有　宋本「舊」下有「偏」字。

107 周禮有又　宋本「又」作「文」。 ×

108 内官序當其夜　釋文「夜」作「次」，云「一本作『序當其夜』」。 ×

109 右廣雞鳴初駕　閩本、監本、毛本「雞」作「鷄」。 ×

110 又何俟　補刊石經「俟」字下後人旁增「焉」字，非也。

111 而卜其去之與住也　閩本、監本、毛本「住」作「往」，非也。　×

112 實猶充也　監本、毛本「充」誤「克」，下同。

113 鄭宋屬楚　宋本、閩本、監本、毛本「宋」作「未」，不誤。　×

114 毋廢王命　纂圖本、閩本、監本、毛本「毋」誤「母」。

115 遷徙也　淳熙本、纂圖本、閩本、毛本「徙」作「徒」，非也。

116 致巳欲戰之意於敵人　宋本「巳」作「己」，是也。　×

117 故單車楊威武以挑之　宋本、毛本「楊」作「揚」，是也。　×

118 靡旌驅疾也　宋本「旌」作「族」，非。

119 御下兩馬　案，惠棟云：鄭注周禮環人引作「掚馬」，釋文引徐先民云「或作『掚』」。案，此則「兩」本「掚」字，故服、杜訓爲飾，古文省作「兩」。

120 謂隨宜刷刮焉　宋本「焉」作「馬」，是也。　×

121 龜背之隆高當心　宋本、淳熙本、岳本、足利本「心」下有「者」字。

122 正義曰　毛本「曰」作「云」。　×

123 易離卦象云　監本「離」誤「雜」。　×

124 背高而前後下　監本「背」誤「皆」。　×

125 非能徧及於百官也　毛本「徧」作「偏」，非。

126 獻獸之未至以爲語之亂耳　宋本「獸」作「禽」，「亂」作「辭」，是也。

127 及熒澤　岳本、纂圖本「熒」作「滎」，非，注同。案，後漢書郡國志注引傳文脱「澤」字。

128 與魏錡皆命而往　石經「皆」下旁有「受」字，後人妄加也。

129 二憾往矣　釋文「憾」作「感」，石經、宋本亦作「感」，石經改刊加忄旁，不可從也。

130 右廣雞鳴而駕　纂圖本、閩本、監本、毛本「雞」作「鷄」。

131 養由基爲右　毛本「由」作「甴」，避所諱。後漢書班彪傳作「游」，文選東都賦同。

132 屈蕩搏之　閩本、監本、毛本「搏」作「摶」，誤。

133 廣車橫車之車　宋本「橫車」作「橫陳」，是也。

134 備誤鉤鞶　宋本「誤」作「設」，是也。案，「鞶」字當作「般」，説詳毛詩挍勘記。

135 工尹齊將右拒卒　釋文云：「拒，本亦作『矩』，下同。」

136 敢藉君靈　石經初刻「藉」誤从竹，改从艹。

137 使潘黨率游闕四十乘　鄭氏注周禮車僕引傳文「率」作「帥」，「游」作「斿」。

138 萃聚也　宋本、淳熙本、岳本、纂圖本、足利本「聚」作「集」，是也。

139 以其所將卒　淳熙本「卒」作「中」，非也。

140 屈蕩尸之曰　石經、宋本、淳熙本、岳本「尸」作「户」，是也。案，漢書王嘉傳注、李善文選范蔚宗宦者傳論註引並同。錢大昕跋余仁仲挍刻左傳本云：「家藏淳熙九經及長平游御史本、巾箱小本俱作

『户』字。」❽

141 亦必以終　李善注范蔚宗宦者論引作「必以此終」。

142 尸止　宋本、淳熙本、岳本、足利本「尸」作「户」，「止」下有「也」字，是也。

143 軍中易乘　宋本、淳熙本「軍」字脱。

144 上文且則右廣初駕　閩本、監本、毛本「則」作「云」。盧文弨挍本「且則」作「則云」，亦非。宋本「且」作「旦」。

145 今楚王偶然乘左廣以逐趙旃　宋本、監本、毛本「廣」作「車」，非。

146 此言晉人廣隊　閩本「此」作「比」，非也。

147 楚人惎之脱扃　惠棟云：「説文引作『楚人畁之』，云『舉也』，『黄顥説廣車陷楚人爲舉之』。案，此則『惎』當爲『畁』。」杜氏所據本與許所據不同也。

148 扃車上兵闌　宋本、岳本「闌」作「蘭」。案，管子小匡篇注云「蘭錡兵架也」。

149 注惎教至兵蘭　閩本、監本、毛本「蘭」作「闌」，非。

150 今杜以扃爲車上兵闌　宋本「闌」作「蘭」，下同。

151 拔旗投衡上　宋本、淳熙本「旗」作「旆」，是也。×

152 使不帆風　釋文云：「帆，本又作『帊』。」×

153 釋文云　毛本「文」作「天」，是也。×

154 郭璞曰　監本、毛本「曰」作「云」。×

155 逢大夫與其二子乘　閩本「逢」作「逄」。岳本有注云「逢音龐蜀本作逄」，此七字挍刊時誤入。

案，逢从夆，是也，从夅者誤。

156 趙傁在後　惠棟云：「『傁』與『叟』同，見無極山碑。說文作『叜』，云『叜或作傁』。」案，五經文字云：「傁，素口反，與『叟』同，見春秋傳。」

157 故杜辯之云　宋本「辯」作「辨」。×

158 負羈楚大夫　纂圖本、毛本「楚」誤「從」。×

159 抽矢菆　惠棟云：鄭注既夕禮云「古文『菆』作『騶』」，漢書鼂錯傳云「材官騶發，矢道同的」，如淳曰「騶矢也」，小顏曰「騶謂善矢，左氏傳作『菆』字，其音同耳」，則知古「菆」字作「騶」也。按，「騶」自是假借字，作「菆」是正字。

160 菆好箭　監本「菆」作「敢」，「箭」作「菆」，並非。×

161 不能成營也　宋本、淳熙本、岳本、足利本「也」作「屯」，是也。×

162 常在軍後　監本、毛本「軍」作「君」，非也。×

163 與其輂輦　監本「輂」作「輦」，非也。

164 輦人輓行濟以載住器也　宋本「輓」作「挽」，「濟」作「所」，「住」作「任」，與鄭注合。×

165 止以爲蕃營　閩本、監本、毛本「蕃」作「藩」。

166 築軍營以章武功　淳熙本、岳本、足利本「章」作「彰」。

167 載戢干戈　監本、毛本「干」誤「于」。

168 戢訓爲歛聚歛藏之義　宋本「歛」作「斂」。×

169 詩頌云　宋本「頌」作「序」，是也。×

170 則頌詩功成乃成乃作　案，「乃成」二字衍文，宋本無。

171 夏大釋詁文　宋本、閩本、監本、毛本「大」誤「人」。

172 鋪時繹思　案，詩周頌正義引作「敷時數思」。

173 我徂維求定　石經、宋本、淳熙本、岳本「維」作「惟」。案，傳引詩、書多從忄旁。

174 其三三篇　淳熙本「三篇」作「二篇」，非也。×

175 我往惟自求安定　閩本、監本、毛本「往」作「徂」。毛本「惟」作「維」。

176 屢豐年　案，惠棟云：「說文無『屢』字，當從毛詩作『婁』，今詩亦有作『屢』者，俗作之。」

177 其六曰至豐年　宋本無「曰」字。×

178 數有豐熟之年　宋本「熟」作「孰」，是也。×

179 蓋楚樂歌之次第　依正義及宋本標起止皆云「之第」，則「次」字衍也。×

180 注其六篇至次第　宋本無「篇至」二字，「次」作「之」字。按，疏云「故楚樂歌之第」，是注古本無「次」字也。

181 別無次第　宋本「無」作「爲」，是也。×

182 第六引綏萬邦　毛本「邦」誤「拜」。×

183 季札觀樂　宋本「札」作「扎」，非也。

184 今頌篇次　宋本「今」下有「周」字，是也。

185 以規杜失非也　閩本、監本、毛本「失」作「過」。×

186 今我使二國暴骨暴矣　釋文云：「暴，本或作『曝』。」×

187 而安人之亂以爲巳榮　石經、宋本、岳本、纂圖本「巳」作「己」，是也。×

188 **禮先君告戰勝** 宋本、淳熙本、岳本、足利本「禮」作「祀」，不誤，疏同。×

189 **既事而奠于牧室** 宋本「于」作「於」，與大傳合。×

190 **取其鯨鯢而封之** 惠棟云：「説文引作『鱷鯢』，云『海大魚也』，『或从京』。漢書薛宣傳曰『古者明王伐不敬，取其鱷鯢』，小顏曰『鱷，古鯨字』。」

191 **俗説出入穴即爲朝水** 宋本「朝」作「潮」，是也。×

192 **又何以爲京觀乎** 宋本、淳熙本、岳本、足利本「何」作「可」。石經無「觀」字，後旁增于「京」字下，爾雅疏引亦脱。

193 **子服石制也** 淳熙本「子」作「予」，誤。

194 **是役至魚臣** 宋本以下正義二節揔入注「恃亂則禍歸之」之下。

195 **桓子請死** 宋本以下正義二節揔入「使復其位」注下。

196 **晉師三日穀** 石經「日」字下旁增「舘」字，此後人據僖廿八年傳妄加也。

197 **今天或者大警晉也** 淳熙本「大」誤「天」，正德本作「夫」，亦非。

198 **遂圍蕭蕭潰** 顧炎武云：「下有『明日蕭潰』之文，此處疑衍，若此云『蕭潰』，下便不得言『遂傳于蕭』也。」炎武説是也。

199 **拊而勉之** 文選李善注潘安仁馬汧督誄引「拊」作「撫」。

200 **蕭潰** 宋本以下正義五節揔入「明日蕭潰」節注下。

201 **皆如挾纊** 説文引亦作「皆如挾纊」，云「或從光，作絖」。水經注廿二「如」作「同」，非也。

202 纊綿也　宋本「綿」作「緜」，正義同。按，「緜」、「綿」正俗字。

203 遂傳於蕭　補刊石經「蕭」下有「城」字，非也。

204 有山鞠窮乎　羣經音辨引作「鞠藭」。

205 鞠窮所以禦濕　纂圖本、毛本「濕」作「溼」。

206 爾惟麴蘖　宋本「蘖」作「糵」，是也。×

207 奈何　淳熙本、岳本「奈」作「柰」，按，「柰」正字。

208 故使叔展視虛廢井而求拯巳　纂圖本「巳」誤「也」。×

209 必須入井　宋本「井」作「水」，是也。×

210 哭井則巳　補刊石經、宋本、岳本「巳」作「已」，是也。

211 叔展又欲結茅以表井　宋本、淳熙本、岳本、纂圖本、足利本「欲」作「教」，是也。×

212 巳展叔自謂也　浦鏜正誤作「叔展」，是也。×

213 注原縠先縠　宋本此節正義在「衛人救之」節注下。

214 上文稱爲彘子　閩本、監本、毛本「爲」作「其」，非也。×

215 於是卿不書　補刊石經作「於是乎卿不書」。

216 故孔達欲背盟教陳　宋本、淳熙本、岳本、足利本「教」作「救」，是也。×

附釋音春秋左傳注疏卷第二十三　止

附釋音春秋左傳注疏卷第二十四　宣十三年至十八年

經十三年

傳十三年

217 傳稱不實其言　毛本「實」作「食」，非也。 ×

218 見諸國皆合責也　毛本「諸」字模糊。 ×

219 已則取之　石經此處缺，宋本、岳本、纂圖本「已」作「己」，不誤。

220 謂誅已甚　宋本、岳本、纂圖本、足利本「謂」作「爲」，是也。 ×

221 亦是晉刑大過　閩本、監本、毛本「大」作「太」，下同。

222 已自取之　宋本「已」作「己」，是也。 ×

223 爲明年殺孔達傳　閩本、監本、毛本「爲」上不加「注」字，舊式也。

經十四年

224 冬公孫歸父會齊侯于穀　毛本「于」作「丁」，誤。

傳十四年

225 構我敝邑于大國　石經初刻「構」作「搆」，改從木旁，是也。閩本、監本、毛本作「搆」。

226 注以有至妻之　宋本此節正義在「使復其位」注下。

227 復以女妻之　閩本、監本、毛本「復」作「故」。按，作「復」是也。

228 是孔達忠於衛國　毛本「忠」誤「終」。 ×

229 衹欲虛以説晉　宋本「衹」作「秖」。案，當作「衹」。 ×

230 女有家男有室　毛本誤作「男有家女有室」。 ×

231 不復云復室其子　宋本上「復」字作「得」，是也。 ×

232 晉敗於邲鄭遂屬楚　纂圖本、毛本「於」作「于」，「屬」作「服」，誤也。

233 蒐簡閲車馬　足利本作「軍馬」。

234 鄭伯如楚　閩本「鄭」誤「郎」。

235 楚子使申舟聘于齊　吕氏春秋行論篇注引「舟」作「周」。案，「舟」、「周」古字通，石經此處缺。

236 無畏抶宋公僕　毛本「抶」誤「扶」。×

237 注昭明也聾闇也　宋本以下正義二節捴入「楚子圍宋」之下。

238 人之聽視聰明　閩本、監本、毛本「聽視」倒。×

239 屨及於窒皇　惠棟云：「高誘吕覽行論篇注引傳作『絰皇』，與莊十九年『絰皇』一也。」

240 謂至門逐及也　閩本、監本、毛本「逐」作「遂」，非也。

241 鬻拳葬於絰皇　重脩監本「絰」誤「經」。×

242 唯指雉門高大　宋本『高』字上有「以雉門」三字，是也。

243 與之言魯樂　宋本以下正義二節捴入「何以不亡」注下。

244 貪必計謀他人　宋本「謀」下有「去」字。

245 孟獻至公説　宋本以下正義三節捴入注文「爲明年歸父會楚子傳」之下。

246 於是元纁璣組　宋本「是」下有「有」字。

* 享用秉帛加璧　補：毛本「秉」作「束」，「秉」字誤也，今正。

247 王鐃云劉炫以杜注　宋本、監本、毛本「王」作「土」，「劉」作「云」，不誤。×

248 陳贄幣之象　閩本、監本、毛本「幣」作

「帛」，非也。

249 則朝聘陳幣亦實百品於庭非獨主人也　浦鏜正誤「朝」作「此」，「獨」作「謂」，云「從傳士凱注解辨誤校」。

250 獻其治國若征伐之功於牧伯　毛本「牧伯」誤倒。

251 而有加貨　淳熙本「加」誤「嘉」，注同。

252 皆主人之事　監本「主」作「王」，非也。

253 故以容貌爲威儀容顔　監本、毛本「爲」作「有」，非也。

254 容貌文章以外　浦鏜正誤「文」作「采」，是。❾

255 秖合使大夫告王征伐之功　閩本、監本「秖」作「衹」，毛本作「袛」，非。案，當从衣、从氏。

256 何以知獻功於牧伯　毛本「牧伯」誤倒。

257 葛盧來朝　宋本「葛」上有「介」字，是也。

258 鄭伯親獻蔡捷于邢邱　毛本「邢」作「刑」，誤。

259 劉苟違杜義　毛本「違」作「爲」，誤。

經十五年

260 弱下彊之意　閩本、監本「彊」作「疆」，非也。

261 揔言二國和同之意　閩本、監本、毛本「同」作「平」，非。

262 而在下不欲平乎　閩本、監本、毛本「不」上衍「者」字。

263 傳載盟辭　毛本「盟」誤「益」。×

266 潞赤狄之別種潞氏國　宋本、足利本無下「潞」字。案，正義引注云「杜言氏國故稱氏」，足證「潞」字爲衍文。

265 此路是國名　宋本、閩本、監本、毛本「路」作「潞」，是也。×

266 者中國之始封君也　宋本「者」作「若」，是也。×

267 而中國亦然　按，各本同，依上文則「亦」字當作「不」字。

268 非君殺自不得言其大夫也　宋本「自」作「臣」，是也。×

269 趙歧注云　閩本、監本、毛本「歧」作「岐」，是。×

270 故杜言古者公田之法　毛本「言」作「云」。×

271 既巳十畝取一矣　毛本「十」誤「卜」。×

272 更復十收其一　監本、毛本「收」作「取」。×

273 凡住地　宋本「住」作「任」，是也。×

274 通其率以十一爲正　閩本、監本、毛本「其」誤「共」。×

275 趙岐不解夏五十殷七十之意　宋本「岐」作「歧」，俗字。

276 一夫唯得五十七十畝耳　閩本、監本、毛本「耳」誤「且」，屬下讀。

277 好惡於此　閩本、監本、毛本「惡於」作「異如」。

278 釋虫云　宋本「虫」作「蟲」，是也，下同。×

279 蜇螽蜙蝑　監本、毛本「蜇」作「蜇」，「蜙」作「螆」，並誤，閩本亦作「螆」。

280 至冬其子復生　宋本「冬」作「今」。

281 五稼不豐　纂圖本、毛本「稼」作「穀」，非也。

282 皆不書飢　宋本、閩本、監本、毛本「飢」作「饑」，是也。×

283 五穀不豐也　宋本、閩本、監本、毛本「穀」作「稼」，不誤。

傳十五年

284 雖晉之彊　閩本、監本「彊」作「疆」。

285 山藪藏疾　漢書路温舒傳引傳「藏疾」作「臧疾」。案，藏，古作「臧」。

286 川澤至藏疾　宋本以下正義三節摠入「去我三十里」節注下。

287 周禮虞之官　宋本「禮」下有「澤」字，是也。

288 是藪者澤之少水之名也　閩本、監本「少」作「小」，非也。

289 毒螫之虫　宋本「虫」作「蟲」，不誤。×

290 瑾瑜玉之美名　監本「玉」作「王」，非。×

291 瑜其中間美者　閩本、監本、毛本「瑜」誤「喻」。×

292 瑜能揜蓋瑕也　毛本「揜」作「掩」，同。

監本作「㨄」，非。

293 國君含垢　釋文云：「垢，本或作『詬』。」案，漢書路温舒傳引作「詬」。

294 晉侯恥不救宋　監本、毛本「恥」作「耻」，俗字。

295 毋畏知死而不敢廢王命　纂圖本、監本、毛本「毋」作「無」，非也。

296 必先知其守將左右謁者門者　淳熙本「者」下增「守」字，非也。

297 析骸以爨　釋文云：「骸，本又作『骨』。」案，史記宋世家、楚世家，呂氏春秋引作「骨」，何休注公羊云「骸骨也」。

298 鄸舒有三雋才　宋本、淳熙本、岳本、足利本「雋」作「儁」，石經此處缺。案，下文作「儁才」，則此處亦當作「儁」。

299 儁絶至者三　宋本以下正義六節揔入「晉人殺之」句下。

300 辨名記　閩本、監本「辨」作「辦」，形相近而誤。案，「辨名」又作「别名」，見白虎通聖人篇。

301 倍人曰戎　宋本「戎」作「茂」，不誤。浦鏜正誤「倍」作「五」，是也。

302 十人曰選　監本、毛本「十」作「千」，誤。

303 倍選曰儁　閩本、監本、毛本「儁」作「雋」，下同。

304 上黨壺關縣有黎亭　監本「壺」作「壼」。

305 祀雖爲大罪　宋本「祀」上有「不」字，是也。

306 弃賢人而侵鄰國　毛本「鄰」作「隣」，俗字。

307 紂賢辯捷疾　浦鏜正誤「賢」作「資」，依史記殷本紀改也。

308 手移猛獸　宋本、閩本、監本、毛本「移」作「格」，是也。此本脩板改作「格」。

309 飾是非之端　案，殷本紀作「言足以飾非」。

310 地反物爲妖　案，說文「祅」字注云「地反物爲祅」。

311 天地爲之見變　宋本「爲」作「謂」。

312 時者寒暑風雨雷電雪霜也　宋本「雷」作「震」。

313 凡草物之類謂之妖　宋本、閩本、監本、毛本「物」作「木」。案，漢書五行志作「物」。

314 及人謂之痾　監本「及」作「反」，非也。

315 痾病類言浸深也　案，漢書五行志「類」作「貌」，「浸」作「寖」。

316 妖災生則國滅亡　監本、毛本「滅亡」誤倒。

317 傳不指斥　宋本「斥」誤「并」。

318 壬午十月二十九日　宋本、淳熙本、岳本、足利本「十」作「七」，不誤。

319 權秦師之弱　淳熙本「師」作「帥」。

320 而東行定狄也　宋本、淳熙本、岳本、纂圖本、足利本「也」作「地」。

321 狄奪其地　纂圖本、毛本「狄」作「欲」，非也。

322 晉侯還及雒也　淳熙本「也」誤「地」。

323 必以爲殉　閩本「殉」作「狥」。釋文無「爲」字，云「本或作『必以爲殉』」。案，論衡死僞篇引作「必以是爲殉」，則「爲」字當有也。

324 而女也　宋本、纂圖本、閩本、監本、毛本「女」作「汝」。

325 爾用先人之治命　石經「用」字下有「而」字。案，漢書張衡傳注、論衡死僞篇引傳無「而」字。顧炎武九經誤字云「監本脫，當依石經」，未辨此處石經乃朱梁補刊也。

326 吾獲狄土　顧炎武云「石經『土』誤『士』」。案，炎武所據乃王堯惠刻也。

327 曰周書所謂庸庸祗祗者　淳熙本「謂」誤「得」。

328 故詩曰陳錫哉周　石經、宋本、纂圖本、監本、毛本「哉」作「載」。案，詩傳訓「哉」爲載，正義曰「『哉』與『載』古字通」。

329 不敬　釋文云：「不敬，一本作『而敖』。」×

330 藉者借也　監本、毛本「者」作「田」，非也。×

331 故杜氏爲十一外更十取一　宋本「氏」作「以」。

332 故傳連饑釋之　宋本、毛本「饑」作「譏」，非也。

經十六年

333 成周宣榭火　釋文「榭」作「謝」，云「本又作『榭』」。案，惠棟云：「説文無『謝』字，周郙敦銘曰『王格于宣射』，古文『榭』字作『射』。」

334 冬大有年　案，説文「秊」字汴引作「大有秊」，从禾，千聲，云「穀孰也」。

傳十六年

335 注代林至孤卿　宋本此節正義在「善人在上」節之下。

336 以韋爲之祭　宋本、閩本、監本、毛本「祭」作「制」，屬下讀，是也。⑩

337 但冕服自有尊卑耳　毛本脱「服」字，「但」下衍「韍」字。

338 有太傅陽子　宋本「太」作「大」，下同。

339 禹稱善人　玉篇引作「禹偁善人」，云「與『稱』同」。

340 **戰戰兢兢**　釋文云：「兢兢，本亦作『矜矜』。」纂圖本、閩本、監本、毛本作「競競」，非也。

341 **春秋天變多矣**　宋本「天變」作「書災」，是也。

342 **毛召難在前年**　纂圖本、閩本、監本、毛本「召」誤「伯」，下注同。

343 **注烝升也升殺於俎**　宋本以下正義五節揔入「以脩晉國之灋」注下。

344 **皆謂之烝**　毛本「烝」下衍「也」字。

345 **武子私問其故**　宋本「子」作「季」，石經此處缺。山井鼎云：「今本後人『武子』上補足『季』字，所校諸本皆無。檢杜注『武士會謚季』，其字不爲無據也。」陳樹華云：杜氏爲下傳文「季氏」而出此注，且內、外傳文間稱「士季」，無有稱「季武子」者，山井鼎說非也。

346 **武子謂巳被王享**　宋本「巳」作「己」，是也。

347 **王享有體薦**　詩伐木正義、禮王制正義引「享」作「饗」。

348 **所以示其儉**　宋本、淳熙本、岳本、足利本「其」作「共」，是也。

349 **享則至其儉**　宋本「其」作「共」，下同。

350 **宴有折俎**　詩伐木正義引作「燕以折俎」。

351 **肫四胳五**　監本「胳」誤「賂」。

352 **正義曰五等諸侯揔名**　閩本、監本、毛本脱「正義曰」三字。

353 **又設燕也**　毛本「燕」作「宴」。

354 **十解其體而升於俎**　宋本、監本、毛本「十」作「半」，是也。

355 **以脩晉國之法**　宋本「法」作「灋」。

經十七年

356 傳例曰父母弟　纂圖本、閩本、監本、毛本「父」作「同」，亦非；宋本、淳熙本、岳本、足利本作「公」，是也。⑪

傳十七年

357 郤克　毛本「郤」誤「卻」，下同。✕

358 欲爲斷道會　纂圖本、毛本「欲」誤「徵」。✕

* 不復度河而東　補：各本「度」作「渡」。

359 注跛而登階　宋本以下正義三節摠入「而害來者」節注下。

360 討貳也　閩本「貳」作「弍」，非。

361 盟于卷楚　顧炎武云：「石經誤作『巷』。」案，此處石經乃補刊。

362 將有背晉之心　宋本、毛本「將」作「當」。

363 郤子其或者欲已亂於齊乎　顧炎武云：「石經『乎』誤『平』。」案，石經不誤，炎武所據乃王堯惠刻。考文引宋板作「欲已於亂乎」，非也。

364 庶有豸乎　唐石經初刻「豸」作「鳩」，後改「豸」。釋文亦作「鳩」，「注同」。案，羣經音辨引作「庶有鳩乎」，云「今文作『豸』」，集韻四紙引同，云「徐邈讀通作『豸』」，與釋文合。

365 注豸解也　宋本此節正義在「乃請老郤獻子爲政」句下。

366 惟相殺害　宋本、淳熙本「惟」作「唯」。✕

367 前凡明稱母弟之人　閩本、監本、毛本「人」作「文」。

368 釋例曰弟之寵　宋本「弟」上有「母」字。

369 見於經者二十　毛本「於」作「于」，「十」誤「千」。

370 衛侯之弟緯出奔　宋本、閩本、監本、毛本「緯」作「鱄」，不誤。

371 皆是兄害其弟也　宋本「也」上有「者」字。

372 則鍼罪輕也　閩本、監本、毛本「則」誤「見」。

373 傳言非罪　閩本、監本、毛本「言」作「日」。

374 存弟則示兄曲也　襄廿七年正義引作「書弟」，非也。

375 則嫌善段　閩本、監本、毛本「善」作「書」，非。

376 非義例之所興　監本、毛本「興」作「與」，非。×

377 莒挐非卿　閩本、監本、毛本「挐」作「拏」，非，下同。

378 穎氏又曰　宋本「穎」作「潁」，是也。×

379 又非貶所也　閩本、監本、毛本「貶所」作「所貶」。

經十八年

380 邾人戕鄫子于鄫　纂圖本、閩本、監本、毛本「戕」誤「戕」，注同。⑫

381 使大夫往殘賊之　毛本「夫」誤「人」。×

382 以懲求名之僞　釋文「懲」作「徵」，云「本又作『懲』」。×

383 國無二王　宋本「國」作「土」，與坊記合。

384 當云葬楚王　宋本「楚」下有「莊」字，是也。

385 歸父還自晉至笙　釋文云：「笙，本作『檉』，亦作『朾』。」案，公羊、穀梁作「貍」。

386 非常所及　纂圖本、毛本「及」作「反」，非也。×

387 笙曾竟也　宋本、岳本、足利本「也」作「外」。

傳十八年

388 欲以伐齊　石經「欲」作「將」，下空一字。

389 秋邾人戕鄫子于鄫　纂圖本、閩本、監本、毛本「戕」誤「戕」，下同。×

390 凡自虐其君曰弑　石經「自」下有「内」字。案，周禮大司馬之職正義、李善魏都賦注引傳並有「内」字。顧炎武云：「『虐』上多『内』字，誤也。」

391 弑戕皆是殺也　毛本「戕」誤「君」。

392 故春秋諸自内虐其君者　閩本、監本、毛本「諸」誤「謂」。

393 楚於是乎有蜀之役　淳熙本「乎」誤「平」。×

394 時三桓强　閩本、監本作「疆」，非。纂圖本、毛本作「彊」。

395 許請爲子去　宋本、淳熙本、岳本、纂圖本、監本、毛本「去」下有「之」字。

396 子家歸父字　宋本無「字」字。

397 復命於介　宋本此節正義在「遂奔齊」節之下。

398 某君受幣于某官　宋本「官」作「宫」，與聘禮合。⑬

399 辯復命　宋本「辯」作「辨」。案，聘禮作「辯」。

400 皆有復命之禮　宋本「禮」作「法」。

401 今身將出奔　閩本、監本、毛本「今」誤「若」，「將出」誤「在外」。⑭

402 故立介於位　毛本「於」作「于」。×

17—403

袒括髮　石經初刻脱「袒」字，改刻增「袒括」二字。案，惠棟云：「士喪禮曰『主人髻髮袒』，鄭注云『古文髻作括』，爲古文『髻』也。」

附釋音春秋左傳注疏卷第二十四

校　記

❶南昌本末增「○今依宋本作『俾倪』，疏内并同」。

❷南昌本末增「○今訂正」。

❸南昌本此條上空一格，誤爲注文出校例。

❹南昌本末增「○今依宋本」。

❺南昌本末增「○今訂正」。

❻南昌本末增「○今訂正」。

❼南昌本末增「○挍不悉出」。

❽案，校語中所引跋余仁仲校刻左傳本實爲錢謙益所撰，見於牧齋初學集卷八十五。

❾南昌本末增「○今依改」。

❿南昌本末增「○今依改」。

⓫南昌本末增「○今改正」。

⓬南昌本末增「○案，傳并同」。

⓭南昌本末增「○今依訂正」。

⓮南昌本末增「○今改正」。

春秋左傳注疏校勘記卷十八

18—001 附釋音春秋左傳注疏卷第二十五成元年盡二年　宋本春秋正義卷第十八。石經春秋經傳集解成上第十二，淳熙本、岳本「成」字下增「公」字，並盡十年。

成公

經元年

002 無傳　毛本「傳」下有「注」字，誤倒。

003 書冬温　重脩監本「冬」誤「多」。

004 彼春無月　毛本「月」誤「冰」。

005 此亦應竟春無冰　閩本、監本脱「此」字。

006 譏重歛故書　宋本、岳本、監本、毛本「歛」作「斂」，正義同。

007 謂之乘馬　毛本「謂」誤「爲」。

008 緣邊一里治溝洫　閩本、監本「邊」作「邉」，非也。

009 八十四井　宋本「八」作「六」，是也。

010 大敗不同者　監本、毛本「敗」作「致」，亦非；宋本作「數」，是也。

011 今魯使邱出甸賦　毛本「邱」誤「且」。

012 士卒牛馬　閩本、監本、毛本作「馬牛」。

013 此時不應然也　宋本「不」作「亦」，是也。

014 秋王師敗績于茅戎　釋文云：「茅戎，史記及二傳皆作『貿戎』也。」按，「茅」、「貿」古音皆讀如矛。

015 茅戎別種也　六經正誤引建本同。宋本、淳熙本、纂圖本、監本、毛本重「戎」字，宋本無「種」字，與正誤所引注疏及臨川本合。毛氏云：「戎別也，欠『種』字，誤。釋文『別種，音章勇反』，無『種』字者誤也。」岳本脱「也」字。

傳元年

016 晉侯使瑕嘉平戎于王　周禮典瑞釋文引作「叚嘉」，惠棟云「古文止作『叚』，讀爲遐」。

017 劉康公徼戎　石經「徼」作「徼」。

018 注康公至無備　宋本以下正義二節揔入「背盟不祥」節注下。

019 是齊楚同我也　此本「楚同」二字誤作小字注文，今訂正。

020 爲二年齊侯伐傳　宋本、淳熙本、岳本、足利本「伐」下有「我」字，是也。

經二年

021 夏四月丙戍　石經、宋本、岳本、纂圖本「戍」作「戌」，是也，下同。

022 及齊師戰于新築　石經「師」下半字缺；顧炎武云「『師』誤『侯』」，所據乃王堯惠刊也。

023 會晉郤克　監本「郤」誤「卻」。

024 非匹敵和成之類　釋文云：「敵，本或作『適』，音敵。」

025 例在宣七年　纂圖本、正德本、閩本、監本、毛本作「十年」，誤也。

026 而書公子首者　淳熙本「者」上重「首」字，非也。

027 鞌去齊五百里袁婁去齊五十里　案，穀梁二「齊」字並作「國」。陳樹華云：「杜氏引據恐不明白，改作『齊』也。」

028 且鞍巳是齊地　宋本、監本、毛本「鞍」作「鞌」。案，「鞌」、「鞍」正俗字。

029 **取汶陽田** 石經「陽」下後人妄增「之」字。

030 **此云子重不書不親伐者** 閩本「親」誤「稱」，下同。

031 **此傳言侵衛遂侵我** 閩本「侵」並誤作「稱」。

032 **乃稱公子** 宋本作「計亦應貶」，考文作「言亦應貶」。

033 **凡會盟觀者** 宋本無「觀」字，「盟」上有「且」字，是也。

034 **許男圍宋** 宋本、閩本、監本、毛本作「圍」，此本誤「爲」，今訂正。

035 **文七年** 監本、毛本「七」誤作「十」。

036 **衛侯如晉人執之** 宋本、閩本、監本、毛本「人」字上重「晉」字，與襄廿六年傳合。

037 **此會盟序者** 宋本「序」上有「別」字，是也。

038 **唯應蔡許在列** 閩本、監本、毛本「應」誤「慮」。

039 **上始與中國相準** 毛本「相」誤「和」。

040 **未閑周之典禮** 毛本「閑」誤「間」，非。

041 **故春秋仰秦以存例也** 宋本「抑秦」作「亦未」。❶

042 **以居俗裔** 宋本、毛本作「以處草莽」，是也。

043 **及武王熊違** 宋本、毛本「違」作「達」，監本作「通」，依史記楚世家改也。杜氏世族譜，文十六年、宣十二年、昭廿二年正義及釋文引世家並作「熊達」，漢地理志、淮南子主術訓注亦俱作「達」，困學紀聞十一引史同，宋本是也。

傳二年

044 圍龍　案，史記魯世家、晉世家「龍」並作「隆」，索隱曰「劉氏云：『隆』即『龍』也」。

045 盧蒲就魁門焉　石經「就」作「就」，非。

046 殺而膊諸城上　閩本、監本「膊」誤「膞」，正義同。

047 注膊磔也　宋本以下正義七節揔入「弗可止也已」下。

048 搏當爲膊諸城上之膊　閩本「城」誤「誠」。×

049 齊侯親鼓　石經、纂圖本、閩本、監本、毛本「鼓」字作「鼓」。按，説文支部「鼓」字，之録切，宋人誤用爲工户切，最爲謬説。

050 三日　毛本「日」誤「百」。

051 相遇於衛也　宋本、淳熙本、岳本、纂圖本、足利本「也」作「地」，是也。

052 而孫子夫復欲戰　宋本、淳熙本、岳本、纂圖本、閩本、監本、毛本「子」作「良」，是也。×

053 隕子辱矣　説文引傳「隕」作「抎」。

054 我於此止禦齊師　纂圖本、監本、毛本「我於」誤倒。釋文「禦」作「御」。

055 次于鞫居　石經「鞫」字右半「言」字模糊，葉抄釋文作「鞠」。

056 周禮天子樂宮縣四面　宋本、淳熙本、岳本「面」作「周」。案，周禮小胥鄭司農注云「官縣四面」，家語正論解王肅注云「禮天子官懸四周」。

057 大夫判縣　宋本「大夫」上有「卿」字，與周禮同。

058 請曲縣繁纓以朝　毛本「請」誤「語」，「繁」誤「於」。

059 **樂縣謂鍾磬之屬**　閩本、監本、毛本「鍾」作「鐘」。

060 **軒縣闕一面**　毛本「闕」誤「曲」。

061 **玉路繁纓十有再就**　宋本「繁」作「樊」，是也，下同。

062 **謂金馬大帶也**　宋本、毛本「金」作「今」，是也，下同。

063 **木路以淺黑飾常爲樊**　宋本、閩本、監本、毛本「常」作「韋」，是也。

064 **士薦馬纓三就**　閩本、監本、毛本「就」作「薦」，非也。

065 **有受革路木路之賜**　監本「革」誤「黃」。

066 **皆非正法所有**　宋本「有」下有「也」字。

067 **故并言也**　宋本「也」作「名」，是也。

068 **孫桓子還於新築**　石經、宋本、淳熙本、岳本、纂圖本、毛本作「桓」，此本誤作「栢」，閩本同，今訂正。

069 **故魯衛國之孫栢子**　宋本、岳本、纂圖本、閩本、監本、毛本「國」作「因」，「栢」作「桓」，不誤。淳熙本「桓」作「恒」，亦非。

070 **各自器郤克**　宋本、淳熙本、岳本、纂圖本、監本、毛本「器」作「詣」，是也。

071 **無能爲之役使**　宋本、淳熙本、岳本、足利同，「無能」作「不中」。

072 **士燮將上軍**　石經、宋本、淳熙本、岳本、足利本「將」作「佐」，是也。案，四年傳尚云「士燮佐上軍」，至十三年傳始云「士燮將上軍」，此時不得爲將明矣。

073 **注范文子代荀庚** 宋本以下正義廿四節揔入「司馬司空」節注之下。

074 **故知欒書代趙朔** 宋本、閩本、監本、毛本「欒」作「欒」，不誤，下同。

075 **郤子使速以徇** 監本、毛本「徇」誤「狥」。

076 **大國朝夕釋憾於敝邑之地** 宋本「憾」作「感」。石經初刊同，後人妄加忄旁。釋文亦作「感」，是也，云「本亦作『憾』」。

077 **桀石以投人** 閩本「投」作「杸」，非也。 ×

078 **賈賣也** 岳本、足利本「賣」作「買」，非也。

079 **逢丑父** 閩本「逢」作「逄」，非也。段玉裁云：「字从夆。逢丑父、逢伯陵、逢蒙皆薄紅反，東轉爲江，乃薄江反。宋人廣韻改字从夅，薄江切，殊謬，不可不正。」

080 **余姑翦滅此而後朝食** 此本「而後」二字誤作小注。石經、宋本、淳熙本、岳本、足利本無「後」字，是也。案，說文繫傳引「翦滅」作「揃搣」，似不可爲典要。

081 **中軍將自執旗鼓** 纂圖本、閩本、監本、毛本脱「軍」字。

082 **注中軍至不息** 閩本、監本、毛本「軍」作「將」，非也。 ×

083 **然子病矣** 淳熙本「子」誤「予」。

084 **○絶句** 此二字釋文也，閩本、監本、毛本誤作注。

085 **右援枹而鼓** 釋文「枹」作「桴」，云「鼓槌也」。案，李善注孫子荆爲石仲容與孫浩書引作「桴」，禮記云「蕢桴而土鼓」，玄應書引詔定古文官書云「枹桴二字同體」，說詳釋文挍勘記。

086 **援桴而鼓** 宋本、閩本、監本、毛本「桴」作「枹」。

087 且辟左右　石經、宋本「且」作「旦」。顧炎武云「石經誤」，非也。案，錢大昕云「夢必在夜，則作旦義爲長」。

088 乃尾中爲御　宋本、閩本、監本、毛本「尾」作「居」，不誤。

089 雖及胡者　宋本、監本、毛本「者」作「耇」，是也。

090 綦母張喪車　石經、宋本、淳熙本、岳本「母」作「毋」，不誤，注同。

091 使左右皆肘之　淳熙本、纂圖本「肘」作「射」，非也。❷

092 周禮中車　宋本、毛本「中」作「巾」，是也。

093 棧車不韋輓而漆之　宋本「韋」作「革」，與周禮巾車注合。輓，宋本作「輓」，非是。

094 考工記　閩本「工」誤「云」。

095 易坼壞　閩本、監本、毛本「坼」作「拆」，非也。

096 韓厥執縶馬前　石經「縶」字上半缺。案，說文引傳作「韓厥執馽前」，「讀若輒」；「縶，馽，或从糸執」。臧琳云「古文左氏本作『韓厥執馽前』，『馽』即『縶』正字，今本訛爲『馬』，又別出『縶』字，『縶』當爲衍文」。

097 進觴璧亦以示敬　淳熙本「觴」作「傷」，非。

098 陳侯免擁杜　宋本、監本「杜」作「社」，與襄廿五年傳合。

099 猶是國君　各本作「是」，此本誤「足」，今訂正。

100 郤獻子伐齊侯來　宋本「侯」上重「齊」字，是也。

101 右持苞壺　宋本、監本、毛本「壷」作「壺」，是也。

102 屬適也　宋本、淳熙本無「也」字。

103 故三入晉軍求之　監本「軍」誤「君」。

104 狄卒皆抽戈楯冒之　諸本作「戈」，此本誤「弋」，今訂正。

105 遂自徐關入　案，作「徐」即十七年傳云「國佐以㲉畔齊侯與之盟於徐關」；纂圖本、閩本、監本、毛本作「齊」，非也。

106 齊侯見保者曰　石經初刻脱「侯」字，後增。

107 辟女子　案，惠棟云：「下云『乃奔』，則『辟』當讀爲蹕，與五年『伯宗辟重』同。周禮大司寇云『使其屬蹕』，康成曰『故書蹕作避』，杜子春云『避當爲辟，謂辟除姦人者也』。按，『謂蹕止行也』，古『蹕』字有作『辟』，注訓爲避，非也。」

108 鋭司徒主鋭兵者　監本「主」誤「王」。

109 可若何　毛本「何」誤「乎」。

110 晉師從齊師　閩本、監本、毛本「晉師」誤「晉侯」。

111 擊馬陘　案，史記齊世家「陘」作「陵」，徐廣曰「一作『陘』」，賈逵曰「馬陘，齊地也」。

112 又取其國寶　宋本「國」作「珍」。

113 使壟畝東西行　案，史記集解引服虔注無「西」字，朱鶴齡亦云「西」字衍文，然「西」非衍字，注謂作由西達東之路耳。

114 言孝心不乏者　淳熙本「乏」誤「之」。

115 乎今輕齊侯之母　閩本「乎」作「子」，是也。監本此處模糊。

116 且告吾諸侯云　宋本「吾」作「語」。

117 循壟東行易　釋文「易」下有「也」字。

118 商伯大彭　淳熙本「大」誤「夫」。×

119 注夏伯至晉文　宋本此節正義在「四王至之欲」之下。

120 吾子求合諸侯　監本「合」改「命」。×

121 詩曰布政優優　案，詩作「敷政」，鄭氏儀禮聘禮注云「今文『布』作『敷』」。

122 故百種福禄　宋本、閩本、監本、毛本作「百」，此本誤「首」，今訂正。

123 師徒橈敗　石經凡「橈」字，偏旁皆改刻，此正從木，是也。

124 劉炫以爲齊人請戰　監本「劉」誤「則」。×

125 言敝邑脱或有幸戰勝　毛本「言」誤「亦」。×

126 謂甗磬　淳熙本「甗」誤「獻」。

127 若苟有以藉口而復於寡君　閩本、監本「藉」下衍「於」字。陳樹華云「一本無若字」宜作「一本無於字」也。

128 則與口爲藉　閩本、監本、毛本「與」作「於」，非。

129 注上鄍至史闕　毛本「鄍」字下增「地闕」二字。

130 周禮典十命　宋本無「士」字，是也。

131 司馬司空輿帥　閩本「帥」作「師」，非也。

132 玉路天子車之尊者　閩本、監本、毛本「玉」作「王」。

133 故杜據而言之　毛本「言」作「用」，非也。×

134 輿帥　閩本、監本、毛本「帥」作「師」，非，注及正義同。

135 用蜃炭　釋文「蜃」作「⿱蜃皿」。案，説文蚰部無「⿱蜃皿」字，作「⿱蜃皿」非也。

136 注燒蛤至從葬　宋本以下正義四節揔入「何臣之爲」注下。

137 先塞下以蜃禦濕　毛本「濕」作「溼」。

138 多爲皿器也　閩本、監本亦誤作「皿」。宋本、毛本作「明」。

139 敦扞槃匜　宋本、毛本「扞」作「杅」，是也。

140 是爲四注椁也　閩本、監本、毛本作「槨也」。

141 今此椁上四注而下　閩本「椁」作「槨」。

142 楨翰榦也　閩本、監本、毛本「楨」作「槙」，下同，非也。

143 譏其奢僭　監本、毛本「僭」作「侈」。

144 言雖有若無　毛本「言」誤「亦」。

145 晉二子自役弔焉　石經、宋本、淳熙本、岳本、足利本「二」作「三」。林氏直解云「三子謂郤克、士燮、欒書也」。

146 至於三子之去　閩本、監本、毛本「三」作「二」，非也。

147 常行此禮以至於葬　閩本、監本、毛本「以」誤「而」。

148 楹者受命曰　宋本、閩本、監本、毛本「楹」作「相」，是也。

149 孤某使某請事　閩本、監本、毛本亦脱次「某」字，據宋本補。

150 今三子師行經衛竟　閩本、監本、毛本「三」誤「二」。　×

151 注喪位至於堂　宋本作「喪位婦人哭於堂」。　×

152 在宣十二年　宋本、淳熙本、岳本、纂圖本、足利本「二」作「一」，不誤。

153 周書至謂也　宋本以下正義五節揔入「若無益於晉」節注下。

154 亦早死　毛本「早」誤「卑」。

155 故亦二事爲夏姬之罪　宋本、閩本、監本、毛本「亦」作「以」，是也。　×

156 殺靈侯　石經、宋本「殺」作「弑」。

157 邲之戰以荀首囚也　宋本、岳本、足利本無「以」字，「也」作「之」，淳熙本亦作「之」，是也。

158 義生步揚揚生蒲城鵲居　宋本、閩本、監本、毛本「揚」作「楊」。　×

159 禁人使不得仕官者　陳樹華云「官」疑「宦」，是也。　×

160 吾知免矣　釋文云：「一本無『知』字。」　×

161 知其不益巳禍　宋本、岳本「巳」作「已」，不誤。　×

162 在位十八年　宋本、淳熙本、岳本、纂圖本、足利本「位」作「宣」，是也。

163 共王即位至是二年　岳本、足利本「二」作「三」。陳樹華云：「『楚莊王卒於宣十八年之秋，當依岳本作「三」。山井鼎云『或云作三年』，非，蓋未之審耳。」閩本「即」誤「郎」。

164 **而善用之** 纂圖本、閩本、監本、毛本「善」下衍「其」字。

165 **主卒盡行** 閩本「主」作「土」，亦誤；宋本、淳熙本、岳本、纂圖本、監本、毛本作「王」，是也。 ×

166 **注王卒至之位** 宋本以下正義六節揔入「是行也」節注下。

167 **正義曰** 毛本「正」誤「王」。 ×

168 **公略之而退** 宋本、淳熙本、岳本、足利本「略」作「賂」，不誤。

169 **以執斲執鍼織紝** 釋文「紝」作「絍」。案，説文云「紝，或从任，作𦃃」，李善注東都賦引杜注云「織紝，織繒布也」。

170 **若本是大夫** 毛本「若」誤「或」。 ×

171 **最在上** 宋本「最」上有「齊」字，是也。

172 **吴之彊大** 閩本、監本「彊」作「疆」，非，下同。 ×

173 **唯彊是與** 閩本「唯」誤「佳」。 ×

174 **然諸侯之卿** 重脩監本「卿」誤「瑯」。

175 **非是畏晉之義** 宋本「非」作「亦」。

176 **民之攸塈** 毛本誤作「攸暨」，注及正義同。

177 **衆之不可已也** 石經、宋本、淳熙本、岳本、足利本「可」下有「以」字。

178 **謂虣掠百姓** 釋文「虣」作「暴」，云「本亦作『虣』」。案，李善注蕪城賦、洞簫賦引字書云「虣，古文『暴』字」。

179 **寧不亦淫從其欲以怒叔父** 釋文云：「從本亦作『縱』。」 ×

180 **三公者天子之吏也** 此八字乃釋文，岳本混入注中。

181 注三吏三公也　宋本以下正義二節揔入「非禮也勿籍」注下。

182 王待之必重於告慶之禮　閩本「待」誤作「侍」。

附釋音春秋左傳注疏卷第二十五　止

附釋音春秋左傳注疏卷第二十六　成三年盡十年

經三年

183 凡在喪　監本「凡」誤「几」。　×

184 三家經傳有五字　監本、毛本「五」作「火」。

185 乙亥葬宋文公　淳熙本脱「宋」字。

186 晉郤克衛孫良夫伐廧咎如　石經、宋本、淳熙本作「廧」，俗字省筆耳。

187 及荀庚盟　宋本此節正義在「冬十有一月」節注下。

傳三年

188 邲役在宣十二年　閩本「二」誤「三」。　×

189 覆伏兵也　釋文注亦作「兵也」，宋本、淳熙本脱「也」字。

190 皇戌如楚獻捷　石經、宋本、岳本「戌」作「戍」，不誤。

191 以爲俘馘　案，説文「聝」字注引作「以爲俘聝」，「从耳，或聲」，云「或从首作『馘』」。

192 注以血至釁鼓　宋本以下正義三節揔入「其竭力致死」節下。

193 自中中屋南面　閩本、監本次「中」字誤作「上」。　×

194 言二國本不爲巳　宋本、岳本「巳」作「己」，是也。　×

195 死且不朽　閩本、監本「朽」誤「杇」，下「朽腐」、「不朽」同。

196 正義曰　宋本「曰」字空缺。

197 亦死且不朽　閩本「朽」誤「杇」。

198 注宣十至討之　宋本以下正義二節摠入「上失民也」注下。

199 則傳無所解　閩本、監本、毛本「所」作「此」，非。

200 釋例曰傳文　宋本「文」作「云」。

201 三年潰逃已有例矣　宋本「三」上有「文」字，是也。

202 其位在三　宋本以下正義二節摠入「丙午」節之下。

203 晉立三軍將佐有六　監本「將」作「其」，非。

204 子產語晉曰　宋本「語」作「論」。

205 十二月甲戌　石經、宋本、岳本、纂圖本、閩本、毛本「戍」作「戌」，是也。

206 將授玉　案，惠士奇云「授玉，古文左傳作『授王』」，詳左傳補注。然「玉」、「王」二字篆體分別甚微，此處自因太史公誤認「玉」爲「王」，正義所言是也。

207 將授玉　宋本以下正義二節摠入「爲兩君之在此堂也」之下。

208 景公不敢當　案，史記「當」作「受」。

209 此時天子雖微　監本、毛本「微」誤「弱」。

210 以爲將授王　毛本「王」作「玉」，非也。

* 遂節成爲此謬辭耳　補：各本「節」作

「飾」。

211 君爲婦人之笑辱也 石經初刻作「御」，後改作「婦」。

212 非爲脩好 淳熙本「好」誤「子」，下句「故云」誤「又云」。

213 故云晉君不任當此惠 宋本無「惠」字。

214 迎聘客尚以皮弁 監本、毛本「客」作「賓」。

215 晉郤至衣韎韋之跗注是也 監本「注」作「註」，非也。

216 十五升白布衣 閩本、監本「十」誤「千」。

217 如實出巳 石經、宋本、岳本「巳」作「已」，是也。

經四年

傳四年

218 傳曰始聘焉禮也 閩本、監本「焉」誤「爲」。❸

219 陷厠而死 淳熙本「而」誤「師」。岳本「厠」作「廁」，不誤。

220 取鉏任泠敦之田 閩本「泠」誤「泠」。

221 取汜祭 石經「汜」作「氾」，岳本、纂圖本、毛本作「氾」，是也。釋文亦作「氾」，「音凡，注同，或音祀」。案，正義引字書云「水旁㔾爲氾，水旁巳爲汜字，相亂也」。

222 注汜祭至汜水 宋本此節正義在「不然」節注下。

223 襄城縣有南汜 閩本、監本、毛本「南」作「西」。按，作「南」與僖廿四年注合。

224 字書水旁巳爲汜 案，「巳」當作「㔾」。

225 今汜水上源爲汜谷 宋本「爲」作「謂」。

226 **皇戍攝鄭伯之辭** 石經、宋本、岳本「戍」作「戌」，不誤。×

227 **欲使自屈在楚子前決之** 岳本「在」作「於」，監本、毛本作「于」。山井鼎引考異亦作「于」，「楚子」下多「之」字。

經五年

228 **夫人比至于國** 宋本「國」上有「其」字，與禮記雜記合。毛本「于」誤「干」。

229 **冬十有一月已酉** 石經、宋本、岳本「已」作「己」，下「已丑」同。×

230 **蟲牢鄭地** 監本、毛本「鄭」作「歸」，非也。×

傳五年

231 **注自告貞伯從人** 宋本此節正義在「祭之之明日而亡」注下。

232 **晉殺趙同趙括** 宋本、淳熙本、岳本、纂圖本、監本、毛本「括」字下有「傳」字，是也。×

233 **俱是在野言之** 宋本「言」上有「皆以野」三字。

234 **謂之餫者** 閩本、監本、毛本「餫」作「饋」，非也。

235 **彼自逆女** 閩本、監本、毛本「自」作「晉」，非也。

236 **傳驛** 釋文「驛」下有「也」字。×

237 **伯宗辟重** 釋文亦作「辟」，云「又作『僻』」。×

238 **注捷邪出** 宋本以下正義三節揔入「遂以告而從之」注下。

239 **山有朽壤而崩** 閩本「朽」誤「杇」。

240 **去盛饌** 釋文「饌」下有「也」字。×

241 **前此年鄭伐楚故** 宋本、足利本「此」作

「比」，「楚」作「許」，與三年經合。淳熙本、岳本、纂圖本亦作「許」。

242 宋公使向爲人辭以子靈之難　釋文云：「又一本無『之難』二字。」 ×

243 以新誅子靈爲辭　釋文云：「一本無『爲辭』二字。」 ×

經六年

244 故云魯人自峯之功　宋本「故云」上有「案在二年今始立武宮」九字。

245 以爲巳功　宋本「巳」作「己」，是也，下「明己之功」、「立武由己」並同。 ×

246 入作武公之廟　宋本、監本、毛本「入」作「又」，是也。 ×

傳六年

247 禮授玉兩楹之間　淳熙本、閩本「玉」誤「王」。

248 注禮授至東過　宋本此節正義在「士貞伯曰」節注下。

249 傳言東楹之東　宋本「傳」字上有「且」字。

250 注宣十至譏之　宋本此節正義在「聽於人」節注下。

251 何以不言禱也　宋本『何』作「可」。

252 立武由巳非由人也　石經、宋本、淳熙本、岳本「巳」作「己」，不誤。 ×

253 經唯書衛孫良夫　岳本「唯」作「惟」，宋本無「衛」字。

254 乃止　淳熙本「止」誤「上」。

255 晉人謀去絳　石經、宋本、淳熙本、岳本、纂圖

本、監本、毛本「去」下有「故」字，是也。×

256 沃饒至失也　宋本以下正義八節搃入「公説從之」節注下。

257 君日而視朝　宋本「日」下有「出」字，是也。

258 惡疾疢　監本、毛本「疢」作「疚」，正義同。釋文亦作「疚」，云「本或作『疢』，同也」。按，當云「本或作『疹』」，俗譌从尔。

259 地之下濕狹隘　毛本「濕」作「溼」，下文注亦作「溼」。

260 故杜以墊隘爲羸困也　毛本「困」誤「苦」。×

261 於是乎有沉溺重膇之疾　石經、宋本、淳熙本「沉」作「沈」。按，沉，俗「沈」字。×

262 汾水出大原　淳熙本、岳本、纂圖本「大」作「太」。按，「太」、「泰」字古皆作「大」。×

263 瘠土之民　監本「土」誤「上」。×

264 飢寒而犯法　閩本、監本、毛本「飢」誤「饑」，「法」作「灋」。

265 而勞逸等也　宋本、閩本、監本、毛本「逸」作「佚」。

266 商販事之末也　毛本「販」作「貶」字，非也。×

267 前年楚晉盟　宋本、淳熙本、足利本「楚」作「從」，不誤。

268 汝南朗陵縣東有桑里　案，後漢書郡國志引注作「桑里亭」。

269 子之佐十一人　宋本以下正義二節搃入「從之不亦可乎」注下。

270 今見在周書　宋本、閩本、監本、毛本作

「令」，此本誤「令」，今改正。

經七年

271 釋獸 宋本「獸」下有「云」字，是也。

272 郯音談 此釋文也，閩本、監本並誤作注。

273 陽平元城縣 案，郡國志引注作「平陽」，誤也。

傳七年

274 詩曰至有定 宋本此節正義在「斯不亡矣」之下。

275 召桓公來賜公命 閩本、監本、毛本「賜」作「錫」，非也。

276 囚郥公鍾儀 釋文云：「郥，亦作『貟』。」

277 尋蟲牢之盟 石經亦作「蟲」；顧炎武云「誤作『蟲』」，所據乃王堯惠刻也。

278 軍藏府也 淳熙本「軍」誤「車」。

279 此申呂所以邑也 釋文無「以」字，云「一本作『所以邑也』」。

280 軍九乘爲小偏 宋本、淳熙本、岳本、纂圖本、監本、毛本「軍」作「車」，是也。

281 以兩至一焉 宋本此節正義在「子重子反」節注下。

282 凡舍九乘車 監本「凡」作「几」，誤也。

283 以舍既備偏 宋本「備」作「稱」。

284 今此特將兵車 宋本、閩本、監本、毛本作「今」，此本誤「令」，今改正。

285 林父出奔 監本脱「出」字。

286 戚自從隨而屬晉 閩本、監本、毛本「而」上衍「之」字。

經八年

287 必先使媒氏通其言　宋本「通」上有「下」字。

288 諸侯不可求媒於其國　宋本、毛本「其」作「他」。

289 釋例曰諸侯昏禮云　宋本「云」作「亡」。按，文二年正義作「亡」，是也。

290 公孫壽蕩意諸之父者　毛本「意」作「義」，非也。

291 晉殺其大夫趙同趙括　閩本「括」誤「栝」。

292 天子使召伯來賜公命　案，曲禮正義引作「來錫公命」，公羊、穀梁亦作「錫」。

293 八年乃來緌也　重脩監本「緌」誤作「綏」。

294 天子天王　監本「王」誤作「主」。

295 天王使毛伯來錫公命　閩本、監本、毛本「王」誤作「子」。

296 三十有二　浦鏜正誤「二」作「四」，盧文弨云是也。

297 稱王者八　宋本「八」作「六」，不誤。

298 畿內曰王　宋本「王」作「主」。

299 王使榮叔歸含　毛本「含」誤「舍」。

300 女歸適人　宋本、淳熙本、岳本、纂圖本、監本、毛本「歸」作「既」，是也。重脩監本「女」誤作「文」。

301 乃有姪娣　宋本、淳熙本、岳本、足利本「乃」作「各」，是也。

傳八年

302 注餞送行飲酒　宋本以下正義五節揔

入「是以敢私言」之句下。

303 信以至解體　宋本、閩本、監本、毛本作「信以」，此本誤倒，今訂正。

304 猶女之事夫　宋本脱「事夫」二字。

305 是用大簡　案，詩作「大諫」，杜云「簡，諫也」，古義本通。

306 故用人道諫之　宋本、淳熙本、岳本、纂圖本、監本、毛本「人」作「大」，是也。×

307 楚師之還也　宋本無「也」字，以下正義二節揔入「門于許東門」之下。

308 因其令獲申驪　宋本、閩本、監本、毛本「令」作「今」，是也。×

309 今汝南平與縣　閩本、監本、毛本「與」作「輿」，釋文亦作「輿」字。按，釋文當作「與」字，故曰「音餘，一音預」。宋本作「平與」，則作「與」者古本也。

310 注穆姜之女　宋本此節正義在「禮也」注下。

311 注趙武至養也　宋本以下正義二節揔入「乃立武而反其田焉」之下。

312 與左傳皆違　閩本、監本、毛本皆作「背」。

313 以其田與祁奚　纂圖本「祁」作「祈」，非也。

314 夫豈無辟王賴前哲以免也　釋文「辟」作「僻」，「哲」作「喆」。

315 謂天禄之父祖　齊召南挍本「謂」作「嗣」。

316 秋召桓公來賜公命　閩本「賜」作「錫」。

317 莒縣有蘧里　郡國志引注「蘧」下有「邱」字。

318 渠邱至蘧里　宋本以下正義二節揔入

「勇夫重閉」節注下。

319 曰城已惡　釋文云：「本或作『城巳惡矣』。」×

320 夫狡焉思啓封疆　陸粲附注云：「『狡焉』當屬下爲句。」李善潘岳關中詩注引傳「封」上有「其」字。

321 唯然　釋文云「唯，音維，本或作『雖』，後人改也」，正義曰「俗本『唯』作『雖』，今定本作『唯』」。

322 世有思開封疆者　宋本「開」誤「關」。×

323 君命無貳　纂圖本「無」誤「不」。

324 是寡君不得事君也　閩本脱「也」字。

325 膏育以爲賸不必同姓　閩本「育」作「盲」，亦非；宋本、監本、毛本作「肓」，是也。×

326 是不傳異氣也　宋本、閩本、監本、毛本「傳」作「博」，不誤。×

327 不得貶也　案，此本「也」下衍「〇」。×

經九年

328 在長垣縣西南　毛本「垣」作「咺」，非也。

329 篤昏姻之好　纂圖本「昏」作「婚」。

330 注女嫁至之好　宋本此節正義入「晉人來賸」注下。

331 桓三年九月　監本、毛本「三」誤「二」。

332 其成婦之禮　宋本「其」上有「致」字。

333 秋七月丙子　各本作「七」，此本誤「十」，今訂正。×

334 故稱人　毛本「人」誤「入」。×

335 在東海廩邱縣西南　宋本、岳本、纂圖本、監本、毛本「廩」作「廪」。案，晉書地理志東海郡屬有厚邱，無「廩邱」；而劉昭注續漢書郡國志于東海郡「厚邱」條下引杜云「縣西南有中鄉城」；又水經沭水注云「又南逕東海厚邱縣」；則「廩」當是「厚」字之誤。

傳九年

336 使還取葬　閩本「還」誤「之」。

337 逆叔姬爲我也　釋文「姬」字絶句，無「爲」字，云「本或作『爲我也』，『爲』衍字」。　×

338 馬陵在七年　宋本、淳熙本、足利本「陵」下有「盟」字。　×

339 堅疆以御之　石經、宋本、淳熙本、岳本、閩本、監本、毛本「疆」作「彊」，是也。

340 又賦緑衣之卒章而入　釋文云：「緑，本又作『褖』。」案，詩緑衣箋云「『緑』當爲『褖』字之誤」。陸氏「又作」之説從鄭箋也。

341 詩邶風也　纂圖本、閩本、監本、毛本「邶」誤「邶」；釋文亦作「邶」，云「又作『鄁』」。

342 銅鞮晉別縣　宋本、淳熙本、岳本、纂圖本、閩本、監本、毛本「鞮」作「鞮」，不誤。　×

343 注南冠楚冠　宋本以下正義三節揔入「君盍歸之」節注下。　×

344 即今解豸冠也　閩本、監本「解」作「獬」；毛本作「獬」，「豸」作「廌」。案，字林亦作「廌」。

345 故執憲以其用形爲冠　宋本「用」作「角」，不誤。監本、毛本作「以其形用」，非也。

346 泠人也　釋文云：「泠，依字作『伶』。」案，作「伶」非也。五經文字云「泠，樂官或作『伶』，訛」。

347 故後世多號樂官爲泠官　閩本、監本、毛本「多」作「名」，非也。　×

348 呂氏春秋稱黄帝使泠倫　宋本「泠」作「伶」。

349 以爲黄鍾之宫　宋本、閩本、監本、毛本「鍾」作「鐘」，下「鑄鍾」同。

350 昭二十一年　閩本、監本、毛本「二」作「三」，非也。

351 泠州鳩其之　閩本、監本、毛本「其」作「藏」，亦誤；宋本作「非」，是也。

352 樂操土風　「操」字，閩本誤作「橾」。

353 以明已之至誠　宋本「已」作「己」，是也。

354 備豫不虞　石經凡「豫」字皆缺筆，避代宗諱，此處誤作「豫」。

355 注浹辰十二日也　宋本以下正義二節摠入「詩曰」節注下。

356 浹爲周匝也　宋本「匝」作「帀」。按，「帀」、「匝」正俗字。

357 無弃菅蒯　案，玉篇「蔽」字注引作「無棄菅蔽」，「蒯」字注云「同上」。

358 無弃蕉萃　漢書文帝紀注引亦作「蕉萃」。案，詩東門之池正義引作「憔悴」，後漢應劭傳注云「蕉萃、憔悴古通用」。

359 陸璣毛詩疏曰　案，「璣」當作「機」。

360 肋宜爲索　宋本「肋」作「肕」，从刃是也，下同。按，詩白華正義、爾雅疏並作「韌」。

361 蒯與管連　宋本、監本、毛本「管」作「菅」，不誤，下同。

362 此狄晉執鄭伯　宋本、淳熙本、岳本、纂圖本、閩本、監本、毛本「狄」作「秋」，是也。

363 爲將改立君者　釋文亦作「爲將」，「並如字，或于僞反，非也。本或作『僞將』也」。

364 勿亟遣使請晉　宋本、淳熙本、岳本、纂圖本、監本、毛本「請」作「詣」，不誤。

365 請脩好結成　監本、毛本「請」作「謂」，誤。

經十年

366 晉侯大子州蒲也　宋本、淳熙本、岳本、纂圖本、閩本、監本、毛本亦作「蒲」。正義引應劭諱議云「周穆王名滿，晉厲公名州滿，又有王孫滿，則此爲『州滿』。定本亦作『滿』」。釋文云「州蒲，本或作『州滿』」。劉氏史通雜駁篇以「蒲」爲誤。案，史記又作「壽曼」，梁玉繩云「『曼』、『滿』音相近，『壽』、『州』字相通」。

367 見其生代父居位　釋文無「其」字。

368 應劭作舊名諱議云　宋本「名」作「君」，是也。監本「諱」誤「緯」。

369 厲公名州蒲　宋本、毛本「蒲」作「滿」，是也。

×

370 或兩州蒲誤耳　閩本、監本、毛本亦誤作「兩」，宋本作「爲」。

371 今定本作滿　監本、毛本「滿」誤「蒲」。

×

372 冬十月　浦鏜云：「案，禮記中庸正義『成十年不書冬十月』，此有者當是後人妄增耳。」

傳十年

373 晉立大子州蒲以爲君　釋文云：「本或作『州滿』。」案，定本作「滿」，説見經。

374 鄭子罕賂以襄鍾　宋本、淳熙本、岳本、足利本「鍾」作「鐘」，與石經合，注同。

375 熒陽卷縣東有脩武亭　淳熙本、監本、毛本「熒」作「滎」，非也。案，水經濟水注引「脩武」作「武脩」；方輿紀要云原武縣有武脩亭，故卷城在今原武縣北。宋本「卷」作「巷」，誤也。

376 注厲鬼至故怒　宋本以下正義二節揔

入「小臣」節注下。

377 唯在殺趙同趙括　閩本、監本、毛本「在」作「有」，亦非；宋本作「枉」，是也。

378 則括之祖　浦鏜云：「『括』上當脱『同』字。」

379 凡爲疫厲之鬼　閩本、監本、毛本「厲」誤「癘」。

380 壞大門及寢門而入　釋文云：「一本無『及』字。」

381 桑田巫邑　宋本、淳熙本、岳本、纂圖本、監本、毛本「巫」作「晉」，是也。

382 懼傷我焉逃之　岳本「我」字絶句。釋文云：「焉，於虔反。一讀如字，屬上句，『逃之』絶句。」

383 肓鬲也心下爲膏　閩本、監本、毛本作「肓鬲至爲膏」，非。

384 劉炫以爲釋首者　宋本無「首」字。

385 達針　釋文作「鍼也」，「音針」。

386 麥始孰　宋本、淳熙本、岳本、纂圖本、閩本、監本、毛本「孰」作「熟」。

387 張如廁　玉篇「脹」字注引作「脹如廁」。案，「脹」乃俗字，釋文亦作「張」。

388 注叔禽叔申弟　宋本以下正義二節揔入「君子曰」節注之下。

389 況不令乎　高注呂覽至忠篇引作「況不令之尤者乎」，是所見本有異也。

390 於是羅茷未及　淳熙本「羅」作「鑼」，非。監本注文「茷」誤作「茂」。

18—391 晉謂魯二於楚　岳本、閩本、監本、毛本「二」作「貳」。

附釋音春秋左傳注疏卷第二十六

校　記

❶ 仰秦，南昌本作「抑秦」，爲是。

❷ 使，南昌本作「從」，爲是。

❸ 爲，底本不清，據學海堂本補。

春秋左傳注疏校勘記卷十九

19—001 附釋音春秋左傳注疏卷第二十七成十一年盡十五年　宋本春秋正義卷第十九。石經春秋經傳集解成下第十三，岳本「成」字下增「公」字，並盡十八年。

經十一年

002 公至自晉　監本、毛本「晉」作「會」，與宣八年經合。

003 晉侯使郤犨來聘　監本「郤」誤「卻」，下同。

004 己丑及郤犨盟　閩本、監本、毛本「己」誤「巳」。

005 郤犨郤克從父兄弟　案，正義引注「兄」作「昆」，又云「服虔以爲從祖昆弟，或『父』當爲『祖』字誤耳」，非也。此條注文當正爲「從祖昆弟」，以儀禮稱謂「昆弟」、「兄弟」畫然不同言之，則定當作「昆」也。

006 或父當是祖字誤耳　宋本「是」作「爲」。

傳十一年

007 聲伯之母不聘　釋文作「不娉」，云「本亦作『聘』字」。按，作「娉」與說文合。

008 昆弟之妻相謂爲姒　毛本「妻相謂」三字改作「至」。　×

009 長婦謂稚婦爲娣婦　宋本、毛本下重「娣婦」二字，是也。

010 釋親又云　閩本、監本「又」誤「文」。　×

011 以巳生先後爲娣姒　宋本「巳」作「己」，是也，下同。　×

012 儷耦也　李善鸚鵡賦注引作「偶也」。

013 行又盟晉爲重　宋本、監本、毛本「又」作「父」，不誤。×

014 且與伯與争政　釋文亦作「與」，云「本亦作『輿』」。×

015 今河内懷縣西南有鄇人亭　釋文「鄇」作「候」，云「本又『鄇』字」。按，説文邑部引傳「争鄇田」。

016 其劉子單子之言　閩本、監本「其」作「則」。

經十二年

017 公會晉侯衛侯于瑣澤　釋文「瑣」作「璅」，云「依字宜作『瑣』」。×

傳十二年

018 君如周禮無流放之文　宋本、閩本、監本、毛本「君」作「若」，不誤。×

019 晉士燮會楚公子罷許偃　閩本、監本「燮」作「爕」。

020 二子楚大夫　纂圖本「子楚」作「公之」，非也。

021 交贄往來道路無壅　釋文：「贄，本又作『摯』。」石經、宋本、足利本「壅」作「雍」。案，周禮秋官「有雍氏」，惠棟云「古『壅』字皆作『雍』，無從土者，説文作『雝』」。

022 明神殛之　釋文：「殛，本又作『極』。」×

023 俾隊其師　釋文「俾」作「卑」，云「本亦作『俾』」。諸本作「俾」，石經左邊缺。

024 縣鍾鼓也　宋本、岳本、纂圖本、閩本、監本、毛本「鍾」作「鐘」。

025 奏樂先擊鍾　宋本、閩本、監本、毛本「鍾」作「鐘」，下同。×

026 則兼亨朝賓聘客　宋本「兼」作「燕」，不誤。「亨」作「享」，閩本、監本、毛本亦作「享」。×

027 則賓反庭　宋本、閩本、監本、毛本「反」作「及」，與燕禮記合。×

028 曰云莫矣　釋文云：「莫，本亦作『暮』。」×

029 賓朝聘者　閩本、監本、毛本「賓」作「實」，非。×

030 於是乎有享宴之禮　釋文云：「享，本亦作『饗』。」×

031 享以訓共儉　賈公彥儀禮燕禮疏引「享」作「饗」，「共」作「恭」。詩卷耳正義同。按，依左傳字例作「享」，周禮、儀禮字例作「饗」，二禮疏引傳宜作「享」，而申明之曰「『享』與『饗』同」。如李善之注文選則善矣，輒改左傳文爲「饗」，未合也。

032 禮聘義記曰　毛本「義」誤「儀」。×

033 酒清人濁而不敢飲也　宋本、閩本、監本、毛本作「人渴」，不誤。×

034 肉乾人飢而不敢食也　監本、毛本「飢」誤「饑」。

035 皆所以教訓恭儉也　宋本「恭」作「共」。

036 宣十六年傳云　毛本「云」作「曰」。×

037 共儉以行禮而慈惠以布政政以禮成　石經「行」字起，「禮」字止，計十一字，蓋書丹時失去「而」字，後復增入也。

038 人得○安息　宋本、閩本、監本、毛本作「人得安息」，此本「○」誤增也。

039 所以蔽扞其民　監本「扞」作「扦」，非也。×

040 公侯干城　釋文：「干，本亦作『扞』，非也。」×

041 止于扞難而已　毛本「于」誤「干」。

042 言争尺丈之地　岳本「丈」作「寸」，非也。

043 戰城以戰　宋本、閩本、監本、毛本「戰城」作「争城」，是也。

044 以從巳志　宋本、岳本「巳」作「己」，是也，正義同。

045 令之侵害鄰國　毛本「令」誤「合」。

046 譬之於犬　閩本「犬」誤「大」。

047 舉詩之正以駮亂義　釋文「駮」作「駁」。

048 詩言治世　淳熙本「言」誤「曰」。

049 則公侯能爲扞城禦難　宋本「爲」下有「民」字，是也。

050 世亂則相侵害　閩本、監本、毛本脱「害」字。

051 吾死無日矣夫　釋文亦作「矣夫」，又云「本亦無此字」。

經十三年

052 若言召兵　監本「言」作「能」，非。

053 以明公朝于王所　閩本「于」誤「子」。

054 亦直稱朝　宋本「直」作「冝」，是也。

055 發雖王爲代秦　宋本、閩本、監本、毛本「王」作「主」，是也。

056 公自京師　石經「公」下有「至」字，衍文也。

057 曹伯盧卒于師　釋文「盧」作「廬」，云「本亦作『盧』」。

傳十三年

058 禮身至無基　宋本此節正義在「不亡何

爲」注下。

059 但言有所局　監本「局」作「拘」。

060 欲王賜己　淳熙本「王」誤「正」，閩本、監本、毛本「己」作「巳」，誤也。

061 故王重賄之　宋本、淳熙本、岳本、纂圖本、足利本「賄」作「賜」。

062 宜觸冒人王　閩本、監本、毛本「王」作「主」。按，國語周語作「王」。❶

063 是不賞善也　閩本、監本、毛本「不賞」誤倒。

064 成子受脤于社　詩緜正義引傳作「受蜃」。

065 盛以脤器故曰脤　段玉裁校本「以脤」作「以蜃」。案，説文云「盛以蜃，故謂之祳」。

066 天王使石尚來歸蜃　按，作「蜃」與周禮掌蜃注合，今春秋定十四年經作「脤」。

067 蜃可以白器　宋本、監本、毛本「蜃」作「脤」。按，鄭司農注周禮作「蜃」，是也。又按，正義大致「蜃」、「蜃」同字，而轉寫又不無訛誤。

068 釋天云　閩本、監本、毛本「天」作「文」，非也。

069 是以有動作禮義威儀之則　案，漢書律麻志、五行志引傳「禮義」在「動作」二字下；律麻志「以」作「故」，「義」作「誼」；是所據本不同也。

070 能者養之以福　各本並作「之以」，惟漢書五行志、律麻志、漢酸棗令劉熊碑均作「以之」。惠棟云：「杜注『養威儀以致福』，則當如漢書所引作『養以之福』，與下『敗以取禍』文正相對。」案，顔氏注漢志云「之，往也，往就福也」，段玉裁云「作『養以之福』謂將身向福也，亦與漢志合」。

071 盡力莫如敦篤　漢書五行志引作「惇篤」。案，惇，通作「敦」。

072 注膰祭肉　此節正義宋本在「民受至反乎」之後，揔入「其不反乎」注下。

073 燔炙芬芬　宋本、閩本、監本、毛本「燔」作「膰」。案，詩作「燔」。

074 其不反乎　漢書五行志引「乎」作「虖」。案，虖，古「乎」字。

075 養之以福　段玉裁挍改作「以之」。

076 未度而執之　宋本「未度」作「末受」，是也。 ×

077 戮力同心　石經、宋本「戮」作「勠」，釋文亦作「勠」。案，説文：「勠，并力也，从力，翏聲。」惠棟説詳補注。 ×

078 由之以盟誓　石經、宋本、淳熙本、岳本、纂圖本、監本、毛本「由」作「申」，不誤。 ×

079 戮力同心　宋本「戮」作「勠」，下同。

080 辟驪姬也　釋文「驪」作「麗」，同。

081 俾我惠公　釋文「俾」作「卑」，云「本亦作『俾』」。石經此處缺。

082 鄭人怒君之疆場　宋本、淳熙本、岳本「場」作「埸」，與石經合。 ×

083 晉自以鄭貳於楚　閩本、監本、毛本改作「二於」，非。

084 則是我有大造于西也　李善注陸機弔魏武帝文引傳「于」作「乎」。石經此處缺。

085 蔑死我君　石經初刊作「蔑我先君」，後于「我」字之上改「死」字，「先」字改「我」字。釋文云：「本或以『我』字在『死』字上，非也。」

086 迭我殽地　閩本作「送我」，誤字也。按，「迭」者

「軼」之假借，凡浸突而過曰軼。

087 **奸絶我好** 石經「好」字上旁增「同」字，非唐刻也。

088 **奸絶我好** 宋本此節正義在「奸絶我好」之下。

089 **疏注伐保至氏縣** 閩本、監本、毛本「疏」亦作「〇」，依宋本改。此一節正義宋本在上注「今緱氏縣」之下。

090 **銅謂此爲誣者** 閩本、監本、毛本「銅」作「今」，亦誤。宋本作「獨」，是也。❷

091 **秦唯滅滑不滅費** 閩本、監本、毛本「唯」作「惟」。✕

092 **知費即滑也** 閩本、監本、毛本「知」誤「如」。✕

093 **撓亂我同盟** 宋本「撓」作「橈」。六經正誤云「『撓』作『橈』，誤。建本從扌，非從木旁也」。按，毛說是也。説文「撓，擾也」，與木旁之「橈」義別，且从手之字上聲，从木之字去聲。釋文云「乃卯反」，即唐韻之奴巧切也。

094 **又欲闕翦我公室** 纂圖本、監本、毛本「翦」作「剪」，俗字。

095 **闕翦我公室 正義曰闕謂缺損翦謂滅削言欲損害晉之公室** 宋本以上二十四字在「傾覆我社稷」句下。閩本、監本、毛本亦脱。

096 **俘我王官** 葉抄釋文「俘」作「浮」。

097 **則是康公絶我好也** 石經「公」字下，後人旁增「弃」字，「我」字下正增「同」字，非唐刻也。

098 **謂晉滅路氏時** 宋本、閩本、監本、毛本「路」作「潞」，是也。淳熙本誤作「佫」。✕

099 **芟夷我農功** 釋文「夷」作「痍」，云「本又作『夷』」。

100 虔劉我邊陲　石經、宋本、淳熙本、岳本、纂圖本、足利本作「我邊垂」，是也。按，説文「垂，遠邊也」，「陲，危也」，其義各別。

101 而欲徼福於先君獻穆　釋文「徼」作「僥」，是也。

102 我寡君是以有令狐之會　釋文云：「讀者亦作『寡人』。」陸粲云：「杜注云『宜言「寡人」，稱「君」誤也』。」今案，上文「我是以有令狐之役」，「我是以有河曲之戰」，「我是以有輔氏之聚」，此準上例，疑「寡君」當爲衍字。

103 使自稱已　宋本「已」作「己」，下「己語」同。 ×

104 今呂相雖奉君　閩本、監本、毛本作「今」，此本誤「令」，今改正。宋本「君」下有「命」字，諸本脱。

105 而我之昏姻也　宋本、淳熙本、岳本無「之」字，與石經合。此本初刊亦無，後擠增。纂圖本、閩本、監本、毛本作「而我之昏姻也」，皆仍此本之誤。

106 其盟不主天神　宋本、閩本、監本、毛本作「主」，此本誤「王」，今訂正。 ×

107 巡守之盟　宋本「巡」上有「王」字，與覲禮注合。

108 暱就寡人　釋文「暱」作「昵」。案，「昵」爲「暱」之或字。

109 以懲不壹　宋本此節正義在「以懲不壹」句下。

110 其不能諸侯退矣　宋本、淳熙本、岳本、閩本、監本、毛本「能」下有「以」字，與石經合。

111 寡人不佞　宋本此節正義在「其不能以諸侯退矣」句下。

112 帥軍帥乘車士　纂圖本、毛本「帥」作「師」，非。

113 三簪褭　段玉裁挍：漢書百官公卿表七上「褭」作「裹」。

114 六公大夫七官大夫　浦鏜云「公」、「官」字互誤，是也。

115 襄十一年有庶長鮑　閩本、監本、毛本「鮑」誤「鉋」。

116 不識所以　閩本「識」誤「職」。　×

117 東南徑扶風京兆高陸縣入渭也　宋本、岳本、足利本「徑」作「經」。

118 迓晉侯于新楚　釋文「迓，本又作『訝』」，石經及諸本皆作「訝」。

119 鄭公子班自訾求入于大宮　釋文「班」作「般」，云「本亦作『班』」。

120 子駟穆公子　毛本「子」誤「于」。　×

121 使公子欣時逆曹伯之喪　釋文云「欣，徐云『或作款，亦音欣』，公羊傳作『喜時』，宜音忻」。案，漢書古今人表作「曹刴時」，顏師古注云「即曹欣時也」。

經十四年

122 衛大夫與公盟于蜀　閩本「大」作「夫」，非也。　×

傳十四年

123 晉侯强見孫林父焉　釋文「强」作「彊」。　×

124 衛侯既歸　淳熙本脱「侯」字。

125 同之卿　宋本、監本、毛本「同」下有「姓」字。

126 衛侯饗苦成叔　漢書五行志引「饗」作「享」字。按，左傳多作「享」，此作「饗」，爲僅見。

127 苦成叔傲　釋文云：「傲，本又作『敖』，音同，下同。」漢書五行志引作「敖」，師古曰「敖，讀曰傲」，則此字古本當作「敖」。

128 **苦成家其亡乎**　石經「家」字上旁增「叔」字，與初學記所引合，然非唐刻，未敢從也。乎，五行志引作「虖」。

129 **兕觥其觩**　釋文亦作「觥」。石經此處缺。宋本、淳熙本、岳本、纂圖本、監本、毛本作「觵」。案，説文「觵」字注云「兕牛角可以飲者也，从角，黄聲，其狀觵觵，故謂之觵」；「觥」字注云「俗觵，從光」；據此當以「觵」爲正也。説文引詩「觩」作「斛」。

130 **觩陳設之貌**　淳熙本「貌」誤「象」。

131 **注詩小至之貌**　宋本此節正義在「詩曰至來求」之下。

132 **一飲七升爲過**　毛本「升」作「幵」，非也。

133 **詩曰至來求**　宋本此節正義在「今夫子」節注下。

134 **求來歸之**　毛本「求來」誤倒。

135 **左氏以豹違命故貶之**　閩本、監本、毛本「違」誤「遺」。

136 **謂屈曲其辭**　淳熙本、岳本、纂圖本、閩本、監本、毛本「屈曲」二字誤倒。

137 **成子孔達之孫**　閩本「子孔」誤倒。

經十五年

138 **今傳因曹伯發凡**　監本「凡」誤「兄」。

139 **據稱人以執爲例**　宋本「據」上有「傳」字。

140 **故歸之京師**　閩本、監本「故」作「欲」，非也。

141 **是四同盟**　宋本「是」下有「爲」字。

142 元如至河　宋本、正德本、閩本、監本「如」作「始」，是也。

143 公子自夷之曾孫　諸本「自」作「目」，不誤。淳熙本「曾」作「魯」，非也。

144 吳夷未嘗與中國會　閩本、監本「未」作「昧」，非也。

傳十五年

145 討其殺太子而自立　宋本、淳熙本、岳本、纂圖本、毛本「太」作「大」，是也。

146 名與否　宋本「名」上有「書」字。

147 以和民爲辭　宋本「和」作「加」，是也。

148 愚者妄動　纂圖本「愚」誤作「遇」。

149 識巳知分　宋本「巳」作「已」，下「在巳」、「不識巳」同。

150 不復拘君臣之交　毛本「交」誤「文」。

151 敢失其守節者乎　毛本「守」誤「安」。

152 鄭侵衛　宋本、淳熙本、翻岳本、足利本作「侵鄭衛」，是也。

153 注蕩澤公孫壽之孫　宋本作「注蕩澤云云」，此節正義在「猶有戌在」句注之下。

154 家生季老　閩本、監本、毛本「季」作「秀」，非，此據宋本改。

155 鱗宋鱗矔孫者　宋本、監本、毛本「宋」作「朱」，是也。

156 鱗生東鄉矔　宋本「鄉」作「卿」，非。案，文七年正義引世本作「鄉」，段玉裁云「『鄉』即『向』也」。

157 守生小司寇鱣　毛本「守」誤「安」。

158 向帣爲大宰　宋本、淳熙本、岳本、足利本「帣」作「帶」，與石經合。釋文云「本又作『帶』」。案，説文無「帣」字，而經典「帶」字時有如此作者。

159 今公室卑而不能正　毛本「公」誤「宫」。

160 書曰宋殺大夫山　宋本、淳熙本、岳本、足利本「宋」下有「其」字。石經此處缺，依字數而論，亦當有「其」字也。

161 溠水涯　釋文云：「涯，本又作『崖』。」×

162 左師二司寇二宰遂出奔楚　閩本「二司」作「三司」，誤也。

163 樂豫爲司馬　閩本「樂」誤「欒」。

164 向戌　石經、宋本、岳本、閩本、監本「戌」作「戌」，是也。

165 十一月會吴于鍾離　閩本、監本、毛本脱「于」字。

附釋音春秋左傳注疏卷第二十七　止

附釋音春秋左傳注疏卷第二十八　成十六年盡十八年

經十六年

166 雨木冰　淳熙本「木」誤「大」。

167 喜穆公子子罕也　淳熙本「穆」誤「穋」。

168 故曰楚子敗績　纂圖本「子」作「師」，非也。

169 今屬潁川郡　宋本、岳本作「潁川」，是也。×

170 若君將被殺獲者爲重　宋本「爲」字上有「復以殺獲者」五字，是也。

171 無傳義例　宋本、淳熙本、天放菴翻岳本、足利本作「傳無義例」，是也。

172 於時行父從公伐鄭　毛本「時」誤「是」。

173 示巳無罪也　宋本「巳」作「己」，是也。

174 因之莒邱以別晉都　宋本「因」作「囚」。

175 與行父俱歸　監本「俱」誤「但」。

176 叔孫僑如出奔齊　漢書五行志引作「喬如」。

177 剌公子偃　釋文：「剌」作「刾」，云「依字作『剌』」。案，刾，俗「剌」字。

傳十六年

178 敗諸汋陂　石經、宋本、岳本「汋」作「汮」，釋文同。

179 至于鳴鴈　毛本「于」作「於」，「鴈」作「雁」，注同。

180 晉侯將伐鄭　毛本「伐」誤「代」。

181 郤錡將上軍　纂圖本、毛本「郤」作「卻」，誤，下同。

182 死亡不復存　宋本「存」作「補」。

183 有勝矣　「有」字上石經旁增「晉」字，此後人妄加也。

184 時順而物成　淳熙本「物」誤「牣」。

185 求無不具　淳熙本「具」誤「吳」。

186 注烝衆至中正　以下正義五節在「對曰至子矣」正義之後，宋本揔入「子其勉之」節注下。

187 昔我先王世后稷　浦鏜云「『先』下誤衍『王』字」，據俗本國語云也。

188 當堯之末　監本、毛本「末」作「世」。

189 敦厚也　宋本無「也」字，與孔疏摘注合。

190 瀆齊盟　惠棟云：「崔憬易注云『瀆，古黷字』，傳皆以『瀆』爲『黷』。」

191 奸時以動　釋文亦作「奸」，「音于」，云「本或作『干』」。×

192 而疲民以逞　釋文「疲」作「罷」，云「本亦作『疲』，下注同」。×

193 此六句言苟無上六事　宋本「苟」作「楚」，不誤。×

194 食話言爲義　毛本「話」作「語」，宋本「義」作「並」，皆非也。

195 人恤所底　宋本、岳本「底」作「厎」，與石經合，注及正義並同。

196 動靖恣意　閩本、監本、毛本「靖」作「情」，非也。

197 吾不復見子矣　釋文云：「一本無『復』字。」×

198 有奸邪者　盧文弨云「奸，當作『姦』」。

199 詳則祥也　閩本、監本、毛本「則」作「者」，是也。

200 財用有科益　閩本「財」作「則」，亦非；宋本、監本、毛本「科」作「利」，是也。❸

201 和睦相親　宋本「睦」下有「而」字。

202 以聽進正　宋本、閩本、監本、毛本「正」作「止」，是也。×

203 無不益巳之力　宋本「益」作「盡」，「巳」作「己」，不誤，下「以快巳」、「不知巳」同。×

204 以補其空闕之處　毛本「補」作「備」，非。

205 外絶其鄰國之好　毛本「鄰」作「隣」，俗字。

206 民知所適　毛本「知」作「之」，誤。

207 人既不知在上之信　宋本、閩本、監本、毛本作「上」，此本誤「七」，今訂正。

208 我若羣臣輯睦以事君多矣　石經「若」字下旁增「退」字，「多矣」下旁增「又何求」三字，皆非唐刻。惠棟云：「當是晁公武據蜀石經益之。」案，惠說未確。釋文「輯」作「集」，云「又作『輯』」。案，「輯」與「集」同。

209 荀林父奔走　淳熙本「奔走」誤作「三反」。

210 范匄趨進　釋文云：「匄，本又作『丐』。」史記晉世家注作「范丐」。

211 注晦月至忌　宋本「至」下有「爲」字，是也。

212 晦是月終陰之盡也　監本、毛本「盡」作「盛」，非也。

213 在陳而踊　纂圖本、監本、毛本「踊」作「囂」，下同。

214 踊喧嘩也　岳本「嘩」作「譁」；釋文作「諠譁」，云「本又作『喧嘩』」。

215 楚子登巢車以望晉軍　說文引傳作「轈車」。

216 伯州犂以公卒告王　淳熙本「王」誤「玉」。

217 以爲州犂言晉彊　監本「彊」作「强」；閩本作「彊」，非也。　×

218 君如服言　宋本、閩本、監本、毛本「君」作「若」，是也。　×

219 必大敗矣　石經、宋本、淳熙本、岳本、纂圖本、監本、毛本「矣」作「之」，是也。

220 服虔云復反也　監本「服虔云」誤作「虔云云」。

221 爲飛矢之象　毛本「矢」作「失」。

222 是非無以可明　毛本「可」字空缺。

223 **詩鄘栢舟** 宋本、監本、毛本作「詩邶」，是也。 ×

224 **潘黨爲右石首御鄭成公** 淳熙本「右石」二字誤倒。

225 **順作之文** 宋本「作」作「傳」，不誤。 ×

226 **無妄言宗族之事** 宋本「妄」作「明」，是也。 ×

227 **陷於淖** 石經「陷」字上旁有「公」字，乃後人妄增，非唐刻也。

228 **潘尫之黨** 注同，釋文亦作「尫」，云「一本作『潘尫之子黨』」。案，注云『黨潘尫之子也』，則傳文不得有「子」字。古本此及襄二十三年「申鮮虞之傳摯」皆無「子」字。 ×

229 **與養由基** 漢書班固東都賦作「游基」。

230 **申鮮虞之傳摯** 宋本、毛本「傳」作「傳」，是也。

231 **有韎韋之跗注** 石經「韎」作「韎」。惠棟云：「鄭氏雜問志云『韎韋之不』，注『不讀如跗』，跗，幅也。棟按，『不』與『跗』古字通，見詩箋。以『跗注』爲『不注』者，鄭所受春秋異讀也。」案，李善注潘安仁楊荊州誄引作「有韎韋而跗注」者，何焯依傳文改正，是也。 ×

232 **鄭元詩注云** 浦鏜云「『注』當作『箋』」，是也。❹

233 **韎聲也** 段玉裁挍本「韎」字上增「茅蒐」二字，是也，謂齊人急疾呼「茅蒐」成「韎」也。

234 **凡兵事韋弁服** 閩本「服」誤「服」。 ×

235 **謂要脚連耳** 毛本「謂」作「爲」，非也。

236 **識見不穀而趨** 案，惠棟云：「『識』當爲『適』，外傳作『屬』，訓爲適。」

237 間猶近也　釋文云：「近，一本或作『與』，音預。」×

238 爲其拜而萲拜　監本、毛本「其」誤「共」。

239 萲猶詐也　此「詐」字誤，當依下文作「笮」。×

240 又先無被傷之狀　閩本「被」誤「彼」。

241 劉君不尋杜意　宋本「杜」作「此」，是也。×

242 三肅使者而退　淳熙本「三」作「二」，非也。

243 其右茀翰胡曰　按，韋昭國語周語注引作「右弗」，宋庠云「古字通」。

244 以反告巳軍　宋本「巳」作「己」，是也。×

245 周禮全羽爲旞　閩本、監本、毛本「旞」作「旞」，非；宋本作「旞」。❺

246 但九旗竿首　監本、毛本「九」作「凡」，誤也。

247 故旌爲之揔名　毛本「爲」作「謂」，非。

248 巳當死戰　宋本、岳本「巳」作「已」，是也。纂圖本「死戰」二字誤倒。

249 好以暇　石經初刻無「以」字，後重刊入，故此行十一字。

250 造于子重　纂圖本、毛本「于」作「於」，非。

251 曰寡君乏使　閩本「乏」誤「之」。

252 注夷亦傷也　宋本無「也」字。

253 苗賁皇徇曰　閩本、監本「徇」誤「狥」。

254 蓐食申禱　岳本「禱」作「檮」，非也。

255 申重也　監本「重」誤「童」。

256 穀陽豎　史記晉、楚世家，呂氏春秋權勳篇，淮南子人間訓作「陽穀」，與今本異。

257 晉人楚軍三日穀　監本「三」誤「二」，石經「日」字下後人旁加「館」字。釋文云「本或作『三日館穀』，誤」；國語晉語韋注引作「晉師三日館穀」，即釋文所謂「或作」之本，而「館」从舍，作「舘」，尤爲俗劣。

258 君幼　釋文云：「本或作『君幼弱』，非。」

259 不常於一人也　重修監本「一」誤「明」。

260 亦所以責子反　閩本、監本、毛本「反」下有「也」字，非。

261 聞子玉自殺　毛本「玉」作「二」，非。

262 申宮儆備　李善注陸士衡豪士賦序引「儆」作「警」，說文「儆」下引傳「儆宮」，文異。

263 申勑宮備　毛本「勑」作「勅」，纂圖本作「敕」。

264 在三十年　宋本、淳熙本、足利本作「十三年」，是也。×

265 是大泜曹也　淳熙本亦作「泜」，仍石經避諱而改。宋本、岳本、纂圖本、閩本、監本、毛本作「泯」，是也，注同。❻

266 諸侯雖有篡弒之罪　釋文「弒」作「殺」，「音試」。×

267 臣人得殺之　閩本「殺」誤「杸」。宋本「人」下有「不」字。×

268 鄰國不得復討　毛本「鄰」作「隣」。×

269 乃是彊鄰　閩本、監本、毛本「彊」作「疆」，非也。

270 君唯不遺德刑　毛本「遺」作「以」，誤。

271 注爲曹至告傳　閩本脱「注」字。

272 復欲使公遂季孟　宋本、淳熙本、岳本、纂圖本、閩本、監本、毛本「遂」作「逐」，是也。×

273 子叔聲伯　纂圖本、毛本「聲」作「申」，非也。

274 此時十月也　宋本「十」作「七」，是也。×

275 聲伯戒叔孫　監本「戒」誤「臧」。

276 而後食　釋文云：「一本作『聲伯而後食』。」×

277 陳國武平縣西南有鹿邑　各本作「平」，此本誤「乎」，今訂正。×

278 諸侯遷于潁上　足利本作「穎上」，非也。×

279 歸必叛矣　顏師古漢書朱博傳注引作「畔矣」。

280 待于鄆　惠棟云：「京相璠曰『公羊作運字，今東郡廩邱縣東八十里有故運城，即此城也』。」

281 使子叔聲伯請季孫于晉　淳熙本「孫」誤「叔」。

282 聞其浮慝情　宋本、淳熙本、岳本、纂圖本、閩本、監本、毛本「浮」作「淫」，不誤。×

283 又何求　石經「求」字改刊，「求」字下後人旁增「焉」字。

284 赦季孫　石經「赦」字上後人旁增「而」字。

285 使立於高國之閒　毛本「於」作「于」，「國」作「固」，並非。

286 奔衛亦閒於卿　石經「奔」字上有「遂」字，乃後人所增。惠棟云「今本皆脱『遂』字」，非確論也。

287 郤錡將公軍　宋本、監本、毛本「公」作「上」，是也。×

288 韓厥將下車　宋本、閩本、監本、毛本「車」作「軍」，不誤。×

289 今欒伯自下軍　各本「欒」作「變」，此據宋本改。

290 夏書至可乎　宋本此節正義在「將慎其細也」節注下。

經十七年

291 書用郊從史文　纂圖本「文」誤「注」。

*曹伯邾人伐鄭　補：各本「曹師」作「曹伯」，此本誤「師」，今訂正。

292 鄭猶未服故也　宋本、淳熙本、岳本、纂圖本、足利本無「也」字。

293 十一月無壬申日誤也　淳熙本「誤」作「許」，非也。

294 六日壬辰　毛本「辰」誤「申」。

295 十月庚午圍鄭　毛本「午」下重「午」字，非也。

296 貍脤即是其一　毛本「是」誤「知」。

傳十七年

297 自戲章至于曲洧　石經、宋本、淳熙本、岳本、纂圖本、監本、毛本「章」作「童」，是也。

298 東南至潁川長平縣入潁　此本上「潁」字誤「頻」，今改正；毛本並作「穎」，亦非。

299 君驕侈而克敵　李善注干寶晉紀揔論引作「君無禮而克敵」，非。

300 是天益其疾也　纂圖本「天」作「大」，誤。

301 惟祝我　宋本、淳熙本、岳本「惟」作「唯」，與石經合。

302 因禱自裁　纂圖本「裁」誤「言」。

303 若其二人之死　閩本、監本、毛本「死」作「卒」。

304 朱聞死可祈也　宋本、監本、毛本「朱」

作「未」，是也。✕

305 與婦人相冒　毛本「冒」作「眘」，閩本、監本作「冐」，並非。

306 慙卧於家　岳本「慙」作「慚」。

307 國子謫我　釋文「謫」作「讁」。✕

308 國牽之弟文子　纂圖本「文」誤「父」。

309 卜立冡宰　宋本、足利本「冡」作「家」，是也。顧炎武云：「此施氏之家臣也，如論語仲弓爲季氏宰之宰，解冡宰非。」炎武未見舊本故也。纂圖本「卜」作「下」，誤。❼

310 葵傾葉向日　釋文「向」作「嚮」，云「本亦作『向』」，皆俗『鄉』字。

311 食珠玉含象　釋文云：「含，本亦作『唅』。」纂圖本「玉」誤「王」。

312 廣雅云政瑰珠也　毛本「政」作「玫」，亦誤；宋本、監本作「玟」，是也，下同。❽

313 瓊瑰石而次玉　毛本「石」誤「食」。

314 濟洹之水　各本作「濟」，毛本誤「齊」。

315 言之之莫而卒　詩秦風渭陽正義引作「言之至莫而卒」；毛本「莫」誤「莾」。

316 討高若　宋本、淳熙本、岳本、纂圖本、監本、毛本「若」作「弱」。

317 反自鄢陵　石經「反」字一行十一字，疑初刻無「反」字。釋文云：「一本又作『自鄢陵』。」

318 怨郤氏　纂圖本、監本、毛本「郤」作「卻」，誤，下同。✕

319 奪孟張豕　監本「孟」作「盂」，非也。✕

320 争死命也　宋本、淳熙本、岳本、纂圖本、足利本無「也」字。

321 八百人也　宋本、淳熙本、岳本、纂圖本、足利本無「也」字。

322 或曰畏當爲藏　宋本「畏」作「威」，是也。

323 一朝而尸三卿　惠棟云：「韓子載厲公語曰『吾一朝而夷三卿』。鄭注周禮凌人云『夷之言尸也』，是『夷』與『尸』古字通。又古『夷』字作『𡰥』，與『尸』相近，故或從尸、或從𡰥也。」

324 余不忍益也　韓子「益」作「盡」。

325 在内爲軌　釋文云：「軌，本又作『宄』。」書盤庚正義引作「宄」；漢書元帝紀注「『軌』與『宄』同也」。按，「宄」者正字也，「軌」者假借字也。

326 刑治近也　宋本、岳本、纂圖本、足利本無「也」字。淳熙本作「刑治也」，非。

327 辭謝書與偃也　宋本、淳熙本、岳本、纂圖本、足利本無「也」字，下「故云辱也」、「辭不往也」同。

328 公遊于匠麗氏　盧文弨挍本云：「大戴禮記保傅篇作『匠黎』，史記作『匠驪』，則『麗』當讀平聲。」案，國語周語韋注引作「酈」。

329 孟姬之讒　閩本「讒」誤「纔」。

330 舒庸東夷國人　宋本、淳熙本、岳本、纂圖本、足利本無「人」字，是也。

331 楚公子橐師襲舒庸　纂圖本、閩本、監本、毛本「橐」誤「槖」；顧炎武云「石經『橐』誤作『槖』」，非也」。案，「橐師」乃楚公子名，石經「橐」字下旁有「師」字，乃後人妄增。淳熙本「子」誤「于」。

經十八年

332 晉弑其君洲蒲　案，「蒲」字當作「滿」，石刻及諸本作「蒲」。

333 己丑公薨于路寢　纂圖本、閩本、監本、毛本「己」誤「已」。

傳十八年

334 **使陳滑弒厲公** 李善注劉孝標辨命論引「弒」作「殺」。

335 **悼公周也** 宋本、淳熙本、岳本、纂圖本無「也」字，下「言有命也」注同。

336 **辛巳朝于武宮** 正義曰：「服虔本作『辛未』，晉語亦作『辛巳』，孔晁云『以辛未盟入國，辛巳朝祖廟，取其新也』。案，晉語稱『庚午大夫逆于清原』，傳云『庚午盟而入』，逆日即盟非辛未也。傳與晉語皆云辛巳朝于武宮，服本自誤耳，孔晁强欲合之，非也。」案，臧琳云：「庚午既盟而入，故明日辛未即朝於始祖廟，服本是也。若作辛巳，則與盟而入之日相去十有二日久，入而不朝何也。故知國語作『巳』字誤，而杜本左傳同之，何邪？據孔注國語，知孔氏所見左傳與服本同作『辛未』，特孔氏不知國語『巳』字爲誤，而强欲通之，爲非耳。正義謂『逆日即盟』，此說是也。至以服本爲誤，則偏袒之失。」

337 **武公曲沃始命君** 宋本、纂圖本、毛本「公」作「宮」，是也。 ×

338 **夷羊五之屬也** 宋本、淳熙本、岳本、纂圖本無「也」字。

339 **周子有兄而無慧** 諸本作「慧」，李善注劉孝標辨命論引作「惠」，古字通。

340 **齊爲慶氏之難前年國佐殺慶克故甲申晦** 陳樹華云「注當入『故』字之下」。案，宋本、淳熙本、岳本皆以「難」字爲句，非也。

341 **注華免齊大夫至人宮** 宋本無「齊大夫」三字。 ×

342 **官掌刑故** 閩本、監本、毛本「故」作「政」，亦非；宋本「官」上有「士」字，無「故」字，是也。

343 **辛巳距乙酉五日** 閩本「五」作「一」，非也。 ×

344 悼文公之元孫　宋本「文」上有「是」字。

345 薄賦歛　宋本、岳本「歛」作「斂」，與石經合。

346 不縱私欲　釋文「縱」作「從」，云「本亦作『縱』」。 ×

347 使彘共子將新軍曰　宋本、閩本、監本、毛本作「軍」，此本誤「車」，今訂正。 ×

348 武子季　宋本「子」下有「之」字，與晉語合。

349 魏顆以身退秦于輔氏　宋本「身」上有「其」字，浦鏜校本「于」上增「師」字，並與晉語合也。

350 至于今不忘　監本「忘」作「育」，是也。按，韋注云「育，遂也」。

351 其子不可不與也　監本、毛本「與」作「興」，是也。

352 公以趙文子能恤大事　監本、毛本「大」誤「人」。 ×

353 使佐下軍　宋本、監本、毛本「下」作「新」，與國語合。 ×

354 使訓卿之子弟共儉孝弟　釋文云：「弟，本或作『悌』。」 ×

355 公曰苟家惇惠　宋本、閩本、監本、毛本「苟」作「荀」，是也。

356 無忌慎靖　監本、毛本「慎」作「鎮」，下同。按，明道本國語作「鎮静」，韋注云「鎮，重也。静，安也」。

357 膏梁之性難正也　浦鏜校「梁」作「粱」，是也。

358 使脩范武子之法　石經此處「脩」作「脩」，非。

359 使士渥至時使　宋本以下正義六節揔入「使訓勇力之士時使」注下。

360 知欒糺之能御以和於正也　浦鏜按本「正」作「政」，是也。×

361 知荀賓之有功力而不暴也　宋本、閩本有「功」字，監本初刻亦有，後剜去，毛本無。按，明道本國語無「功」字。

362 弁糺御戎　弁，釋文云「本又作『卞』，同」。×

363 以晉語知是欒糺也　重修監本「欒」誤「樂」。

364 別有戒僕　宋本「戒」作「戎」，是也。×

365 掌王馬之政　閩本、監本「王」作「主」，非也。

366 設令國有千乘　閩本、監本、毛本「千」作「十」。

367 能用五兵者屬焉　監本「焉」誤「馬」。×

368 爲車右屬官　宋本「爲」上有「故」字。

369 司士軍右之官　宋本、淳熙本、岳本、閩本、監本、毛本「軍」作「車」，是也。×

370 注勇力至之使　毛本「力」下多「皆」字。×

371 皆謂爲軍右者也　宋本、閩本、監本、毛本「軍」作「車」，是也。×

372 故訓之以共時之使　釋文云：「共，本亦作『供』。」×

373 失於彊暴　宋本「彊」作「强」，閩本、監本作「疆」，非也。

374 魏絳爲司馬　監本「絳」作「絳」，非也。

375 程鄭荀氏別族　淳熙本作「苟氏」，非。

376 知籍偃之惇師舊職而共儉也　宋本「師」作「帥」，與晉語合。×

377 知程鄭爲端而不淫　宋本、閩本、監本、毛本作「端」，此本誤「瑞」，今訂正。浦鏜正誤云「『爲』字衍文」，是也。

378 輿司馬者　重修監本「輿」誤「與」。

379 皆上軍官也　閩本「上」誤「土」。×

380 朝覲宗遇饗食　閩本「朝」誤「胡」。×

381 掌焉之官　閩本、監本、毛本「焉」作「駕」，宋本作「馬」，是也。❾

382 襄三十三年　宋本、監本、毛本作「二十三年」，是也。×

383 傳稱豐點爲孟民之御騶　宋本、監本、毛本「民」作「氏」，是也。×

384 命僕夫七騶咸駕　案，「夫」當作「及」，乃與月令合。

385 載旌旐　宋本「旐」作「旒」，與月令合。

386 六繫爲廄　毛本「爲」作「馬」，非也。

387 天子十有二閑　毛本「閑」作「閒」，非，下「六閑」同。

388 戎車貴彊力　閩本、監本「彊」作「疆」，非也。×

389 校人乘馬　此本「校」誤「枚」，據宋本、閩本訂正；監本作「敎」，亦誤。

390 爲二種　宋本、閩本、監本、毛本「爲」作「馬」，不誤。×

391 二百二十六匹　宋本「二十」作「一十」，與鄭注校人合。

392 各有四百三十二匹　毛本「二」誤「三」。

393 四百三十三匹　宋本「三匹」作「二匹」，是也。

394 十二匹一趣馬也　重修監本「趣」誤「起」。

395 晉時置六卿爲軍帥　重修監本「置」誤「蓋」。

396 更復摠言所任　宋本、閩本、監本、毛本作「任」，此本誤「住」，今訂正。

397 於時晉立六卿　毛本「時」誤「是」。

398 卿各下名有統領　宋本無「各」字，「名」作「各」，是也。閩本、監本、毛本「卿」下衍「名」字。

399 不能守其業矣　監本、毛本「業」作「職」，非也。

400 量德授爵　纂圖本、毛本「授」作「受」，非也。

401 此最彊者也　閩本「彊」作「疆」，非，下同。

402 曹門宋城門也　宋本、淳熙本、岳本、纂圖本、足利本無「也」字。

403 爲師告　宋本、淳熙本、岳本、纂圖本、足利本「師」作「帥」。

404 以惡曰復入　釋文云：「本或作『以惡入曰復入』。」

405 朔懼有違衆之犯　閩本、監本、毛本「違」作「逆」，非。

406 華元實國迎　監本、毛本「迎」作「逆」。

407 韓魏有耦國之彊　閩本「彊」作「疆」，

非。

408 侯獳愛君以請　監本、毛本「獳」作「孺」，非也。

409 案楚公子比去晉而不送　閩本、監本、毛本「送」作「返」，非也。

410 又以立爲例　宋本「又」上重「國逆」二字，與襄廿五年、昭廿一年正義合。

411 則皆非例所入　宋本「入」作「及」，是也。監本誤作「人」，下文「而入」、「即入」並誤作「人」。

412 明非夫子之制也　監本、毛本「夫」作「天」。

413 杜所以云四條不　宋本「不」作「者」，是也。

414 大國無厭　釋文「厭」作「猒」字。按，古書「猒」字淺人多改爲「厭」，不知其義不同也，如此條正當作「猒」。

415 鄙我猶憾　石經凡「憾」字皆作「感」，後人加「忄」。此處正作「憾」，疑轉寫之譌。

416 不然至吾患　宋本此節正義在「亦吾患也」句下。

417 故杜土地名　監本「土」誤「上」。

418 逞扶也　宋本、監本、毛本「扶」作「快」，是也。

419 言宋常事晉　足利本「常」作「嘗」。

420 有卑讓之禮也　宋本、淳熙本、岳本、纂圖本、足利本無「也」字。

421 且問晉故　淳熙本「問」誤「間」。

422 語其德政　足利本「政」作「也」，非。

423 非土功時　淳熙本「土」作「此」，誤。

424 成霸安彊　宋本、淳熙本、纂圖本、閩本、監本、毛本「彊」作「疆」，與石經合。

425 成霸安疆　宋本此節正義在「自宋始矣」句下。

426 靡角宋地　重修監本「宋」誤「朱」。

427 將救宋也　宋本、淳熙本、岳本、纂圖本、足利本無「也」字。

19—428 唯成公耳　宋本「唯」字上有「得道順禮」四字，是也。

附釋音春秋左傳注疏卷第二十八

校　記

❶ 南昌本無「毛本」，「周語」誤作「周禮」。

❷ 南昌本末增「〇今從宋本」。

❸ 南昌本末增「〇今改作『利』」。

❹ 南昌本末增「〇今訂正」。

❺ 南昌本末增「〇今從宋本」。

❻ 南昌本末增「〇今訂正」。

❼ 南昌本末增「〇『冡』今改作『家』」。

❽ 南昌本末增「〇『政』今改『玫』」。

❾ 南昌本末增「〇今從宋本」。

春秋左傳注疏校勘記卷二十

20—001 附釋音春秋左傳注疏卷第二十九襄元年盡四年　宋本春秋正義卷第二十。石經春秋經傳集解襄元第十四，淳熙本「襄」下有「公」字，岳本「元」作「一」，並盡九年。

襄公

經元年

002 秋楚公子壬夫帥師侵宋　顏氏匡謬正俗云：「楚公子王夫字子辛，今之學者以其字子辛，遂改『王夫』爲『壬夫』，同是日辰，名字相配也。案，楚有公子午字子庚，庚是十榦，午是十支，法有相配，辛壬同在十榦，此與庚午不相類，固當依本字讀爲『王夫』，不宜穿鑿改爲『壬』。」案，顏說非也。石經以下皆作「壬」，漢書古今人表亦作「公子壬夫」，陸氏穀梁音義「壬音而林反」。

003 注辛酉九月十五日　監本、毛本「辛酉」誤作「無傳」。

傳元年

004 元年春巳亥　石經、宋本、岳本「巳」作「己」，是也。

005 追書前事　閩本、監本、毛本「書」作「思」，非也。

006 注登成至繫宋　宋本此節正義在「於是至宋志」之下。

007 於是至宋志　此節及「登城至繫宋」節注、「稱宋至宋志」節，宋本揔入「謂之宋志」注下。

008 乃有二意　毛本「二」作「三」，非也。

009 言鄭伯志於殺　宋本「志」下有「在」字。

010 非取國人之心　閩本、監本、毛本「心」

作「志」。

011 瓠邱晉地　纂圖本、毛本「地」誤「城」。

012 河東東垣縣東南有壺邱　宋本「壺」作「瓠」。水經注河水篇云「清水又東南，逕陽壺城東，即垣縣之壺邱亭」。郡國志「河東郡有壺邱亭」，注引注云「縣東南有壺邱亭」。宋本作「瓠邱」，非也。又按，河東有垣縣，無東垣縣，周禮注、説文及此杜注皆衍「東」字，宜刪。

013 向爲人鱗宋　宋本、淳熙本、岳本、監本、足利本「宋」作「朱」，不誤。

014 於戚之會　毛本「於」作「與」，非也。

015 敗其徒兵於洧上　宋本、纂圖本、閩本、監本、毛本「於」作「于」。

016 徒兵步兵　案，僖二十八年注云「徒兵步卒」。

017 至長平入潁　案，「潁」字是也，毛本、足利本誤「穎」。

018 故步兵謂之徒兵也　重修監本下「兵」誤「與」。

019 齊魯曹郲杞　監本「杞」誤「祀」。

020 今公雖即位　監本「公」作「歸」，非也。

021 呂留二縣合屬彭城郡　宋本、淳熙本、岳本、足利本「合」作「今」，是也。

022 小國朝之　鄭氏周禮大行人注引作「大國朝焉，小國聘焉」，賈疏同，王制正義引鄭氏周禮注同。孔自引左傳仍作「小國朝之」。儀禮聘禮賈疏凡兩見，俱作「小國朝焉」。

023 大事小　淳熙本、岳本、足利本「事」作「字」，是也。

經二年

024 睔以成六年即位　監本、毛本「六」誤「八」。×

025 又七年楚子重伐鄭　監本、毛本「又」誤「文」。

026 此云未與襄同盟而是以名者　宋本、監本、毛本「是」作「赴」，是也。×

027 此注特言未與襄同盟者　毛本「特」誤「持」。×

028 巳丑葬我小君齊姜　石經、宋本、淳熙本、岳本「巳」作「己」，不誤。×

029 以冨鄭　纂圖本、閩本、監本、毛本「冨」作「逼」，宋本、淳熙本、岳本、足利本作「偪」。案，「偪」、「逼」古今字。×

030 不爲巳有　宋本「巳」作「己」，是也。×

傳二年

031 二年春鄭師侵宋楚令也　纂圖本、閩本、監本、毛本「師」誤「伯」。

032 萊人使正輿子　釋文云：「輿，本或作『與』。」惠士奇曰：「荀子云『萊不用子馬而齊并』，楊倞云『或曰正輿氏字子馬』。」

033 穆姜使擇美檟　郭注爾雅釋木引作「使擇美榎」。

034 皮老而麄楷者爲楸　宋本「麄」作「麤」，是正字。浦鏜正誤「楷」作「皵」，與爾雅疏引樊注合，下同。

035 櫬親身棺也　宋本「親」作「櫬」，非也。案，四年注作「親」。

036 所謂椵棺也　宋本「椵」作「椑」，與檀弓注合。

037 **諸侯之棺三重**　毛本「棺」作「冠」，非也。×

038 **頌琴者**　重修監本「琴」誤「奉」。

039 **季孫於是爲不哲矣**　釋文云：「一本作『不爲哲矣』。」×

040 **言知之者行事**　宋本「之」作「知」。❶

041 **襄公適母**　釋文云：「適，本又作『嫡』。」×

042 **偕徧也**　纂圖本、毛本「徧」作「偏」，非也。釋文亦作「徧」。

043 **則下與福祐甚周徧**　宋本、閩本、監本、毛本「祐」作「佑」。

044 **今其皆來魯國**　宋本「今」作「令」，是也。

045 **婦人不越疆而弔人**　宋本、閩本、監本、毛本作「弔」，此本誤「弟」，今訂正。

046 **非異人任**　釋文云：「任，音壬，注同，絶句，一讀至『人』字絶句。」×

047 **不爲他人蓋在巳**　宋本、岳本「巳」作「己」，是也。×

048 **是棄力與言其誰暱我**　釋文云：「棄力，服本又作『棄功』。暱，本又作『昵』。」案，臧琳云「當從服本作『棄功』，言楚有功于鄭也」。

049 **此棄力背言之責**　毛本「力言」二字誤倒。

050 **成公未葬**　宋本、淳熙本、岳本、纂圖本、閩本、監本、毛本作「未」，此本誤「宋」，今訂正。

051 **鄭人叛晉謀討之**　宋本、岳本、足利本「人」作「久」，是也。

052 **以城事自晉君**　宋本、岳本、纂圖本、毛本

「自」作「白」，是也。 ×

經三年

053 文三年盟于晉都　重修監本「文」作「又」。 ×

054 不敢使國君就巳　宋本「巳」作「已」，是也。 ×

055 諸侯共謀王室　毛本「共」誤「不」。

056 不譏王人　毛本「不」誤「共」。

057 吉難于齊　宋本、閩本、監本、毛本「吉」作「告」，是也。 ×

058 以明王勑其來盟　宋本、毛本「勑」作「敕」。

059 故經但列諸侯　案，釋例「但」作「唯」。

060 解其後至特書而不貶之意也　重修監本「特」作「持」，非也。 ×

061 止爲盟陳袁僑耳　宋本、閩本、監本、毛本作「耳」，此本誤作「且」，今改正。 ×

傳三年

062 在丹陽蕪湖縣東　淳熙本「蕪」誤「蕘」，宋本、足利本作「無」。此本「丹」誤「月」，今據各本訂正。

063 今皐吏也　宋本、淳熙本、岳本、監本、毛本「吏」作「夷」，是也。

064 何當尚不牢之甲　宋本「尚」作「造」，是也。 ×

065 託之君子此傳君子　閩本、監本、毛本脱「此傳君子」四字。

066 乃盟於祁外　石經、纂圖本、毛本「於」作「于」，釋文亦作「于」。

067 讎也○正義曰讎者　此節正義宋本、閩本、監本、毛本在注文「解狐卒」句下，此本與「盟於祄外」正義合爲一節，非是。

068 讎者札負挾怨之名　宋本、監本、毛本「札」作「相」，是也。×

069 於是羊舌職死矣　淳熙本「羊舌」二字誤作「善」。

070 軍師屬巳　宋本「巳」作「已」，是也。×

071 商書洪範也　纂圖本、閩本、監本、毛本脱「也」字。

072 能舉善也夫　釋文：「夫，音扶，絶句，一讀以『夫』爲下句首。」×

073 能舉似巳者○也　監本「○」在「也」字之下，岳本、纂圖本、毛本並作「者也」。宋本、淳熙本作「能舉似己者」，是也。

074 維其有之　宋本、閩本、監本、毛本「維」作「惟」。

075 單頃公王卿士　淳熙本脱「王」字，纂圖本、毛本作「正」，亦非。

076 四敵之宜　宋本、淳熙本、岳本、纂圖本、監本、毛本「四」作「匹」，是也。×

077 事君不辟難　纂圖本、毛本「不」作「必」，非也。

078 事君至不逃刑　宋本無「不」字，閩本、監本、毛本作「至不逃」，非。

079 非以爲此事而言也　宋本「以」作「獨」，是也。×

080 然則斬僕信依法也　宋本「信依」作「依軍」，不誤。閩本、監本、毛本「法」作「灋」。

081 非是專爲此事也　宋本「也」作「耳」。

082 軍事有死無犯爲敬　纂圖本、毛本「事」誤「仕」。

083 **而從舍罪人** 毛本「從」作「放」。

084 **令君之師衆** 宋本、閩本、監本、毛本「令」作「令」。

085 **謂揚于也** 宋本、閩本、監本、毛本「于」作「干」。下文「是揚干與己」，毛本誤作「揚于與己」，閩本、監本「己」字亦誤「巳」。

086 **代趙武也** 宋本、閩本、監本、毛本作「也」，此本誤「乜」，今訂正。

087 **代裴者士富士會別族** 宋本、淳熙本、岳本、纂圖本、閩本、監本、毛本「裴者」作「張老」，是也。

經四年

088 **春王三月巳酉** 石經、宋本、岳本「巳」作「己」，不誤，注同。

089 **注定謚至葬速** 毛本「至」誤「之」。

090 **於例亦同稱薨也** 宋本、監本、毛本「亦」作「赴」，是也。

091 **明季子雖議從略賤** 宋本「季」下有「文」字，是也。

092 **殯葬無闞也** 閩本、監本、毛本「闞」作「闞」，亦非；宋本作「闕」，是也。❷

093 **豈得以妾意遇之哉** 閩本、監本、毛本「意」作「母」，非也。

094 **鄭元以爲正夫人有以罪廢** 閩本、監本、毛本「有以」二字誤倒。

095 **故姜雖被齊殺** 宋本、監本、毛本「故」作「哀」，是也。

096 **成風定姒並無譏故** 宋本「故」作「文」，是也。

傳四年

097 晉士匄侵奪齊至穀　宋本無「奪」字，與十九年經合。

098 周禮以鐘鼓奏九夏　淳熙本、岳本「鐘」作「鍾」。

099 一名樊　閩本、監本「樊」作「繁」。案，國語作「繁」。

100 金謂鍾及鎛也　宋本「鎛」作「鑮」，下同。

101 亦是工之歌之　宋本作「工人歌之」，是也。×

102 昭夏納夏　閩本、監本、毛本「昭」作「韶」，下同。案，周禮鍾師作「昭」。

103 此傳直言之三不朝其三之名　閩本、監本、毛本「朝」作「拜」，亦非；宋本作「辨」。

104 文王之三盡文王大明緜　閩本、監本、毛本「盡」作「蓋」。

105 并取其次三篇　宋本、閩本、監本、毛本「三」作「二」，是也。

106 吕叔王云　宋本「王」作「玉」，不誤。

107 言遂於天位也　宋本「天」作「大」，「位」字下有「謂王位」三字，是也。

108 肆于時夏　監本、毛本「于」作「於」，非。×

109 降福穰穰　閩本、監本、毛本「穰穰」作「禳禳」，非。

110 杜爲此解頗允　毛本「爲」作「以」，非。×

111 云肆夏繁樊既是肆夏　閩本、監本、毛本「樊」作「繁」，「既」作「即」，非。

112 何所馮準　閩本、監本「馮」作「馮」，非。

後同者不更出。

113 先儒以樊遏二字共爲執競　閩本、監本、毛本「樊」作「繁」，非。

114 彼孔晁注云　毛本「晁」誤「韶」。

115 韓獻子白　宋本、閩本、監本、毛本「白」作「曰」。

116 加命爲二伯　毛本脱「二」字。

117 伯長諸侯爲方伯也　重修監本「伯長」誤「自長」。

118 注及與相樂　宋本、閩本、監本、毛本「與」下有「至」字，是也。

119 彼俱不敢聞　閩本、監本、毛本「俱」誤「懼」。宋本「聞」作「閒」。

120 故天復命武王代紂　浦鏜正誤「伐紂」二字作「也」字。

121 定其差等　閩本、監本、毛本「差等」誤倒。

122 亦當歌鹿鳴也　毛本「爲」作「乃」，非。

123 燕禮雖以巳臣爲主　宋本「巳」作「己」，是也。

124 堂下吹一篇　監本「吹」誤「次」。

125 笙由庚　閩本、監本、毛本「庚」誤「賡」。

126 召南鵲巢采蘩采蘋　各本作「采蘋」，此本誤「悉蘋」，今訂正。

127 笙聞所用　宋本「聞」作「閒」，是也。

128 不復更用其首篇者　宋本無「者」字。

129 穆叔以巳所當得　宋本「巳」作「己」，是也，下「燕巳」同。

130 尤尚不得用之　宋本「尤」作「猶」。

131 鹿鳴君所以嘉賓君也　石經、宋本、淳熙本、岳本、閩本、監本、毛本「賓」作「寡」，不誤。

132 嘉賓正謂燕巳之臣　宋本「巳」作「己」，是也，下「以巳」、「與巳」並同。

133 則公迎之于大門内　監本、毛本「于」作「於」，非也。

134 勞巳來聘　宋本「巳」作「己」。

135 所以章臣之覲也　宋本「覲」作「勤」，是也。案，國語「臣」上有「使」字。

136 能光輝君命　毛本「命」誤「君」。案，盧文弨校本「輝」作「煇」。陳樹華云：「如廿年公賦南山有臺，注『能爲國光暉』，宋本作『煇』字，是也。」按，説文有「暉」、「煇」，無「輝」，「輝」者「煇」之俗。説文「煇」、「暉」皆解日光也。

137 以補巳不及　宋本、岳本「巳」作「己」，不誤。

138 周爰諮諏　釋文「諮」作「咨」，與毛詩合。

139 必咨於周　閩本、監本、毛本「咨」作「諮」。

140 章昭改從此傳　宋本「章」作「韋」，是也。

141 事難爲難　宋本「事難」作「事當」，是也。

142 五善爲諮詢度諏謀　岳本「爲」作「謂」，是也。

143 言自謂知所無及　按，「所無」當作「無所」，乃與詩傳、箋合。

144 懷靡謙以問知者　宋本無「靡」字。

145 君即位而爲椑　各本作「椑」，此本誤「裨」，今訂正。監本「即」誤「既」。

146 今故不虞有欲不爲反哭也　宋本「故」作「欲」，「有」作「者」，是也。

147 匠慶魯大匠　纂圖本、毛本「大匠」誤「大夫」。

148 言襄公長將責季孫　淳熙本「責」誤「費」，重修監本誤「貴」。

149 初季孫爲已樹六檟於蒲圃東門之外　石經、宋本、岳本「已」作「己」，釋文亦作「己」，是也。×

150 圃名蒲地　宋本「地」作「也」，是也。×

151 傳曰遂得成禮　宋本、淳熙本、岳本「曰」作「言」。

152 注禦止至異文　此節正義宋本揔入「季孫至謂乎」之後。

153 御即禦也　監本、毛本「即」誤「猶」。

154 謂木不順其意　宋本、監本、毛本「謂」作「請」。

155 我止略女　宋本、閩本、監本、毛本「止」作「只」，非也。

156 小國不能自通　監本、毛本「能」作「得」。

157 晉司馬又掌諸侯之賦　毛本「晉」作「吾」，非也。

158 羿居窮石之地　毛本「石」誤「不」。

159 窮國之君曰羿　毛本「曰」作「羿」，非也。×

160 夏人立其弟仲康　釋文「仲」作「中」，下同。×

161 羿遂伐相　宋本、淳熙本、岳本「伐」作「代」。

162 尚書允征云　閩本、監本、毛本「尚」作「商」。×

163 惟仲康肇位四海　宋本「肇」作「肈」。

164 夏祚猶尚未滅　宋本亦作「猶尚」，閩本、監本、毛本二字誤倒。

165 大康尸位　毛本「尸」作「尺」。

166 杜云有窮君之號　監本、毛本「杜」誤「此」。

167 羿彈日　段玉裁校本作「羿焉彈日」，與楚辭合。

168 羿彈十日也　段玉裁校本「彈」作「彈」，是也。浦鏜據尚書及論語疏，「日」字下增「説文云彈者射」六字。

169 堯時有羿　宋本「時」下有「亦」字，是也。

170 棄武羅伯困　石經、宋本、淳熙本、岳本、纂圖本、監本、毛本作「伯因」，是。案，漢書古今人表作「柏因」，史記正義作「伯姻」。

171 北海平壽縣東有寒亭　監本「東」作「有」，毛本作「柬」，並非。

172 信而使之以爲已相　石經、宋本、岳本、纂圖本「已」作「己」，是也。

173 伯明后寒棄之　宋本此節正義在注文「夷氏」之下。

174 樂之以游田　淳熙本、岳本、足利本「游」作「遊」。

175 信浞許　纂圖本、毛本「許」作「計」，宋本、淳熙本、岳本、監本作「詐」。山井鼎云「當作『詐』」，是也。

176 則殺羿者逢蒙也　宋本、閩本、毛本作「逢」，此本誤「連」，監本作「逢」，亦非。

177 生澆及豷　案，惠棟云：「澆，説文引作『敖』，論語作『奡』，管子云『若敖之在堯』，説文引論語『奡湯舟』，是『敖』與『奡』通。今傳作『澆』者，『敖』、『澆』聲相近，師讀各異故也。」陳樹華云：「古今人表作

『奡』，師古曰『音五到反。楚詞所謂澆者也』。顏氏不引左傳而引楚詞失之，論語疏亦云『澆即奡也』。」

178 東萊掖縣北有過鄉　釋文云：「掖，漢書作『夜』，孟康音掖。」

179 曰嵒戈錫是也　浦鏜正誤「錫」作「鍚」。案，哀十二年傳作「鍚」。

180 晉稱文王訪于辛尹　宋本「晉」下有「語」字，是也。

181 每官各爲箴辭以戒王若箴之療疾故名箴焉言官箴者各以其官所掌而爲箴辭　閩本、監本、毛本「各爲」誤作「各以」。「各爲箴辭」下二十六字據宋本補，各本並脱。❸

182 大傅胡廣　閩本、監本、毛本作「大傳」，誤也。

183 大艾草以爲防是也　監本、毛本「艾」誤「芠」。

184 禹貢唯冀州帝都　閩本、監本、毛本「唯」作「惟」。

185 淮海惟揚州　閩本、監本「揚」作「楊」。案，郭忠恕佩觿曰「楊，栘也，亦州名」。

186 各有攸處　釋文「處」作「家」，云「本或作『處』」。

187 人神各有所歸　沈彤云「人神」當作「人獸」。

188 服虔云重猶大也　毛本「虔」誤「反」。

189 雖有夏家而不能恢大反　宋本、淳熙本、岳本、足利本「反」作「之」，不誤。案，太平御覽引同。纂圖本、毛本作「也」，閩本、監本作「而不能恢也」，並非。❹

190 魏絳本意主歡知戎　宋本、閩本、監本、毛本「歡」作「勸」，不誤。

191 孫炎曰　毛本「曰」作「云」。×

192 徒元常處　宋本、閩本、監本、毛本「徒」作「徙」，是也。元，宋本、毛本作「無」，監本作「无」，閩本亦誤作「元」。×

193 麞鹿食荐　案，莊子「麞」作「麋」，「荐」作「薦」；翻宋本「麋」字實缺。

194 四鄰振動　纂圖本、監本、毛本「鄰」作「隣」，俗字。

195 魯國蕃縣東南有目台亭　宋本、淳熙本、纂圖本、監本、毛本、足利本「蕃」作「番」；釋文亦作「番」，云「本又作『蕃』」。閩本「目」誤「月」。

196 髽麻髮合結也　釋文「結」作「髻」，云「本又作『結』，又作『紒』，音同」。×

197 何當慮其從從扈扈而謂之哉　宋本「謂」作「誨」，是也。

198 於時魯師大敗　宋本、毛本「時」作「是」，非。監本「大」作「夫」，不誤。×

199 自敗於壺終始也　閩本「壺」誤「壼」，監本、毛本作「臺」，依檀弓改也。宋本、監本、毛本「終」作「駘」；山井鼎云「『駘』作『鮐』」，與禮記合；閩本亦誤「終」。

200 於檀弓云　宋本「於」作「故」，是也。×

201 敗我於狐駘　石經「敗我於狐」四字重刻，蓋初刻脱「我」字也。

202 朱儒朱儒　釋文亦作「朱」，云「本或作『侏』」。×

203 襄公幼弱　纂圖本、閩本、監本、毛本脱「襄」字。

附釋音春秋左傳注疏卷第二十九　止

附釋音春秋左傳注疏卷第三十　襄五年盡

九年

經五年

204 此魯大夫故書巫如晉　宋本、淳熙本、岳本、足利本「此」作「比」字。按，作「比」是也，謂比鄫世子於魯大夫。❺

205 仲孫蔑衛孫林父會吴于善道　纂圖本、毛本「仲」誤「叔」。

206 十年會吴于祖　宋本、閩本、監本、毛本「祖」作「柤」，是也。×

207 楚殺其大夫公子壬夫　匡謬正俗云「『壬夫』當爲『王夫』」，非也，説見經元年。

208 穆叔使鄫人聽命於會　宋本、淳熙本、岳本、足利本「於」作「于」。

傳五年

209 聞其見伐　纂圖本、毛本「伐」誤「我」。×

210 戎陵虢周室　釋文「陵」作「淩」。

211 故告愬於盟主　纂圖本、毛本「於」作「于」，宋本、淳熙本無「於」字，足利本同。

212 言王叔之貳於戎也　纂圖本、毛本「於」作「于」，非也。

213 王叔反有二心於戎　毛本「於」改「于」。

214 巫若自受鄫命　毛本「自」誤「坐」。

215 故孟獻子孫文子會吴于善道　纂圖本、毛本「吴于」誤「吴子」。

216 是夏祭常禮　毛本「常」誤「掌」。×

217 防有旱災而祈之也　閩本、監本、毛本「旱災」誤「災旱」。

218 又因用此禮而求雨　監本「又因」作「又則」，非。案，杜氏釋例作「則又」。

219 興兵致討　重脩監本「討」誤「詩」。 ×

220 聞喪乃正是也　宋本、閩本、監本、毛本「正」作「止」，是也。 ×

221 已則無信　石經、宋本、岳本「已」作「己」，正義同。 ×

222 及壬夫　監本「夫」誤「失」。 ×

223 戮殺三卿　纂圖本、毛本「三」誤「二」。 ×

224 尤共王也　毛本「共」誤「工」。

225 故追言之也　此本「言之」二字闕，今據宋本、閩本、監本、毛本補正。

226 欲令諸侯息忿　閩本「欲」改「故」，非也。

227 共王殺此三人　毛本「共王」誤「此三」。 ×

228 注亦逸至成功　毛本「至」誤「王」。 ×

229 亦亦前逸詩也　監本、毛本「亦亦」作「亦逸」，非也。

230 君既即位于序端　毛本「君」誤「若」。 ×

231 北面東上　監本「上」誤「土」。 ×

232 降北面于堂下　毛本「于」誤「干」。 ×

233 主人馮之命主婦馮之　閩本、監本「馮」作「憑」，非也。 ×

經六年

234 季孫宿如晉　宿，外傳作「夙」，鄭氏檀弓注亦作「夙」；正義引世本云「行父生夙」。案，「宿」乃古文「夙」字。

傳六年

235 蓋斷好之義也　毛本作「善斷」，亦非；宋本「斷」作「繼」。

236 君弱臣强　宋本「强」作「疆」。

237 向戍欲蓋華臣　宋本「戍」作「戌」，是也。

238 恃之而慢言　宋本、淳熙本、岳本、纂圖本、監本、毛本「言」作「莒」，是也。

239 告爲政而來見也　盧文弨挍本「見」下增「禮」字，據昭二十年傳文也。

240 大國政卿　閩本、監本、毛本「政」作「正」，非也。

241 十一月　案，經作「十二月」者，杜以爲從告也。

242 賂夙沙衛之謀也　纂圖本、毛本「夙」誤「反」。

243 甲寅堙之環城傅於堞　案，玉篇「垔」字下引杜注云「土山也」，又「堙」字注同。垔，杜注作「垔」，傳文可知。蓋顧野王所見本作「垔」也。石經「堞」作「𡐦」，避唐太宗諱。

244 知周市其城爲土山也　宋本、閩本、監本「市」作「帀」；毛本亦誤「市」，「山」誤「城」。

245 乙未王湫帥師及正輿子棠人軍齊師　閩本脱「帥」字。

246 陳恒元孫　宋本、岳本、足利本「恒」作「完」，是也。

247 遷萊于郳　釋文無「萊」字，云「本或作『遷萊于郳』，『萊』衍字」。案，石經「萊」字下改刊，此行十一字，蓋初刻時本無「萊」字也。

248 小邾附屬於齊　毛本「於」作「于」。

經七年

249 夏四月至免牲　閩本、監本、毛本「至」誤「乃」。

250 然則將祭卜日之前　宋本、閩本、監本、毛本「卜」作「十」，是也。

251 則初卜即巳大晚　毛本「巳」作「以」。案，「巳」、「以」古通用。

252 而卜其牲曰　宋本、監本「曰」作「日」，是也。

253 上怠慢　閩本脱「上」字。

254 實爲子駟所殺　釋文：「弑，音試，下同。」

255 如會會於鄬也　纂圖本「於」作「于」，非也。

256 故約文上其名於會上　纂圖本、閩本、監本、毛本「上」誤作「書」。釋文亦作「上其名」，與正義合，是也。足利本「上」改作「正」，非。

257 實爲至會上　毛本「至」上增「子駟」二字。

258 則何爲如之如會之上　宋本、毛本上「如」字作「加」，與穀梁合。監本下「如」字作「加」，非也。

傳七年

259 郊則曷爲必祭稷　宋本、閩本、監本、毛本作「祭」，此本誤「察」，今訂正。

260 非求未來之福　宋本、閩本、監本、毛本作「未」，此本誤「云」，今訂正。

261 此傳專言郊祀社稷　宋本、毛本「社」作「后」，與傳合。

262 其祭之未　宋本「未」作「末」，是也。

263 尸嘏主人　宋本、監本、毛本作「主」，正德本、閩本誤作「王」。

264 詩噫嘻序曰　閩本「噫」誤「意」。

265 仲春之月　宋本「仲」作「孟」，是也。

266 躬耕帝籍　案，月令「籍」作「藉」。

267 孝經止言尊嚴其父　閩本、監本、毛本「止」作「只」。

268 無由謂有祈穀之言　宋本、閩本、監本、毛本「謂」作「得」，是也。×

269 今既耕而卜郊　石經「而」下有「後」字，疑衍文。案，正義及曲禮正義、應邵風俗通義引傳文皆無「後」字。

270 所謂春分　宋本、淳熙本、岳本、足利本「所」作「耕」，是也。×

271 二月節驚蟄　沈彤「驚蟄」改作「雨水」。按，沈彤改是也。與古厤合，不然驚蟄即啓蟄，不當重複。❻

272 故爲主役徒者　宋本、閩本、監本、毛本「役徒」誤倒。

273 公族穆子有廢疾　石經、宋本、岳本「廢」作「癈」，是也。案，説文「癈，固病也」，與「廢興」字有别，凡經典「癈疾」字宋後俗本多作「廢」。

274 懼多露之濡巳　宋本、岳本、纂圖本「巳」作「已」，是也，正義同。×

275 言譏在位者　宋本無「言」字。

276 則庶民不奉信其命　淳熙本「奉」誤「秦」。

277 介助也景大也　正義引定本「介景皆爲大也」。

278 靖共至恤民　宋本此節正義在「詩曰至可乎」正義之下。

279 能愛念下民　宋本「愛」作「憂」，是也。×

280 正直巳心　宋本「巳」作「己」，是也。×

281 三者和備　毛本「三」作「二」，非也。

282 公迎賓于大門内　宋本、監本亦作

「于」，下「立于」、「至于」同，毛本並誤作「於」。

283 賓父三揖 監本、毛本「父」作「又」；宋本作「入」，與聘禮合。

284 亦欲君行一臣行一 宋本作「臣行二」，是也。

285 委蛇委蛇 石經初刻作「委委蛇蛇」。案，詩羔羊釋文云「沈讀作『委委蛇蛇』」，是沈氏所見本作兩重文也。下「衡而委蛇」，石經初亦作「蛇」。

286 從順行 宋本、淳熙本、足利本「行」作「也」，是也。

287 謂順者也 毛本「謂」作「爲」，非也。

經八年

288 獲蔡公子燮 淳熙本、閩本、監本「燮」改「爕」。案，穀梁作「濕」，陸氏音義曰「濕，本又作『隰』，左氏作『燮』」。

289 得盟主遠理 閩本、監本、毛本「遠」作「道」。

290 郲人于邢丘 足利本「邢」誤「刑」，山井鼎云「下傳、注皆同，非也」。

傳八年

291 晉悼復脩霸業 足利本「霸」作「伯」。釋文亦作「伯」，「音霸，又如字」，云「本亦作『霸』」。

292 使大夫聽命政 宋本、監本、毛本「政」作「故」，屬下句。

293 以命朝聘之數 毛本「命」作「明」，非也。

294 據子天叔之言 宋本、閩本、監本、毛本「天」作「大」，是也。 ×

295 注辟罪至戮之 閩本脱「注」字。 ×

296 子駟知其謀巳 宋本「巳」作「已」，是也。 ×

297 童子言焉　石經「子」下旁增「何」字，後人據俗刻妄加也。

298 而春秋魯大夫皆不貶者　毛本「春」誤「者」。×

299 亦是有禮之事也　宋本「亦」上有「即」字。×

300 待晉求救　宋本、淳熙本、岳本、足利本「求」作「來」，是也。×

301 二竟晉楚界上　監本「上」誤「土」。×

302 以待彊者而庇民焉　毛本「庇」作「庀」，非也。

303 無適受其咎　淳熙本「無」作「无」。考文補遺「咎」下有「也」字。

304 謀於路人也　纂圖本、毛本「於」作「于」。

305 詩云至于道　閩本、監本、毛本「云」作「曰」。

306 逢值歧路　閩本、監本「歧」作「岐」字。×按，歧路字即岐山字也，後人妄別爲「歧」字，非也。

307 伯駢晉大夫　宋本、淳熙本、岳本、足利本「晉」作「鄭」，是也。×

308 儆而師徒　毛本「師」作「司」，非也。

309 索盡也　釋文亦作「索」。陸粲附注云：「既云悉，則不得重言盡矣。廣雅釋詁『索，取也』。『悉索』蓋言盡取以行也。或疑『索』當爲『率』，據國語云『悉帥敝賦』，『率』與『索』通，譌爲『索』耳。」陳樹華云：「索訓爲取固是，或說則非。」

310 不遑啓處　石經、宋本、岳本「遑」作「皇」。注「皇，暇也」，岳本作「遑」。

311 亦不使一介行李告于寡君　石經、宋本、淳熙本、足利本「介」作「个」，注同，釋文亦作「个」。

312 今譬於草木　釋文作「今辟」。案，羣經音辨引傳亦作「今辟於艸木」，云「今本作『譬』」。

313 取其兄弟婚姻　宋本「婚」作「昏」。

314 彤弓天子賜有功諸侯之詩　重修監本「彤」誤「形」。

315 以爲子孫藏　釋文「藏」作「臧」。案，懷藏字古皆作「臧」。

316 言巳嗣其父祖　宋本、岳本、纂圖本「巳」作「已」，是也。×

317 欲匡晉君　閩本、監本「晉」誤「正」。×

20—318 故甯俞不敢愛　宋本、閩本、監本、毛本「愛」作「受」，是也。×

校記

❶ 南昌本無「知之」之「知」，是也。

❷ 南昌本末增「〇今依宋本」。

❸ 此條南昌本改作「每官各爲箴辭：宋本此下有『以戒王，若箴之療疾，故名箴焉。言官箴者，各以其官所掌而爲箴辭』二十六字，各本并脱。又，閩本、監本、毛本『各爲』誤作『各以』」。

❹ 此條南昌本改作「雖有夏家而不能恢大之：此本『之』誤『反』；宋本、淳熙本、岳本、足利本『反』作『之』，不誤。案，太平御覽引同，今依訂正。纂圖本、毛本作『也』，閩本、監本作『而不能恢也』，并非」。

❺ 南昌本末增「〇今訂正」。

❻ 南昌本末增「〇今正」。

春秋左傳注疏校勘記卷二十一

21—001 經九年 宋本春秋正義卷第二十一。

002 十有二月巳亥 石經、宋本、岳本「巳」作「己」，是，正義同。✕

003 傳言十有二月己亥 淳熙本無「有」字；宋本、翻岳本作「十一月」，不誤，足利本同。

004 經以長麻推之 宋本「經」作「杜」，是也。

傳九年

005 其右師是貴 宋本「是」作「最」，是也。✕

006 然則宋國之前 宋本「前」作「法」，是也。✕

007 齊任管夷吾 宋本、毛本「任」作「用」。

008 此傳有以爲政者 宋本「有」作「言」，不誤。✕

009 鄭人討賊 宋本「討」作「請」，非也。

010 抶築臺之謳 毛本「抶」作「扶」，非也。

011 削向戌之賞 宋本「戌」作「戌」，是也。✕

012 是政卿命之 宋本「政」作「二」。

013 非子罕也 閩本、監本「罕」作「産」，非也。

014 釋言氏 宋本「氏」作「云」，是也。

015 五鄰爲里以五鄰必同居 毛本「鄰」改「隣」。✕

016 每里下士一人 毛本「每」作「五」，非也。

017 謂司城内之民 閩本、監本「内之」誤倒。

018 不知其官之名 毛本「名」誤「民」。

019 陳畚挶 「挶」字石經初刻从扌，改刊从木。惠棟云：「唐石經作『梮』。正義曰『其字從手』，此臆説也。漢書引此傳作『舝』，『舝』音菊，與『梮』同音。史記河渠書云『山行則梮』，韋昭曰『梮，木器，如今舝牀，人舉以行也』。然則『舝』與『梮』音義皆同。」案，説文有「挶」字，無「梮」字。正義云「其字從手」，謂以手持物，與「畚」共文。畚是盛土之器，則挶是轝土之物。是孔沖遠所據之本从扌，不从木。必以爲「梮」是「挶」非，未可也。

020 畚簣籠 正義「本亦作『簣』」，釋文作「蕢」。

021 挶土轝 釋文「轝」作「輿」。

022 盎謂之缶 毛本「盎」誤「罌」。×

023 盆鑒之屬 閩本、監本、毛本「鑒」誤「罌」，正義同。

024 周禮凌人春始治鑒 閩本、監本、毛本「鑒」作「罌」，非。案，周禮作「鑑」，説文「鑑，大盆也」。凌，閩本、監本誤「淩」。

025 鑒如甀大口以盛冰 監本、毛本「冰」誤「水」。

026 蓄水潦 釋文「蓄」作「畜」，本又作「蓄」。漢書五行志引傳作「畜」，顔師古云「畜，讀曰蓄」。

027 巡丈城 各本作「丈」，此本誤「文」。注及正義同，今並訂正。

028 恐因災作亂 宋本、淳熙本、岳本「作」作「有」，是也。×

029 使華臣具正徒 案，漢書五行志引作「儲正徒」。

030 掌徒庶之正令 宋本「正」作「政」，是也。×

031 遂正所納 山井鼎云：「『遂』恐『隧』誤。」

032 此隧正當天子之遂 毛本「天」作「大」，非也。

033 郊内此間族黨州鄉 宋本、閩本、監本、毛本「此」作「比」，不誤。 ×

034 向戌討左亦如之 石經、宋本「戌」作「戍」，是也。 ×

035 注樂遄至刑書 毛本改作「樂遄司寇刑器刑書」，非也。

036 必非刑器爲刑書也 宋本「必非」下有「刑人之器故以」六字。

037 鄭鑄刑鼎 宋本「鼎」作「書」，是也。 ×

038 使皇鄖命校正出馬 釋文：「鄖，本亦作『員』，音同。」山井鼎云「上下諸文崇禎本皆作『挍』，今不悉記，當以意求也」。案，毛本作「挍」，避所諱。

039 皇鄖至其官 毛本「鄖」下增「皇父」二字，非舊式也。

040 申車車僕 毛本亦誤作「申」，閩本此處闕，宋本作「巾」，是也。監本上「居」字誤。 ×

041 與工正書服 閩本、監本「書」誤「義」。

042 杜以府爲六官之典 閩本、監本「府」誤「此」。

043 故使具其守 監本、毛本「其」作「官」。

044 謂奄人爲臣 毛本「爲」作「謂」，非也。

045 則司宮當天子之内小臣也 閩本、監本「司宮」誤倒。 ×

046 寺人王之王内五人 閩本、監本、毛本作「主之主内」，亦誤。宋本下「王」字作「正」，是也。

047 二師令四鄉正敬享 石經初刻亦作「令」，改刊作「命」。案，正義引傳文並作「命」，是孔氏所據本作「命」也。

048 此傳云二師令四鄉正　閩本此處闕，宋本「令」作「命」，是也。❶

049 此傳言二師命之者　毛本二字脱下畫。×

050 故云二師命四鄉正也　閩本、監本、毛本「命」作「令」，非。

051 於時宋置六卿　宋本、毛本「時」作「是」，是也。×

052 周禮大祝　閩本此處闕，監本、毛本「禮」誤「神」。

053 祝宗用馬于四墉　釋文「墉」作「庸」，云「本又作『墉』，音同」。×

054 祀盤庚于西門之外　釋文「盤」作「般」，「字亦作『盤』」。案，洪氏隸釋載蔡邕石經殘碑，于「盤庚」下篇首句作「般」，則知「盤」本作「般」也。

055 用馬祭于四城以禳火　各本作「馬」，此本誤「焉」，今訂正。×

056 殷王宋之遠祖　各本作「殷」，此本誤「盤」，今訂正。×

057 文承二師命下　閩本、監本、毛本「命」作「令」。×

058 祀盤庚不別言牲　閩本、監本「牲」作「特」，誤。×

059 此幣火災　閩本此處缺，宋本、毛本「幣」作「備」，是也。×

060 以出内火　漢書五行志引傳作「以出入火」。惠棟云：「周毛伯鄭敦云『毛伯内門立中庭』，『内』讀爲『入』，『立』讀爲『位』。古文春秋經『公即位』爲『公即立』，『出入火』爲『出内火』，皆古文也。尚書『九江納錫大龜』，史記『內』作『入』，是古『入』字皆作『內』。」

061 其神勾芒 閩本此處缺，宋本「勾」作「句」。

062 皆以正配食也 宋本「以」下有「火」字，是也。

063 以三月本時昏 監本「三」作「二」，非也。

064 心星伏在戍上 宋本、監本、毛本作「戌上」，是也。

065 建戍之月 宋本、監本、毛本「戍」作「戌」，是也。

066 釋天云 閩本、監本、毛本「天」作「文」，非也。

067 傳曰遷閼伯於商邱 宋本、淳熙本、岳本、纂圖本「於」作「于」，宋本正義亦作「于」。監本「曰」誤「日」。

068 祀大火 閩本、監本、毛本「祀」作「祝」，非也。

069 相土因之 惠棟云：「汲郡古文曰『帝相十五年，商侯相土作乘馬』，鄭氏周禮校人注引世本亦云『相土作乘馬』。古文『土』、『士』相亂，如盄和鍾以『士』爲『土』，牧敦以『土』爲『士』。『土』又與『杜』通，故荀子云『杜作乘馬』。」❷

070 娵訾衛也 毛本「娵」作「娵」，非也。

071 則朱息之方 宋本「息」作「鳥」，不誤。

072 遥屬戍亥之次 宋本、監本、毛本「戍」作「戌」，是也。

073 分郡國以配諸次 閩本、監本「郡」誤「羣」。

074 多得其効　浦鏜正誤「効」作「效」。

075 今上洛商縣是也　監本「上」作「止」，非也。

076 釋例云　監本「釋」誤「則」。

077 謂宋爲昭商　宋本無「昭」字，是也。

078 傳唯而此而已　閩本、監本、毛本「而」作「如」，亦非；宋本作「言」，是也。×

079 則變亂亦殊　宋本、淳熙本、岳本、足利本「變亂」作「災變」，是也，正義同。×

080 穆姜薨於東宮　石經、宋本「於」作「于」。

081 故徙居東宮　纂圖本、毛本「徙」誤「徒」。×

082 遇艮之八　石經「艮」上體畫作巽卦，非也。

083 艮下艮上　宋本、淳熙本、岳本、足利本「上」字下有「艮」字，是也。

084 周禮大卜　宋本「大卜」作「大十」，謬。

085 連山似山之出内雲氣也　監本「出」誤「山」。

086 三人占　宋本「三」上有「云」字。

087 公子重耳筮得貞屯晦豫皆八　宋本「晦」作「悔」，是也。×

088 史疑占易遇八爲不利　宋本、淳熙本、足利本「占」作「古」，不誤。×

089 澤中有雷隨　閩本此處缺，重修監本「雷」誤「當」。

090 内動之爲德　宋本「爲」作「以」，是也。×

091 史謂隨非閉固之卦　足利本「謂」作「爲」，非。

092 **姜曰亡是於周易曰**　諸本「亡」字絶句，何焯云「當以『是』字絶句，言必亡是理也」。按，「亡」句絶，言無速出之事，「是於周易」言此艮之八在周易則隨也。

093 **隨元亨利貞無咎**　纂圖本「無」作「无」，下同。案，洪氏容齋三筆云「今易書『无咎』、『无妄』多作『无』，失之」，其實非也。

094 **然故不可誣也**　石經、宋本、岳本、纂圖本、毛本、足利本作「故」，監本、閩本誤作「固」。

095 **乃遇隨無咎**　岳本、纂圖本「無」作「无」。×

096 **注言不至吉事**　此節正義宋本在「元體至出矣」之下、「姣淫至別名」之上。

097 **於人則謂首爲元**　閩本、監本、毛本「謂」作「爲」，非也。

098 **秦景公使士雃乞師于楚**　釋文亦作「雃」；監本誤作「雅」，閩本作「雃」。案，説文「雃」字注云「春秋時秦有士雃」。于，纂圖本、毛本改作「於」，非也。

099 **各任其職**　淳熙本「各」作「名」，非也。

100 **門于鄟門**　釋文云：「鄟，本亦作『專』。」×

101 **甲戌師于汜**　石經、宋本、岳本、纂圖本作「甲戌」，是也。閩本、監本「汜」作「氾」，注同；石經作「氾」，非也。

102 **盛餱糧**　葉抄釋文「餱」作「糇」。案，「糇」本作「餱」。説文云「餱，乾食也」，徐鍇傳云「今人謂飯乾爲餱」。詩小雅伐木篇云「乾餱以愆」，大雅公劉篇云「乃裹餱糧」，是也。

103 **謂故赦之也**　宋本「故」作「放」，不誤。×

104 **案傳末興鄭戰**　宋本、閩本、監本、毛本「興」作「與」，是也。×

105 **分四軍爲三部**　諸本作「四」，此本誤「西」，×

今訂正。

106 鄭服故言同盟　宋本無「盟」字。案，文章正宗引注亦無「盟」字。

107 公子發　閩本、監本脱「公」字。

108 注門子卿之適子　毛本「卿之」二字改作「至」字。

109 謂以兵亂之力强要鄭　纂圖本、毛本「力」作「功」。山井鼎云「『功』當作『力』」，是也。

110 無所底告　石經、宋本、岳本「底」作「厎」，注同；釋文亦作「厎」，是也。説詳宣三年。

111 我實不德而要人以盟豈禮也哉非禮何以主盟　案，石經「德」字起，「非」字止，爲一行，計十一字。陳樹華云：「疑初刻次句無『而』字，或無『以』字。」

112 閏月戊寅　釋文云：「依注讀爲『門五日』。」

113 疑閏月當爲門五日　毛本「日」誤「曰」。

114 更改鄭門　宋本、岳本、纂圖本、閩本、監本、毛本「改」作「攻」，是也。

115 陰阪有津　宋本、淳熙本、岳本、纂圖本、閩本、監本、毛本「有」作「洧」，不誤。

116 以癸亥初攻　毛本「攻」作「文」，誤也。

117 積一而日　宋本「一而」作「十五」，是也。

118 又二十二年云　閩本、監本、毛本「二年」誤「三年」。

119 門其三門　閩本「三」作「二」，非也。

120 則三番攻門　閩本、監本「番」作「分」，非也。

121 十一年四月巳亥　宋本「巳」作「己」，下同。

122 於十年十二月後置例　宋本「二」作「一」，「例」作「閏」，是也。×

123 火七百八十日行星四百一十五度　毛本「四」、「一」二字誤倒。李鋭云：「漢書三統術曰『火一見七百八十日千五百六十八萬九千七百分，凡行星四百一十五度，八百二十一萬八千五分』。」

124 國君十五而生子　淳熙本「生」誤「孟」。

125 注祼謂至祭先君也　宋本無「祭先」二字。此節正義在「君冠至處之」之下，「諸侯至爲祧」之上。

126 然則祼即灌也　監本「祼」誤「灌」。

127 冠是大禮當徧羣廟　宋本「徧」下有「告」字，是也。

128 以鍾磬爲舉動之節　宋本、淳熙本、纂圖本、閩本、監本、毛本「鍾」作「鐘」。

129 親迎于渭　毛本「于」作「於」。

130 祧之言祧也　宋本「祧也」作「超也」，是也。×

131 是謂始祖廟也　毛本「謂」作「爲」，非也。×

132 一昭一穆　監本下「一」字脱，毛本作「二」，非。

133 杜言從衛所處　閩本、監本、毛本「言」作「意」。

134 故寄衛廟而假鍾磬　宋本、閩本、監本、毛本「庿」作「廟」。案，庿，古「廟」字。鍾，宋本、閩本、監本、毛本作「鐘」。

135 假鍾磬焉禮也　石經、宋本、岳本、纂圖本、閩本、監本、毛本「鍾」作「鐘」。

136 二辭俱以告神　毛本「告」作「高」，非也。×

137 質誠也　閩本、監本「誠」作「成」。案，王應麟困學紀聞引作「誠」。

138 蠲潔也　纂圖本、閩本、監本、毛本「潔」作「潔」，並俗字。宋本作「絜」。

139 行之期年　釋文「期」，云「本亦作『朞』」。

附釋音春秋左傳注疏卷第三十　止

140 附釋音春秋左傳注疏卷第三十一　襄十年盡十二年　石經春秋經傳集解襄二第十五，岳本「襄」字下增「公」字，並盡十五年。

經十年

141 柤楚地　淳熙本「柤」誤「相」。惠棟云「柤是宋地，非楚地也。晉、楚方争而與諸侯會於其地，必無是理也」。案，京相璠云「柤，宋地，今彭城偪陽縣西北有柤水溝，去偪陽八十里，東南流逕偪陽縣故城東北」，又「南亂於沂而注於沭，謂之柤口城」。此云「楚地」乃轉寫之誤，或以昭六年注「柤鄭地」當之，其說更非。❸

142 自云其潛號　宋本、閩本、監本「云」作「去」，「潛」作「僭」，是也。

143 遂滅偪陽　釋文云：「偪，徐仙民音甫目反，本或作『逼』。」惠棟云「徐音是也。漢書古今人表有『福陽子』」。案，注云「妘姓」，師古曰「即偪陽也」，穀梁作「傅陽」，郡國志云「傅陽有柤水」，引經文亦作「福」，並音之轉耳。石經及諸刻本皆作「偪」。

144 今彭城傳陽縣也　宋本、岳本、纂圖本、監本、毛本「傳」作「傅」，不誤；閩本作「偪」。

145 鄢鄅路偪陽也　毛本「鄅」誤「鄅」。

146 齊世至滕上　閩本、監本、毛本「世」下增「子」字。

147 則下其君之禮○等　宋本、閩本、監本、毛本「○」作「一」，不誤。

148 用天子既命以爲之嗣也　宋本「用」作「明」，與鄭注合。

149 爲盟主所尊　監本「主」作「王」，非也。

150 故書殺其大夫　監本「夫」作「天」。×

151 戍鄭虎牢　監本「戍」誤「戊」。石經「虎」作「虍」，避所諱。

152 各受晉命戍虎牢　淳熙本「各」誤「名」，監本「戍」作「戊」，亦非，下同。

傳十年

153 故末言之　毛本「末」作「未」，非也。×

154 光從東道與東諸侯會遇　纂圖本、監本、毛本「光」作「先」，非也。

155 欲證成九年　監本、毛本「成」作「前」，是也。×

156 士莊子曰　惠棟云：「服虔本作『士莊伯』，見太平御覽。」石經及宋刊本皆作「子」。

157 晉荀偃士匄　石經、宋本、淳熙本、纂圖本、閩本、監本、毛本「匄」作「匂」，不誤；岳本作「匃」。×

158 郰人紇抉之　惠棟云：「酈元引作『鄹人』，論語同。案，『郰』字古或省文从取。說文曰『郰，魯下邑，孔子鄉，从邑、取聲』。」

159 百人爲隊　文選東都賦注引作「百人爲一隊」。案，各本無「一」字，李注以意增也。

160 載在之車也　宋本、閩本、監本、毛本「在」作「任」，是也。×

161 庫人爲車　宋本、監本、毛本「庫」作「車」。

162 其車岡圓周二丈十尺　宋本「岡」作「罔」。十尺，宋本、監本、毛本作「七尺」，與考工記合。按，「罔」即「網」，俗作「輞」。車罔，車輪之邊，考工記謂之牙，亦謂之輮。

163 立此天車之輪 宋本、閩本、監本、毛本「天」作「大」，是也。

164 詩邶風也 淳熙本「邶」誤「邯」。

165 隊則又縣之 石經「隊」作「墜」。案，碑「土」字後加。

166 投之以机 釋文「机」作「几」，云「本又作『机』，同」。

167 余恐亂命 淳熙本「余」誤「命」。

168 牽帥老夫 文選李注謝宣遠荅靈運詩引「帥」作「率」。案，「帥」、「率」字通。

169 言其因會以滅國 監本「滅」作「威」，誤。

170 本謀氏行兵 閩本「氏」作「戍」，監本作「戌」，毛本作「戌」，並形相近而誤；宋本作「伐」，是也。❹

171 是九其從會行也 監本、毛本「九」作「究」，亦非；宋本作「尢」，不誤。❺

172 以與向戌 石經、宋本、岳本、閩本、監本「戍」作「戌」，是也。

173 經典言樂殷爲大護 盧文弨挍本「樂殷」作「殷樂」。

174 或可禱桑林以得雨 儀禮經傳通解引亦作「可」；閩本、監本、毛本作「日」，非是。

175 注禘三年大祭則作四代之樂別至樂侯 宋本無「年大祭則作四代之樂別」十字。樂侯，監本、毛本作「侯樂」，與注文合，宋本同。

176 禘者敬鄰國之賓 宋本無「禘者」二字；齊召南亦以二字爲衍文，是也。

177 下管象　閩本、監本、毛本「管」上有「而」字，與祭統合。

178 言具天子樂也　宋本、淳熙本、岳本、監本、足利本「具」作「俱」，是也。

179 師樂師也　宋本、淳熙本作「師帥也」，與釋文、正義皆合。案，鄭注周禮地官云「師之言帥也」，是也。

180 旌夏大旌也　案，後漢書馬融傳廣成頌注引「大旌」作「大旗」。

181 舞師樂人之帥　閩本、監本、毛本「帥」作「師」，非也。

182 以偪陽子歸獻于武宮　淳熙本「于」作「於」。

183 謂之柏人也　閩本、監本「柏」作「栢」。

184 掌邑大夫　宋本「掌」下有「霍」字。

185 生秦丕茲　釋文云「一本作『秦不茲』」，家語「秦商字不慈」。案，「丕」、「不」經典中每多互用。

186 言二父以力相尚　宋本、纂圖本、監本、毛本「二」作「堇」。段玉裁曰：作「二」者是也。下文秦平茲、仲尼爲二子，則秦堇父、郰人紇爲二父，二父以力相尚，事見上文。韓文公書張中丞傳後云「兩家子弟才智下，不能通知二父」，志亦爲妄人改作「二賢」。

187 以德相高　纂圖本、閩本、監本、毛本「高」誤「尚」。

188 亦兼受楚之勑命也　毛本「勑」作「勅」，非。

189 蒯孫秝父子　宋本、淳熙本、岳本、纂圖本、閩本、監本、毛本「秝」作「林」，是也。

190 楚子囊鄭子耳伐我西鄙　石經、宋本、淳熙本、岳本、「伐」作「侵」，不誤。

191 大夫冝賓之以上卿　宋本、淳熙本、岳本、纂圖本、監本、毛本「夫」作「子」，是也。×

192 而今晉悼以一時之冝　監本脱「一」字。×

193 己酉師于牛首　宋本、纂圖本、閩本、監本、毛本「于」作「於」，石經、淳熙本作「于」。

194 爾車非禮也　石經「車」下旁增「多」字。惠棟云：「案，注當有『多』字也。」按，云「非禮」，故注以「猶多」釋之，非傳文本有「多」字也。凡石經旁增之字，皆淺人惑於俗本所爲。

195 不知車常幾乘　宋本「常」作「當」，是也。×

196 子使氏　石經、宋本、淳熙本、岳本、纂圖本、監本、毛本「使」作「師」，不誤。×

197 一耦之伐　監本「伐」誤「代」。×

198 謂之甽　宋本「甽」作「𤰝」，是也。×

199 萬十里爲城　宋本、閩本、監本、毛本「萬」作「万」，是也。按，唐人千萬字多作「万」。×

200 公子嬰　釋文云：「嬰，本亦作『㶏』。」宋本、淳熙本、足利本作「㶏」字。按，「嬰」字見説文女部，「説樂也」。

201 先臨尸而追盜　淳熙本作「追賊」，宋本作「逐賊」。案，陳樹華云「上傳云『帥賊以入』，盜即賊也。傳言『追盜』，故注以逐賊釋之」。宋本是也。

202 司齊司空子　宋本、淳熙本、岳本、纂圖本、監本、毛本「空」作「臣」，是也。×

203 士魴魏絳戍之　纂圖本、監本、毛本「戍」誤「戌」，注及正義同。×

204 還鄭而南　釋文曰：「還，本又作『環』。」惠棟云：「案，鄭注士喪禮云『古文環作還』，哀三年傳『道還公宮』同。公羊傳云『以地還之也』，又云『師還齊侯』。」按，「還」、「環」古今字。

205 子矯曰　案，石經此處刓缺。顧炎武云「『蟜』誤『矯』」，所據乃王堯惠謬刻也。諸本前後皆作「蟜」，是也。

206 霄涉潁　石經、宋本、岳本、纂圖本、監本、毛本「霄」作「宵」。案，張猛龍碑「霄」作「霄」，蓋字形之小誤，後遂因「霄」而譌作「霄」。岳氏之九經三傳沿革例曾辨「霄」字之譌，而未詳其致誤之由。

207 我實不能禦楚　釋文作「能御」，淳熙本重「我」字，非也。

*又不能庀鄭　補：各本「庀」作「庇」。

208 今伐其師　顧炎武云「石經『今』誤『令』」。案，石經此處缺，所據乃謬刻也。

209 與伯輿争政　釋文云：「輿，本又作『與』，音同。」×

210 右助　宋本、淳熙本、岳本、足利本「助」下有「也」字。

211 篳門閨竇之人　釋文：「閨，本亦作『圭』。」案，文選李注謝元暉拜中軍記室辭隨王牋引作「蓽門圭竇」，玉篇云「『蓽』亦作『篳』」。惠棟云：「説文引作『篳門圭窬』，康成禮記注『篳門，荊竹織門也；圭窬，門旁窬也，穿墻爲之，如圭矣』。玉篇亦引作『窬』。『窬』、『竇』，古音同部字。」

212 使世守其職　淳熙本脱「守」字。

213 騂旄赤牛也　淳熙本「赤」作「亦」，非也。×

214 七姓從主　宋本、閩本、監本、毛本「主」作「王」，是也。×

215 是七從之一　宋本「從」作「姓」，不誤。❻

216 故其字從旌旗者　宋本「旌旗」作「㫃

㫃」，是也。

217 其能來東底乎　石經、宋本、岳本作「底乎」，釋文同。

218 不勝其富　此節正義宋本在注文「師旅之長皆受賂」句下。

219 則何謂正矣　石經「何」字殘缺。釋文云：「何，或作『可』，誤也。」陳樹華云「古文『可』爲『何』字之省文」。按，古人語急，「可謂」猶言「何可謂」也。

220 正者不失下之直　閩本、監本此七字誤作正義，「正」上脱注字。

221 所左亦左之　石經上「左」字殘缺，淳熙本作「右」，非也。

222 周禮卿士職云　宋本「卿」作「鄉」，是也。

223 如今刻矣　宋本、毛本「刻」作「劾」，是也，下同。

經十一年

224 則舊時屬巳之乘　宋本「巳」作「己」，是也。

225 故云作二軍也　宋本、閩本、監本、毛本「二」作「三」，不誤。

226 杜見其以三改二　閩本、監本、毛本改作「以二改三」。按，「以三改二」謂以今之三改昔之二，亦通。

227 此四月四卜　宋本、閩本、監本、毛本並作「卜」，此本誤「十」，今訂正。

228 巳未同盟于亳城北　石經、宋本、岳本「巳」作「己」，是也。公羊、穀梁「亳」作「京」，公羊疏云「穀梁與此同。左傳經作『亳城北』，服氏之經亦作『京城北』，乃與此傳同之也」。惠棟云：「案，『亳城』當依服氏作『京』。京，鄭地，在滎陽，隱元年傳謂之

「京城」，是也。」

傳十一年

229 則三卿更互帥之以征伐耳　監本「三」誤「二」。×

230 軍多則貢事　監本、毛本「事」下衍「多」字，閩本初刻亦無，後擠增。宋本「事」作「重」，不誤。

231 自咸爲二軍耳　宋本、閩本、監本、毛本「咸」作「減」，是也。×

232 其軍改減或益　宋本、閩本、監本、毛本「改」作「或」，是也。×

233 夫子六軍　宋本、閩本、監本、毛本「夫」作「天」，不誤。×

234 其蘇公邑采地之民　宋本、毛本「蘇」作「餘」，是也。×

235 就寇未息　宋本「就」作「勍」，是也。×

236 膏肓何休以爲左氏説云　監本、毛本「肓」作「盲」，非。案，「膏肓何休」當作「何休膏肓」，各本誤倒。

237 各有其〇　宋本、閩本、監本、毛本「〇」作「一」，是也。×

238 今武子欲令民即屬巳　宋本「巳」作「己」，是也，下「巳所」、「於巳」同。×

239 故先言之　宋本「言」作「告」，是也。

240 若爲三軍　監本、毛本「若」下衍「不」字。「三」字，宋本作「二」，是也。

241 是僖公之廟門也　宋本「之廟」作「廟之」，是也。

242 壞其軍乘　纂圖本、閩本、監本、毛本「軍」誤「車」。

243 以爲己之法乘　閩本、監本、毛本「法」作「私」，是也。×

244 欲駈使入己　岳本、纂圖本、足利本「駈」作「驅」。按，駈，俗「驅」字，古文作「敺」。

245 唯在力役　宋本「在」作「有」，是也。

246 使其半爲巳之臣　宋本「巳」作「己」，下「巳臣」同。×

247 必應詳具　宋本、閩本、監本、毛本並作「具」，此本誤「其」，今改正。×

*吾乃與之盟　補：各本「乃」誤「又」。

248 滎陽宛陵縣西有瑣候亭　宋本、淳熙本、纂圖本、毛本「滎」作「榮」，非也。候，毛本誤「侯」。×

249 毋薀年　釋文亦作「薀」；石經「薀」字改刊，初刻作「蘊」，非也。

250 𢍰王室　岳本、纂圖本、毛本「𢍰」作「獎」，注同。

251 或閒兹命　釋文曰：「本或作『茲盟』，誤。」×

252 名山名川　石經初刻作「大川」，改刻「名」。

253 青亦白黑元黄　宋本、閩本、監本、毛本「亦」作「赤」，是也。×

254 彼方雖不言盟　宋本「方」作「文」，不誤。

255 鄭云神監之　宋本「云」下有「明」字，是也。

256 於是晉爲盟主　盧文弨挍本「是」作「時」。

257 乃不自數　毛本「自」誤「目」。

258 俾失其民　釋文云：「俾，本又作『卑』。」陳樹華云：「釋文前以『卑』爲正，以『俾』爲『一作』之字，此又以『卑』爲『一作』之字，疑傳寫之誤。」

259 隊命亡氏　石經「隊」作「墜」。

260 因干徵師以示其非罪　監本、毛本「干」誤「于」。×

261 則稱行人者　宋本「者」作「若」。

262 是經繆　監本、毛本「繆」改「謬」。

263 服虔見下有鐘鎛師磬　宋本、監本、毛本無「師」字，是也。

264 鐘師鎛磬師　宋本「鎛」下有「師」字，不誤。

265 然則鄭人以師茂師慧賂宋者　宋本「茂」作「茷」，是也。

266 及其用之　監本「其」作「共」，非也。×

267 杜本軘十五乘　臧禮堂云：「杜訓淳爲耦，耦爲十五，則三十乘，故下云『更以他兵車七十乘共爲百乘』。是杜本當作『淳』，不作『軘』也。」

268 數射筭　毛本「筭」作「算」，下並同。按，說文作「筭」者，今之筭籌也。作「算」者，數也。用字之例，當於具數字作「算」，筭籌字作「筭」；而唐石、宋槧多用「筭」，少用「算」者，音同而義近之故也；近刻則多用「算」。❼

269 言凡是揔攝之辭　監本「凡」誤「月」。×

270 歌鐘二肆　岳本「鐘」作「鍾」，注同。注內「懸鐘」「鐘」字，釋文作「鍾」。陳樹華云：「今傳文依石經，注依宋本，俱作『鐘』字，前後一例也。」

271 單爲半此　宋本「此」作「也」，是也。

272 故但解鐘數　監本、毛本「數」作「磬」，非也。

273 各三十二枚也　閩本、監本「各」作「名」，非也。

274 **鎛磬皆樂器**　纂圖本、毛本「器」作「名」，非也。

275 **八年至之和**　宋本此節正義在「無所不諧」注下。

276 **九年會于戲五也**　浦鏜正誤「會」作「盟」，是也。

277 **諧亦和也**　此句下閩本、監本有「〇」，毛本無「〇」，而「九合諸侯」至「會蕭魚」五十二字皆以釋文而誤作注文。

278 **樂只君子**　淳熙本、閩本、足利本亦作「只」，與詩合，下同。石經、宋本、岳本、纂圖本、監本、毛本作「旨」。

279 **書曰居安思危**　惠棟云：「周書程典作『於安思危』。楚策：『虞卿謂春申君曰：臣聞之春秋，於安思危。』所謂春秋即左傳也，虞卿傳左氏春秋於鐸椒，轉授荀卿。然則傳文『居安』當作『於安』。」案，「居」、「於」音相近。

280 **公曰子之教敢不承命抑微子**　石經「子之」「子」字起、「微子」「微」字止，此行只九字，初刻似尚多一字。

281 **禮大夫有功則賜樂**　監本此節注下脱「疏」字。

282 **唯言魏絳有金石之樂**　閩本、監本「唯」作「惟」。×

283 **士魴禦之**　淳熙本、岳本「禦」作「御」，釋文亦作「御」。

經十二年

284 **春王二月**　石經、宋本、淳熙本、岳本、足利本「二」作「三」，不誤。

285 **夏晉侯使士魴來聘**　公羊「魴」作「彭」，何休解云「考諸正本皆作『士魴』，作『彭』者誤矣」。

286 **秋九月吴子乘卒** 案，傳作「吴子壽夢卒十年」，正義引服虔云：「壽夢發聲，吴蠻夷言多發聲數語共成一言，壽夢一言也。經言乘，傳言壽夢，欲使學者知之也。」錢大昕云：「『乘』、『壽』皆齒音，當讀如疇，與『乘』爲雙聲。夢，古音莫登切，與『乘』爲疊韵，併兩字爲一言，孫炎制反切，蓋萌芽於此。」

傳十二年

287 **公能休禮** 閩本、監本、毛本「休」作「體」，亦誤。宋本作「依」，是也。❽

288 **於城外向其國** 釋文「向」作「嚮」，云「本或作『向』」。 ✕

289 **張帷而哭之耳** 監本「帷」誤「帳」。 ✕

290 **同族於禰廟** 淳熙本「廟」作「朝」，誤也。

291 **爲邢凡蔣茅胙祭** 釋文云「案富辰所稱『邢』在『蔣』下，今傳在『凡』上，未知何者爲是」。

292 **師于楊梁** 石經、宋本、淳熙本「楊」作「揚」，注同。郡國志「梁國」下有「陽梁聚」，引傳文作「楊」。案，廣雅云「楊，揚也」。詩王風揚之水釋文云「或作『楊』」，二字古多通用。

293 **故曰若如人** 齊召南云「而」訛作「如」。案，而，如也，注正以「如」釋「而」。

294 **言非適世也** 宋本、淳熙本、岳本、纂圖本、監本、毛本無「世」字，是也。

295 **及姑姊妹** 此節正義宋本在「先守某公之遺女若而人」下。

296 **父之姊妹曰姑** 「姊妹曰」三字模糊，依閩本、監本、毛本補。宋本「曰」作「爲」，與釋親合。

297 **然則古人謂姑爲姑姊妹若父之姊爲姑姊** 「妹若父」三字模糊，依閩本、監本、毛本補，宋本「若」作「蓋」，是也。

298 **梁有節姑姝**　案，下文取其兄子，則「姑姝」是矣。而列女傳「姝」作「姊」，疑今列女傳誤。釋隸載武梁祠堂畫像亦作「姑姊」。

299 **入火而救兄子**　宋本「而救」作「取其」，與今列女傳合。×

21—300 **故曰禮之**　淳熙本脱「曰」字，岳本無「之」字，宋本、纂圖本、閩本、監本、毛本「之」作「也」。×

*__王使陰里逆之__　補：毛本「逆」作「結」，是也。案，十行本初刻是「結」字，後改誤「逆」。

附釋音春秋左傳注疏卷第三十一

校記

❶南昌本末增「〇今依作『命』」。

❷「商侯相士作乘馬」之「馬」，底本與南昌本皆作「焉」，據左傳補注改。

❸所引惠棟説不見於左傳補注諸書，而見於陳樹華春秋經傳集解考正。陳書題爲惠士奇。校記下文「此云『楚地』乃轉寫之誤」云云，亦似針對陳書而發。

❹南昌本末增「〇今從宋本」。

❺南昌本末增「〇今從宋本」。

❻一，南昌本作「㫃」

❼「杜本軘十五乘」與「數射筭」二條，南昌本位置互換，與南昌本左傳注疏同。

❽南昌本末增「〇今訂從宋本」。